熊治祁　编

湖湘词全编

四

岳麓書社·长沙

湖湘文库
续编

《湖湘词全编》各册词人

第一册

胡　曾　释齐己　欧阳彬　侯彭老　王以凝　廖行之　刘　翰
易　祓　易祓妻　章斯才　钟将之　赵　葵　雷应春　赵　湣
王梦应　李　琳　醴陵士人　徐君宝妻　刘　氏　刘　铉　欧阳龙生
冯子振　欧阳玄　马　熙　李道纯　苗善时　刘三吾　李东阳
张　治　龙　膺　陶汝鼐　王　岱　黄周星　陈　震　王素音
王夫之　陈鹏年　夏光洛　杨学林　易宗瀛　陈荣杰　张九钺

第二册

唐仲冕　黄湘南　宋宾逢　周在炽　黄本骐　王　璘　雷玉映
唐婉珠　吴小云　史韫卿　舒梦龄　唐可久　欧阳鹤　李星沅
易　棠　黎吉云　熊少牧　陈芳藻　何绍基　沈　梅　黄婉璚
邹汉璜　罗汝怀

第三册

胡　焯　邹汉勋　邓　琮　吴敏树　言友恂　何慧生　谭　溥
曾国藩　周寿昌　邹汉池　郭嵩焘　孙鼎臣　何桂珍　韶山主人
陈钟英　杜贵墀　李寿蓉　王成升　李　洽　曾传均　邓辅纶
罗　萱　周诒蘩　易佩绅　周诒静

第四册

程霖寿　邓　绎　王闿运　杨恩寿　张祖同

第五册

邓　蛟　田兴恕　龚镇湘　黄维申　张　琳　吴　獬　陈　瀚
李　蓉　陈启泰　徐树钧　周　汉　周翼杶　王先谦　何维朴
张百熙　舒佐尧　胡元仪　李辅燿　皮锡瑞　郑业本　邹世琦
周名建　释敬安　蔡培劼　刘　鉴　唐赞衮　胡元直　陈　鼎
余嵩庆

第六册

王以敏　何维棣　袁绪钦　吴恭亨　黄家骥

第七册

李鹤云　王　济　廖基植　易顺鼎　谢玉芝　谢介僧　魏　繇
陈　锐　易顺豫

第八册

程颂芬　姚肇椿　谭嗣同　罗长裿　程颂万　王　蕨　洪汝冲
黄润萱　唐宗海　何铁笛　曾广钧　胡矩贤　刘善涵　王　盼
汪诒书　黄兆枚　唐景森　唐景尧　齐廷襄　夏寿田　熊希龄

第九册

蔡传奎　章　华　黄　冰　徐芝年　朱　彝　许宗熙　黄　兴

田兴奎　陈天华　左又宜　杨　度　刘肇隅　杨　庄　刘师陶
秦力山　成本璞　欧阳钧　周家树　郭宗熙　王景峨　袁思亮
胡　焕　苏　鹏

第十册

袁思永　易　象　谭恩闿　宁调元　郑　泽　傅熊湘　袁思古
胡熙寿　张　锦　刘泽榘　刘泽槩　刘德鑫　邬思亮　陈润湘
陈　潜　杨延年　杨述章　周诒文　周翼洙　周翼崧　周勋大
周旸寅　周大备　周大肃　骆　鹏　黄　钧　曹典藩　傅道博
谭作民

目　录

程霖寿

程霖寿（1830—1891），字小炳，号雨苍，晚号箕叟，宁乡人。咸丰举人，官湖南常德府学教授。有《湖天晓角词》二卷、《红雪山房词初稿》。

梧桐影

月缺时，花空发。今夜月圆花正红，红簁万点花间月。

稍遍　醉中漫兴

歌也有思，哭也有怀，块垒胸中聚。欲浇愁，且自酌屠苏，奈樽前又添愁绪。枨触处，千秋一番怅望，一番零涕纷如雨。嗟涿鹿兴戎，蚩尤首祸，杀运遂成今古。洎长平坑卒惨何如，又赤壁鏖兵问何辜。蛮触交争，鹬蚌相持，尽湮黄土。

吁，造化乘除，世人那得知其故。谁实阶之戾，将生灵肆剪屠。恁白骨成堆，天都不管，休言仁爱天心普。空镜掣文英，车驱律令，偏将元恶轻恕。怪跳梁跋扈竟逃诛，翻碎柱轰碑计何疏。者沉冤、真宰须诉。敢将不平之气，泣向西风吐。女娲何在，情天有缺，更有谁人能补？今宵痛饮且倾壶，看老苍、作甚区处。

大酺　京师元夜观灯

看月如花，花如霰，无数明珠如缀。星球如灿锦，放光明如昼，又如画里。如入鲛宫，如游蜃市，如到蓬壶仙界。笙箫如鸾凤，更歌如玉戛，舞如花坠。望尘起如烟，马如龙也，车如流水。

游人正如蚁。绣幢引、如簇霓裳队。宛一样、金吾不禁，士女如云，问何如、开元唐代。香风送如许，飘扬处、如兰如桂。者才是、春如海。教人惆怅，如梦如痴如醉，有情恁能遣此。

兰陵王　春阴

乱云积，阴满重帘昼寂。空庭内，花怯嫩寒，待与番风问消息。园林翠欲滴。难得，徐熙画笔。惟余那，千尺柳丝，都伴楼台弄寒碧。

春光软无力。尽暗逐花飞，多少狼藉。海棠夜向东风泣。料一院深锁，有人肠断，黄昏金屋泪自拭，此情问谁惜。

羁客，怅今夕。听铁马嘶风，无限凄恻。离魂何处堪寻觅。只薜荔墙畔，牡丹亭北。孤灯昏也，恨越阔，梦越窄。

白　苎

漏声迟，篆烟袅，帘笼阒寂。棠眠未起，满架轻阴羃䍥。

望楼台、薄笼寒雾翠如滴。消息，问东风，可认着蘼芜踪迹。撩人情思，阑外游丝密密。空断魂、鹧鸪啼破寒山碧。

堪惜。寄忆天涯，怕拈红豆，封伴笺函自觅。剩柳线如麻，暗和愁绩。晴丝乍揽，又莺梭几个，蓦和愁织。恼杀风姨，惯搅花飞，春恁无力。伫立斜阳，目断江南北。

小梅花

纤云没，寒烟歇，深深拜罢花前月。月还圆，梦难圆，前身悟到，空自证因缘。月圆月缺年光度，花落花开不知数。盼春来，又春归，莺燕无情，歌舞自楼台。

长相忆，曾相识，天涯草色伤心碧。篆烟消，镜奁抛，莫拈红豆，勾恨上眉梢。昨宵一梦梨云幻，玉笛梅花已零乱。远天青，晓风清，相思一夜，窗外碧苔生。

醉翁操

楼台，春回。寒梅，几枝开。徘徊，仙人去兮何时归？彩云相忆天涯，魂梦飞。道路隔蓬莱，屈指青鸟兮未来。

岁华向暮，姑酌金罍。寸心菀结，空见尘封玉徽。红日斜兮幽崖，皓月明兮空阶，新年仍旧怀。通辞无良媒，访到碧云隈，水香清浅应溯洄。

点绛唇

莲炬烧残，茜纱窗隙兰烟袅。蒜垂帘悄，细听啼花鸟。

睡起还慵，自叠鸳衾靠。东风好，侍儿来道，昨夜棠开了。

春云怨　忆梅

寒云羃䍦，正远天将霁，空阶犹滴。怅望美人何处，落寞路遥归未得。缟袂初逢，红罗曾唱，旧岁檀心趁春拆。风际催妆，檐边含笑，月子照颜色。

东风一别无消息。已离肠暗断，江南江北。魂返香销更难觅。殢尽梨云，瘦尽江风，怕吹楼笛。湿槛初凭，待看移影，付与个侬护惜。

又　梦梅

相思竟夕，见月明窗外，萝阴摇碧。梦里玉人归也，素颊较前还更瘠。额晕黄低，樱含脂浅，纸帐斜搴漫遮匿。阑角香停，篱腰烟划，竹倚倦无力。

溪桥唤渡何曾隔。忆彷徨几度，空劳寻觅。天遣春娇慰岑寂。索笑今番，怨曲歌残，倍增依惜。月落参横，醒时惆怅，翠羽助人太息。

夺锦标

惊絮依人，飞英恋草，节序吴蚕初浴。悄悄重门未启，珠箔烟笼，锦屏花簇。问魂销几许，早宽剩、裙腰余幅。被春光、幂住楼台，睡味还输棠足。

呼起梁间燕宿，底甚喃喃，似解离人心曲。怅望层城栖处，尘涴朱徽，冷侵华褥。阁疏帘暮雨，又更静、灯昏萝屋。泪盈盈、滴向莓苔，一夜东风吹绿。

疏影　梨花

溶溶素月，正玉阶似水，花气浮白。却下疏帘，扃上重门，中庭薄露初湿。秋千院落低飘处，恰满地、都留春色。看碎英、乱落衣间，蝶也嗅人香泽。

曾共梅花梦里，夜来误唤醒，春瘦无力。懒杀东风，愁杀春云，莫漫偷吹仙笛。香醪酿就花开后，又到了、洗妆时节。惯傍他、柳絮飞飞，送入晚烟无迹。

解连环　秋夜怀曾茶村

扇飓初歇，正罗衫晕爽，早秋时节。嵌绿莎、一榻清幽，恰香过荷丛，雨收梧叶。素月东升，盼匝地、水痕凉澈。更庭柯上下，一片蝉声，入水皆白。

乡心数声夜笛，怅凫汀路迥，鸥榜烟隔。念别来、燕子如人，待分付西风，莫缘飘泊。未老江关，误几度、莼鲈消息。怕寒蛩、唤将梦醒，竟难再得。

夜半乐　柳丝

剧怜弱绪低拂，萦林络槛，牵得愁无数。惯雨直风横，雾吞烟吐。蘸青染翠，拖蓝缒绿。似愁春色稀疏，尚劳缝补。绣一幅、楼台碧如许。

忆从远渚送别，欲绊郎衣，替侬留住。拼化作、劳人情丝千缕。妾心轸结，郎心巧缚，竟将两两相思，系春牢固。到今日、遗魂尚南浦。

别后无计，上望夫山，被伊横路。恰似怕、侬身化将去。漫归来、楼上独立浑无绪。偏只见、陌上凝青处，暮岚千点迷烟树。

又　柳絮

散花恍是天女，轻扬巧剪，飘得春光碎。惯雨避风趋，雾沉烟起。湿苔暗惹，寒沙静掠。乍黏游子衫罗，便添温意。愿挟纩、天留万家被。

大堤十里路侧，镇日纷飞，鹤翎鹅毳。看信手、拈来谁家楼婢。蜀中绵也，吴中纻也，好教糁入春衣，酒尘淹寄。抵帘外、春寒锦袍赐。

更抱书曝，篋衬黄绵，暖烘烘地。又散帙、风翻万花坠。拂阑干、谁系陌上青骢骑。栖托处、莫漫沾泥水，色空饶尔禅心契。

潇湘夜雨

潮晕天寒，风挼云碎，凑成一片凄其。菰蒲蹊路尽迷离。恁助响敲残岸竹，看飐影、愁杀江蓠。空湾迥，楼星半灭，野势全低。

回舟人病，枕边淅沥，归思天涯。黯渔灯初上，任被寒欺。问不辨、连江楚客，听不似、水阁吴姬。湖天远，诗和过梦，吹堕草湖西。

洞庭春色　洞庭秋月

雾散天空，露横波阔，邃古一沤。正鱼龙眠稳，不惊珊钓；冯夷潜舞，捧出晶球。冉冉湘灵携瑟至，并邀住姮娥须暂留。弦徽外，有泠泠爽籁，飞入凉秋。

乘鸾醉仙待返，应记取胜践危楼。正倚阑无际，雁和人远；乘槎何处，水拍天流。梦向芦花清浅处，笑不载婵娟何用舟。醒时节，任分流九派，淘尽无愁。

潇湘逢故人慢　远浦归帆

西风江路，看征鸿阵骤，人不同归。甚孤艇如飞，料中有人兮，果是耶非？衡峰九面，被遮处、湘转帆随。盼烟际、雁奴孤踔，为君及早迎回。

相逢喜，携手去，认家园、旧时苔巷荆扉。怅几度睽违，已洲橘全黄，江蟹都肥。浮名误我，问京洛、奔走何为。回头处、暮涛汹涌，怪他舸舰津迷。

望湘人　平沙落雁

趁西风见许，飞过旧湖，半江烟暝无路。暂别层霄，暗寻断渚，共觑芦花深处。白鹭招停，野鸥留宿，天然宾主。笑浪花、偏自多情，荡得圆涡贻汝。

犹记年时北去，恁难忘指爪，印泥留住。叹云水天涯，又见岁华迟暮。衡峰淡远，可能飞度，望极苍茫烟雨。剩冻月、浅堕余晖，起讯归期休误。

湘江静　烟寺晚钟

韵满湖天山气冷。逗层云、数声摇暝。风凄贝宇，烟凝缥瓦，料归鸦栖定。几杵恰听残，禅心似、碧湘波静。秋高气爽，天空籁孤，缠绵处、意俱永。

月正朗，人正醒。触诗愁、画楼须凭。长河乍转，天青未了，剩鸿留纤影。歇向古松边，偏孤鹤、露凉还警。年涯病老，梵空寒彻，临风啸咏。

向湖边　渔村夕照

醉老枫颜，烘干芦絮，射影一湾流水。隔岸人家，认垂杨门对。听晚风、捎起渔歌，横云残笛，撅醒橘洲风味。几处炊烟，上前溪空翠。

旋网鲈鱼，细斫银丝脍。频顾问稚子，沽村醪归未。荻火吹残，且倾杯沉醉。有东船西舫成欢会。分携晚、残柳一泓鸦影坠。倦眼瞢腾，向篷窗酣睡。

湘月 山市晴岚

林峦初霁，正寒光缥缈，全迷街陌。空里青痕摇不断，人物一重纱隔。隐幂疏帘，低黏缥瓦，逗入层城碧。炊烟遥合，绛霄还晕虚白。

弥望店列青帘，楼开朱箔，掩映都无迹。翠霭随风舒卷外，界出蔚蓝天色。幻欲成云，轻还托雾，荡漾春无力。神鸦飞过，一痕微蘸新墨。

湘春夜月 江天暮雪

被回风，半空抟就飞霙。得似一夜梨开，空际万花迎。料得老梅春透，定有人寻探，踏碎琼瑛。望白痕匝地，还疑夜月，留照前汀。

风欹短笠，篷腰束瞑，孤酌寒生。色相全空，浑不辨、缟衣仙子，携伴湘灵。骚心瑟韵，胜灞桥、驴背吟情。冷眺处，认依稀过雁，冲开絮影，飞度层冥。

玉女摇仙佩　同韩申甫赏牡丹

仙春馆启，宝相花迟，仿佛移真琼岛。笑倚东风，酣沉南梦，昨夜宿酲醒了。讶靓妆偏早，看红留一捻，朝霞笼罩。恰赢得、浑身馥重，似怯闲庭卷帘人到。怜离别经年，寂寞云英，瑶台月悄。

犹记梦传彩笔，欲寄朝云，好趁书量情抱。锦幄春残，斜阳如醉，认取香魂娇小。但愿花长好，恁狂香浩态，娉婷双妙。肯教尔、杯承露冷，美人迟暮，燕莺啼老。不须恼，东风解得恨多少。

以上卷一

垂杨　花底眠香图

花阴醉卧。任碎红乱落，满身堆垛。暗地香凝，蝶儿飞向人衣坐。抬身怕被风掀簸。再安睡，片时差可。听流莺、娇语斜阳，问梦儿甜么。

头上飞来几朵，似簪入鬓云，一般安妥。弱不胜春，柳眠风际娇无那。浑身一片香包裹。揽衣起、宝钗斜堕。归来带得余憨，红袖亸。

珍珠帘　花魂

靓妆斜倚雕阑亚，影姗姗、和月归来林下。风扬绮罗香，被柳丝牵惹。十里楼台春远近，要问那、三生真假。如画。恁解语含羞，倍添姚冶。

怜尔若即还离，正无情有恨，纤腰盈把。酝酿出精神，总惯耽惊怕。惆怅金铃谁护惜，况纸帐、寒生遥夜。难写。这一种风情，十分蕴藉。

无　闷

金鸭烟浓，篆出一段，九曲肠中愁绪。正夜静帘闲，月轮才吐。欲向姮娥低诉。合倩那、小心风传语，又只怕，窗外鹦哥窃听，欲言还住。

无据。半是酸，半是苦，半是才情贻误。蓦然惹起，懊恼几许。望断彩云何所，又听得、乌啼天方暮。可有个、分剖人儿，待侬梦里说与。

又

何事东风，搅得一阵，渍翠殷红花坠。漫倚遍回阑，亸残慵袂。且放罗帏偷睡。切莫把、玉钩儿钩起，怕只怕，遥夜春宽梦窄，总辜鸳被。

休怼。上有天，下有地，又有慈悲南海。也须念我，瘦损乃尔。但愿此身来世，了却个、三生相思债。再不要、怜我怜卿，共伊极乐世界。

倦寻芳

断虹卧水，残照穿林，庵磬摇暝。树叶红流，山气半天明净。暮霭更添鸦数点，晚风细促蛩三径。渐朦胧，看银蟾乍吐，素娥妆靓。

快酌酒、举杯邀月，同醉花间，还对孤影。雁塞云横，一笛倚楼人静。篱菊病黄帘正卷，海棠泪碧墙犹晕。乍霜华，渍人衣，暗添新冷。

秋夜月　送人出塞

沙平如雪。野茫茫，天黯黯，晕生寒月。白草风吹，低处见，牛羊脊列。毡帷张毳幕，冰坚土裂。凉飙夜吼，饿鹰宵击。

边声凄咽。惨胡笳，悲画角，望乡情切。帅府寒森刁斗，冻旗风掣。马鸣时，尘起处，雄师赴敌。凯歌声里，唱回春色。

西　河

九日携弟辅羲登云麓寺，忆癸丑与茶村偕，今别去二载矣。林泉无恙，风景顿殊。谱此示弟，兼讯茶村江右。

凭眺处，山川满目如故。天风荡得日光寒，淡云未雨。翠岩万木渐知秋，秋山犹欠红树。

烟际雁，纷尔汝，寒鸦逐队争舞。来登绝顶盼长江，一航快渡。古今万事系心头，苍苍相对无语。

等闲有酒念故侣，问天涯、何酒能沽。料也者番延伫，立孤峰目极章江路，一片斜阳关山暮。

归国谣

芳草碧，旧日送君情脉脉。西风吹老边庭白。
王孙一去无消息。伤秋色，天涯万里长相忆。

又　出都门旅店题壁

行且住，芳草萋萋天欲暮。东风吹绿长亭路。
离肠一段浑难诉。无言处，斜阳马首频回顾。

莺啼序　闻莺

天街暗融细雨，渐晨曦射牖。露华冷、风栉疏林，肯将春意嘘透。乍听得、林於百啭，钩帘似叶宫商奏。韵沉沉，窗岫青凝，镜潭波皱。

唤紫呼红，病里梦醒，正嘤鸣翠柳。抵多少、歌舞楼台，玉窗筝板齐扣。最关情、新声易涩，且拼话、欢期如旧。但休从，长日凝妆，厌闻消瘦。

辽西到未，直北轻云，扫愁奈乏帚。况又是、鹧鸪啼剩，径迥泥滑，浅伫楼阴，伴呼鸠妇。双鸳欲刺，修蛾先蹙，相思何计能消遣，倩提壶、婢贯屠苏酒。芳醒未解，凭伊舌底新簧，肯饶我乍醒否？

迟徊日暮，树远烟深，怪送春太骤。赚几度、桃根鸳侣，薤叶鸾笺，怕付归鸿，怯听乌臼。看看直到，钟鸣萧寺，风前催得明月出，那时间、花底酣眠久。空阶人悄无闻，但拥疏椂，闷灯自守。

三台　炎夏喜雨

正炎熇蒸郁万里，赤风霎时收定。看墨云、成阵蔽天来，近郊甸、楼台如暝。芳园内，鸟雀声俱静。万树间、纤无摇影。料空际、河汉将倾，驻飞龙、绛霄潜等。

乍砰訇天鼓振响，掣空镜光辉映。送雨声、倾注势翻盆，溅池面、跳珠圆莹。荷深处、泼得鸳鸯醒。翠涨中、群鱼游泳。问何事、窗北酣眠，汰烦襟、画阑须凭。

望楼头檐溜尚滴，复闻竹梢风劲。淡暑威、天气换清凉，大千界、尘埃淘净。须臾听、碎磕声相应。雾障消、长空清迥。倚筇盼、山翠浓添，露斜阳、又舒虹景。

戚氏　秋蛩

甚幽情，秋来嘘出万千声。露冷阶空，月高天静夜三更。悲鸣，似难平，荒村响答不分明。俄乘院落风起，搅成商籁满前庭。度去楼角，穿从窗隙，渐闻四壁泠泠。便萧萧瑟瑟，酸楚呜咽，无限凄清。

弥望腐草平陵，哀语断续，落叶又飘零。音流处、悄和云堕，冷带烟横。更交并玉漏，暗地琮琤，胜似夜雨闻铃。杂将成鼓，助起边笳，那管羁客心惊。

独立频回首，关山万里，一片愁萦。漫与离肠代诉，蓦魂销似醉复如醒。况兼枕畔炉边，递寒护暖，清梦应难竟。剩一腔、骚怨成悲哽。刚移坐、孤对灯檠。待曙鸡、起舞重听。露鸳瓦、隐约白初生。众哀才歇，惟余晓月，几点晨星。

宝鼎现 襄阳道中避雪何氏山庄

冻云横岭，万木僵立，高空如啸。看刮地、惊沙飞走，灌莽凝阴藏虎豹。碎一夕、断冰堆山峪，寒触千寻料峭。暗助起、群龙竞斗，互偃元黄鳞爪。

一霎霄霁琼花绕。白茫茫、光映陂奥。听谡谡、松涛怒卷，廊角还惊敲翠筱。欻破冻、喜梅梢春逗，刚待巡檐索笑。任大块、何来噫气，申约除堂便了。

铁马骄嘶，窗隙处、红摇灯小。恁貂裘羊酒，浮炭金炉满燎。尚自怯、冷侵杯珓。直待晨曦曜，始破却、天地严凝，息过昆仑万窍。

摸鱼儿 茶村见示红梅、古柏二词

倩红牙、谱成仙籁，天生当代情种。非关绮语夸工丽，香草美人多讽。凭巧弄，奏一曲、商声拗破千林冻。花开半陇。向风雪丛中，倚栊偷觑，立处绛云拥。

高怀引，只道罗浮有梦。倍怜苍干孤耸。酒波冻涩(签)[纤]云卷，陡觉翠光浮动。声价共，休说是、轮囷材大难为用。

须勤灌壅。有多少红桑，万千墨劫，筹笔要珍重。

前调 题武昌艾司马琴鹤小照

望茫茫、大江东去，腥风吹浪成雨。腰间宝剑新磨出，剸尽碧鲸无数。凭眺处，正鹤唳、惊余遍换鸿嗷苦。疮痍未补。叹岩邑弦歌，楚宫琴瑟，盛事渺难睹。

危矶畔，当日胎禽刷羽，何人曾降鸾驭？仙家踪迹难重到，玉笛落梅如许。楼一炬，君不见、古来万恨皆焦土。临风吊语。待佛子琉璃，琴调一曲，再引鹤来舞。贼陷武昌，黄鹤楼毁于兵燹。

兰陵王 柬茶村萍乡

念君别，消几功名岁月。知心是，秋魄一轮，可惜才圆又还缺。蛩声耳畔聒。凄切，闲悰郁结。还闻得，孤雁唳云，逗出沙林曙光窄。

凭谁共题(揭)[碣]？恁酒堕衣尘，诗挂帆末。纤鳞不度烟江阔。记话雨萧寺，饯春兰渚，风流班尹已暂歇，又攀桂时节。

歌阕，正三叠。怕渍泪莓笺，幽恨难灭。离愁万点霜林叶。问旅寄青鬓，倘胜愁缬。相思何处，石姥外，秀水咽。

东风第一枝 题杏燕画箑

绛蜡香凝，乌衣客到，玉楼容醉春晚。似闻馨吐琼林，仿佛艳分内殿。衔泥归后，蓦禁受、枝头风软。看玉剪、剪破笼烟，照出画兰痕扁。

描绘出、露深雾浅。纷点缀、障尘素扇。怪他斗草庭前，误汝探花俊眼。商量花信，乍款约、墙东频见。怕舞余、叠损丹青，须共茜衫同检。

暗香　题茶村画红梅卷子

暗香宵结，认一枝靓影，伊谁偷折。梦醒玉堂，匀点胭脂染娇靥。疑是黄昏院宇，赤霞落、低黏残雪。倩妙笔、招得香魂，纤影怯寒月。

娇绝，正盈捻，记素瑟夜樽，共君歌阕。小屏恨隔，掩逗猩红旧愁色。妆额明朝换也，嗔玉艳、尚烘帘侧。但怪那、春信早，恁禁漏泄？

十二时　寄杨蓬海武冈

送君时暮。春初稧南浦，流波如雪。激万派、离声呜咽，瞬息征帆飘瞥。枕替遥山，襟留残日，划断魂无色。诗外意、暝接都梁，暗抚浊醪，闲唱停云凄切。

挨过些，蒲风荷露，又是桂花时节。莫忏浮生，都如过翼，未死原非别。月明时，鬓泠丝丝，畏撩易白。

那更堪、签邮吟望，检校音书长缺。赭叶敲枰，青虫缀砚，暗烬笼题册。数社觞未远，摊笺为申饥渴。

生查子

岁岁捣寒衣，砧杵秋霜肃。妒杀浣溪边，鸥鹭双双宿。
君梦锦江头，妾梦阴山曲。梦里亦何言，愿化连枝木。

惜余春慢

趁暮妨朝，因风尤雨，把个春光挨了。篱花飐水，阁絮兜烟，都似者般牵绕。赢得香消粉残，如许繁华，送将昏晓。算年年惟有，饯芳时节，赚人多少。

依待把、离绪全芟，情苗私掐，自撷忘忧萱草。停骢旧陌，倚袖空廊，冷晕莫将苔扫。檐际空余雨丝，难倩系春，将春留好。恁相思滋味，天涯人远，枕函知道。

貂裘换酒　题吴称三石笋山房图

拔地撑奇崛。是何年、惊雷裂石，笋生岩穴。背负霜华山万仞，面立诸峰崒屼。还倒影、空潭明澈。遥指山房云树里，听明兰古寺钟初歇。溪水尽，钓明月。

幽人意境何超越。念家山、摹图作记，荟成三绝。名士原无蔬笋气，空笑馋坡咀啮。任竹长交争滕薛。他日老归林下后，看三生石畔龙孙茁。头角见，更奇杰。

惜分钗 柳（二首）

长安驿，曾攀摘，数声惨咽闻风笛。眼儿娇，黛儿描。一瞬天涯，两地魂销，迢迢。

春风碧，秋霜赤，树犹如此堪怜惜。渭城高，玉关遥。一搦腰肢，记取林梢，条条。

腰如束，眉如蹙，茜痕暗衬征衣绿。絮离离，绪垂垂。绊住愁侬，绾定相思，丝丝。

阳关曲，歌声续，线长难系行人足。暮鸦栖，晓莺啼。小妇城南，别梦辽西，依依。

柳梢青 灯

皓魄将沉，兰膏吐焰，隐约书林。欢里成花，愁时作烬，恁地知心。

追陪廿载光阴，却不道、迁延至今。耐尽帘风，飐残窗雨，越样沉吟。

菩萨蛮

阑干立久罗衣薄，东风做冷来香阁。摇响到帘栊，乍疑郎觅侬。

风前频细语，背立调鹦鹉。欲倩唤郎归，郎归浑不知。

以上卷二

以上《三程词钞·湖天晓角词》，1930 年上海大中印社铅印本。

附：影印《红雪山房词初稿》

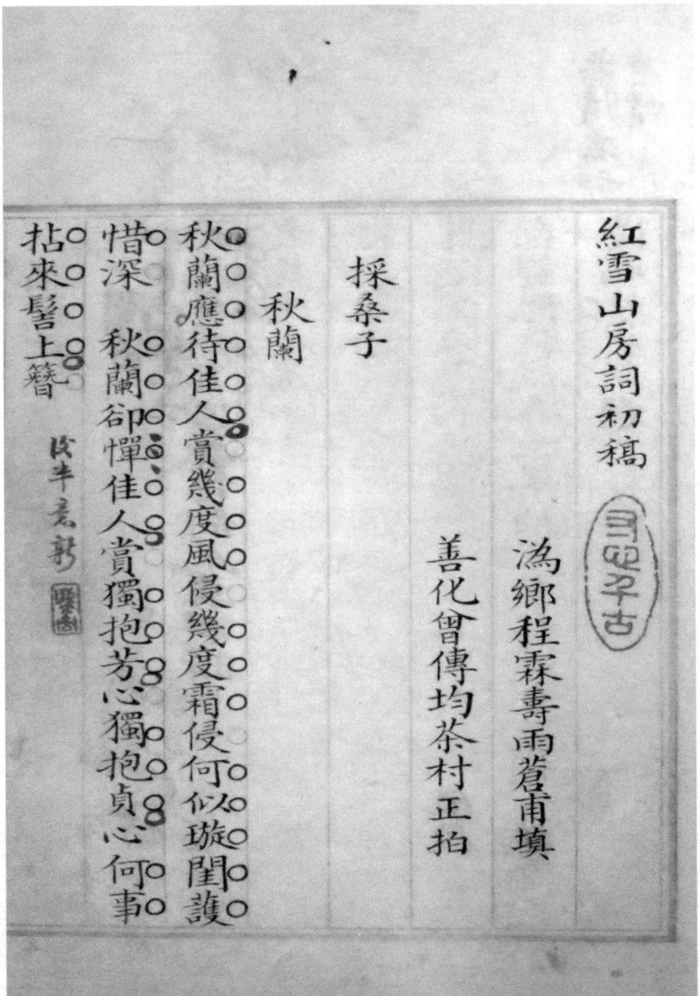
紅雪山房詞初稿

溈鄉程霖壽雨蒼甫填

善化曾傳均茶村正拍

採桑子

秋蘭

秋蘭應待佳人賞幾度風侵幾度霜侵何似璇閨護惜深　秋蘭卻憚佳人賞獨抱芳心獨抱貞心何事拈來髻上簪

擣練子

聞笛

[illegible]笛向夜寒[illegible]晴聽罷一聲嗁[illegible]處

林 晚 寥亮 殘照裏

東風吹起萬山青

南歌子

閨夜

夜靜銀缸淡春生翠袖寒乍移蓮步近欄干試看天

邊明月總團圞

無情處卻

有情

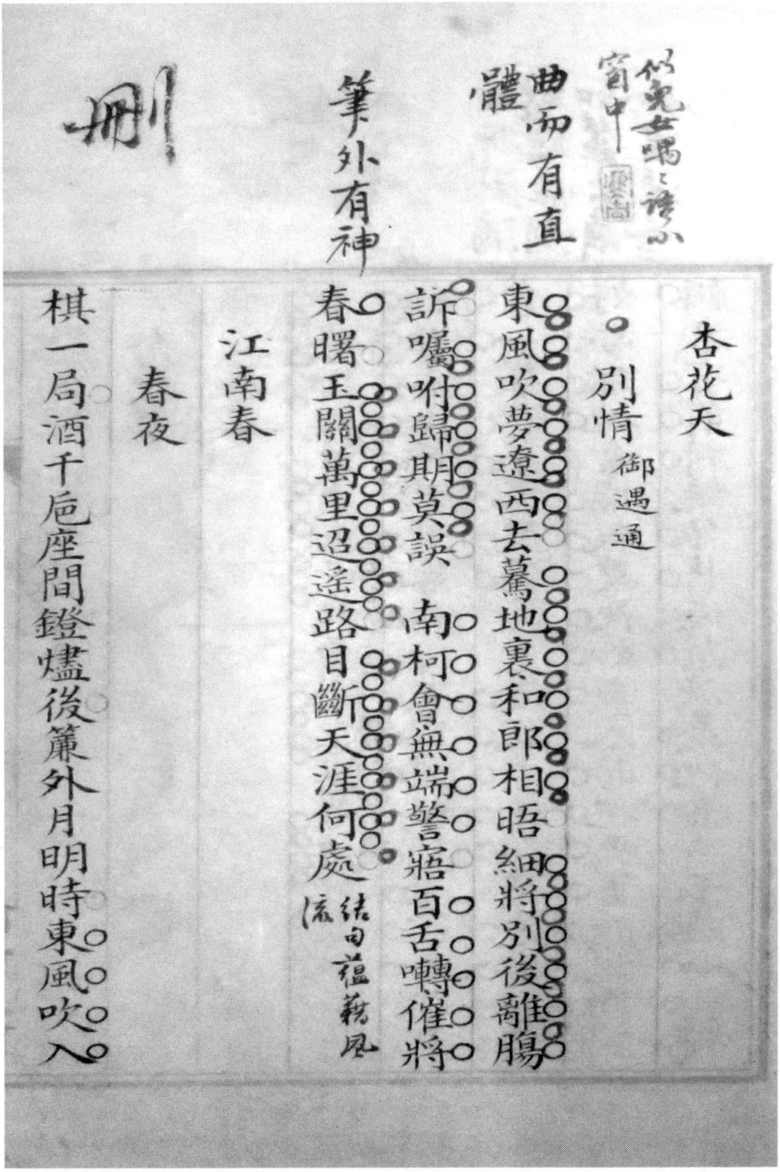
似兒女喁喁語小窗中

曲而有直體

筆外有神

刪

杏花天

別情 御遇通

東風吹夢遼西去驀地裏和郎相晤細將別後離腸訴囑咐歸期莫誤 南柯會無端驚寤百舌囀催將春曙玉關萬里迢遙路目斷天涯何處 結句蘊藉風流

江南春

春夜

棋一局酒千巵座間鐙燼後簾外月明時東風吹入

飄忽
低字妙
曲折淋漓
纏綿悱惻
如蠶出繭
如雲湧峰

紗窗冷為惜春宵夜睡遲

念奴嬌

春怨

千條柳線，甚東風吹起，牽來愁思。萬縷情絲無著處，鎖住春山橫翠。月落烏啼，天空鶴唳，獨坐心如醉。錦衾一樣，昨今寒煖偏異。　漫說夢幻難憑，連宵廢寢，好夢都拋棄。惱殺更長如歲永，暗把更籌頻記。卻到朝來，窗前對鏡，依舊淹愁淚。羨他梁燕，于飛尚展雙

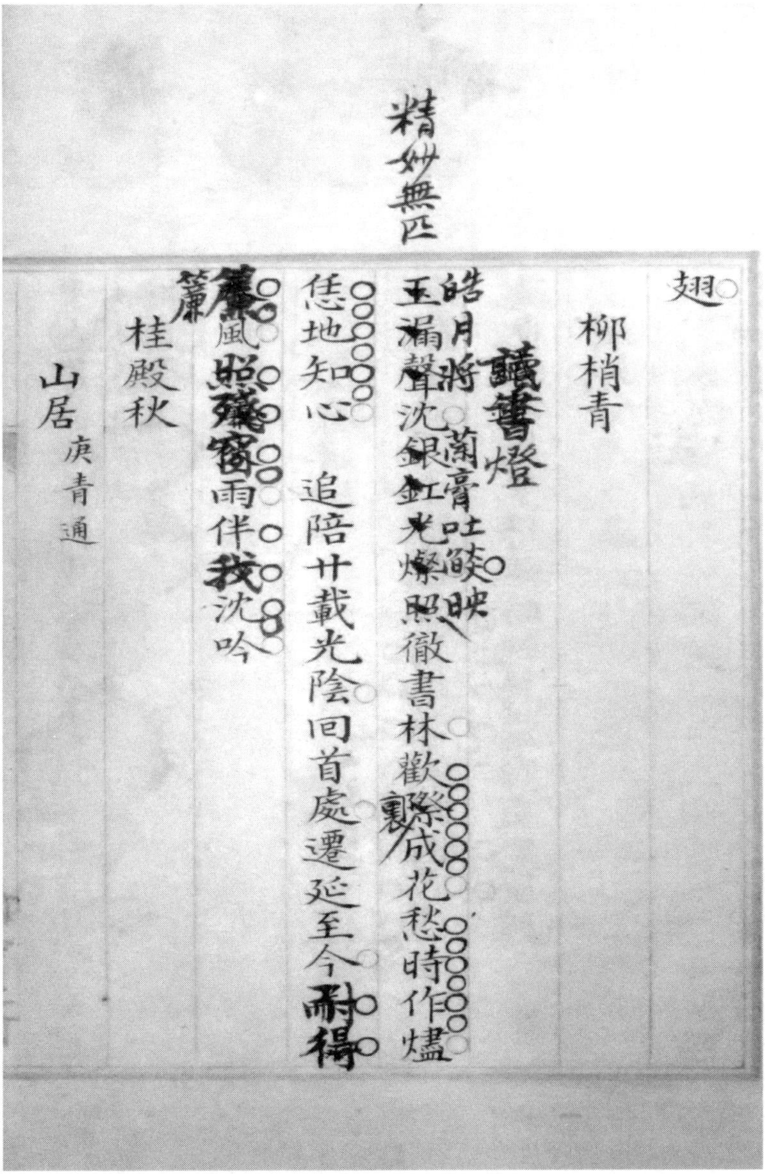
精妙無匹

翅

柳梢青

讀書燈

皓月將 蘭膏吐燄 映

玉漏聲沉 銀釭光燦 照徹書林 歡際成花 愁時作燼

恁地知心 追陪廿載光陰 回首處遷延至今 耐得

簾 風照殘窗雨伴我沉吟

桂殿秋

山居 庚青通

刪　刪

千樹碧萬峰青靜中若處最關情窗紗作破蟾窺座
檐鐸微驚燕入庭

憶真妃

麗情 東冬通

鞦韆小試園中蹴花紅剗地羅裳開颭罵春風 池

似子夜歌

邊步風前舞乍停蹤盼到鴛鴦宿處轉雙瞳

調笑令

春莫五首

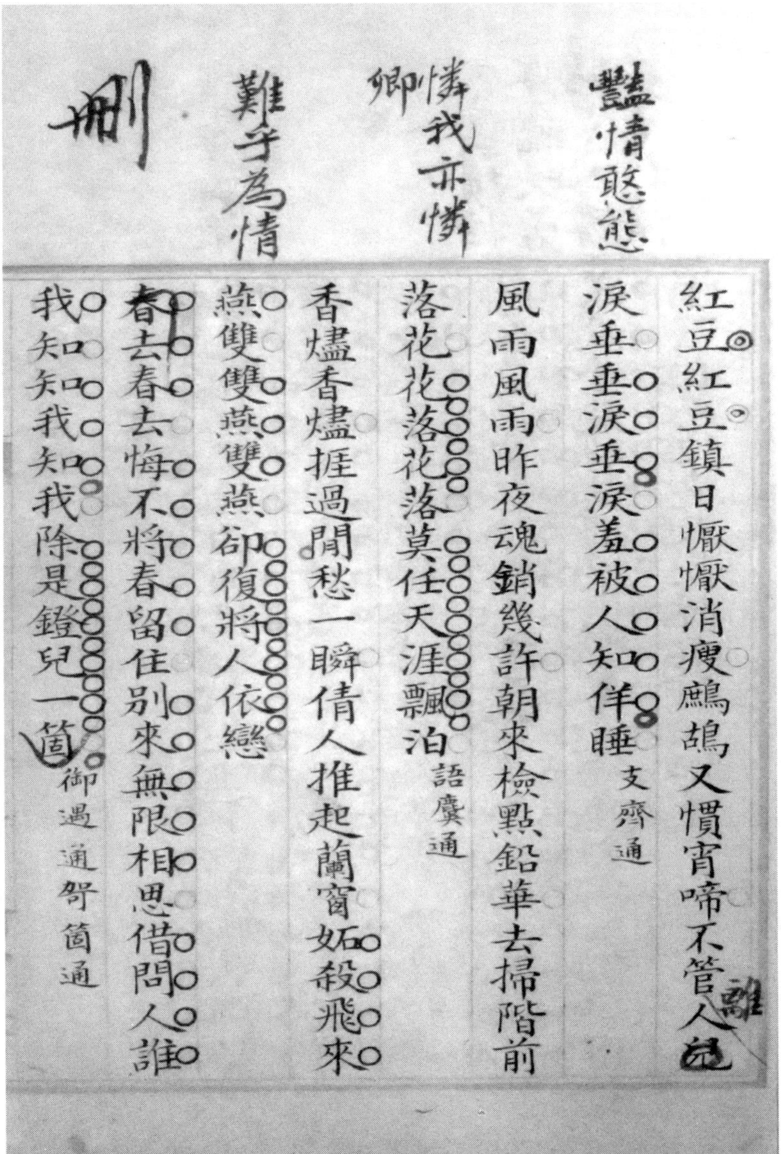
豔情憨態
憐我亦憐卿
難乎為情
刪

紅豆紅豆鎮日懨懨消瘦鷓鴣又慣宵啼不管人離
淚垂垂淚垂淚羞被人知佯睡 支齊通
風雨風雨昨夜魂銷幾許朝來檢點鉛華去掃階前
落花花落花落莫任天涯飄泊 語麌通
香爐香爐捱過閒愁一瞬倩人推起蘭窗妬殺飛來
燕雙雙燕雙燕卻復將人依戀
春去春去悔不將春留住別來無限相思借問人誰
我知知我知我除是鐙兒一箇 御過通 哿箇通

落筆神来

屈盤頓挫
伸縮跌宕
轉轉入勝
文生於情

惜餘春慢

本意　筱皓通

暮暮朝朝風風雨雨把箇春光捱了桃花貼水柳絮飄煙都是者般牽繞贏得香消粉殘一瞬繁華送將昏曉算年年恁地銷魂時節賺人多少　儂待把離緒頻芟憾苗私掐樹著忘憂讓草香衾助冷翠袖添寒沒帚能將愁掃況復鵑聲亂啼聽去傷心不聽增惱箇相思地遠天長說與何人知道

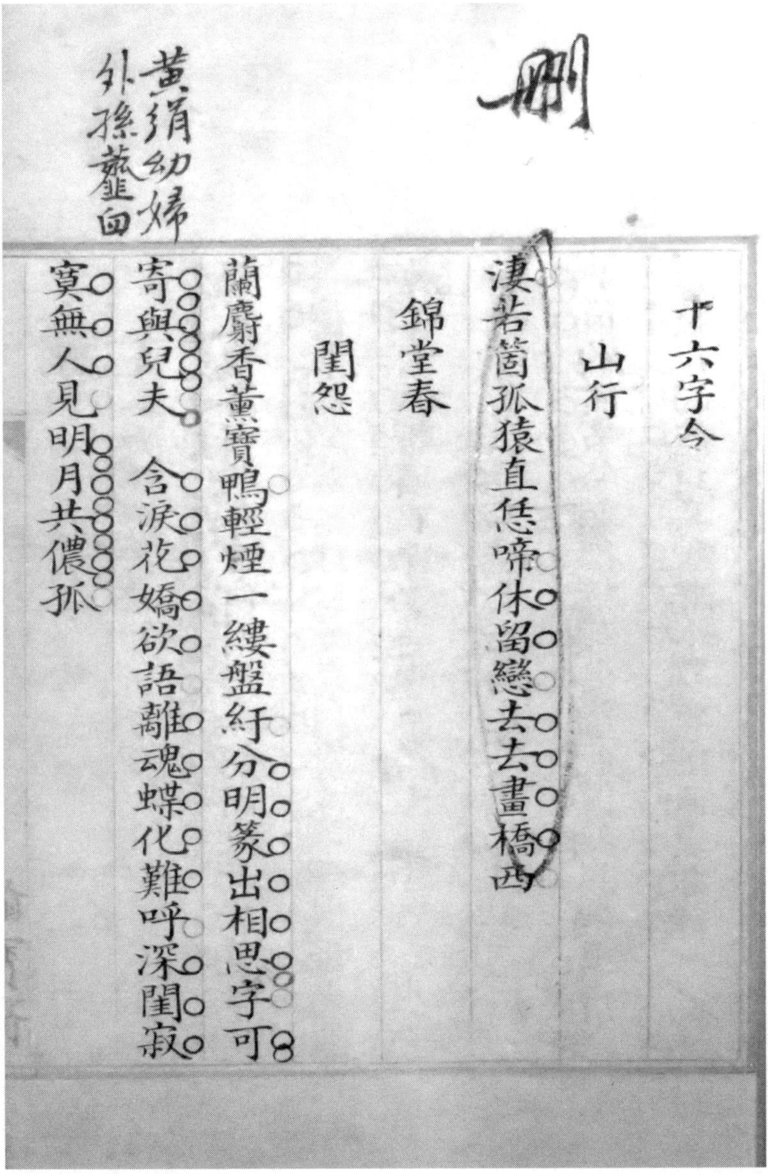
删

黃絹幼婦
外孫虀臼

十六字令
山行
淒若箇孤猿直恁啼休留戀去去畫橋西

錦堂春
閨怨
蘭麝香薰寶鴨輕煙一縷盤紆分明篆出相思字可寄與兒夫　含淚花嬌欲語離魂蝶化難呼深閨寂寞無人見明月共儂孤

金縷曲

留春　語虞御遇通

忍送東皇去恠陽春無端有脚往来匆遽
唱罷傷春句問春君何因忽至何因旋去若道聚時
終待散何似前番休聚差免得牽人離緒堪怪光陰
過九十祇斯須不肯多延佇曾為甚觸君怒　此行
卻向何方住祇不過東西南北怎容君寓與到來年
酬後約何弗今朝徑駐願少待聽儂細訴倘爾行蹤
終莫挽恐他時妾貌非如故重覿面莫訛誤

貂裘换酒

与曾茶村夜话

浩荡乾坤里，尽人生、能自树立，有何依倚。落落千秋
谁负荷，多少楼台平地。有几辈、干霄直起。扶汉分章
推吏部，扫秕糠、追逐无馀子。作砥柱，振衰靡。人生
欢会须臾尔。借问作 皇去后，可将侬记。侬也休将
离别怨，祇惜流年似水。试自忖、个中滋味。毕竟繁华
曾几许，者蘧蘧、梦觉诚何似。畴解识，此间意。

起六字探源星宿海是大手筆

起段渾籠　次段寫熱　場中人情　景煞處換　入思婦轉

添字鶯啼序　仿吳夢窗體

以鳥鳴春　有宵通

天雞一鳴日出正敲殘玉漏曉風起吹入疎林暗將春意噓透剛傳得千聲萬籟高低譜作清商奏恰遙山凝翠空潭碧波微皺

一片宫

喚紫呼紅絮語謅訴恁銷魂時候抵多少歌舞樓臺玉琴檀板齊扣最關情良辰美景也應讓幽人生受卻休教思婦愁聽惹他消

喚醒許多春夢

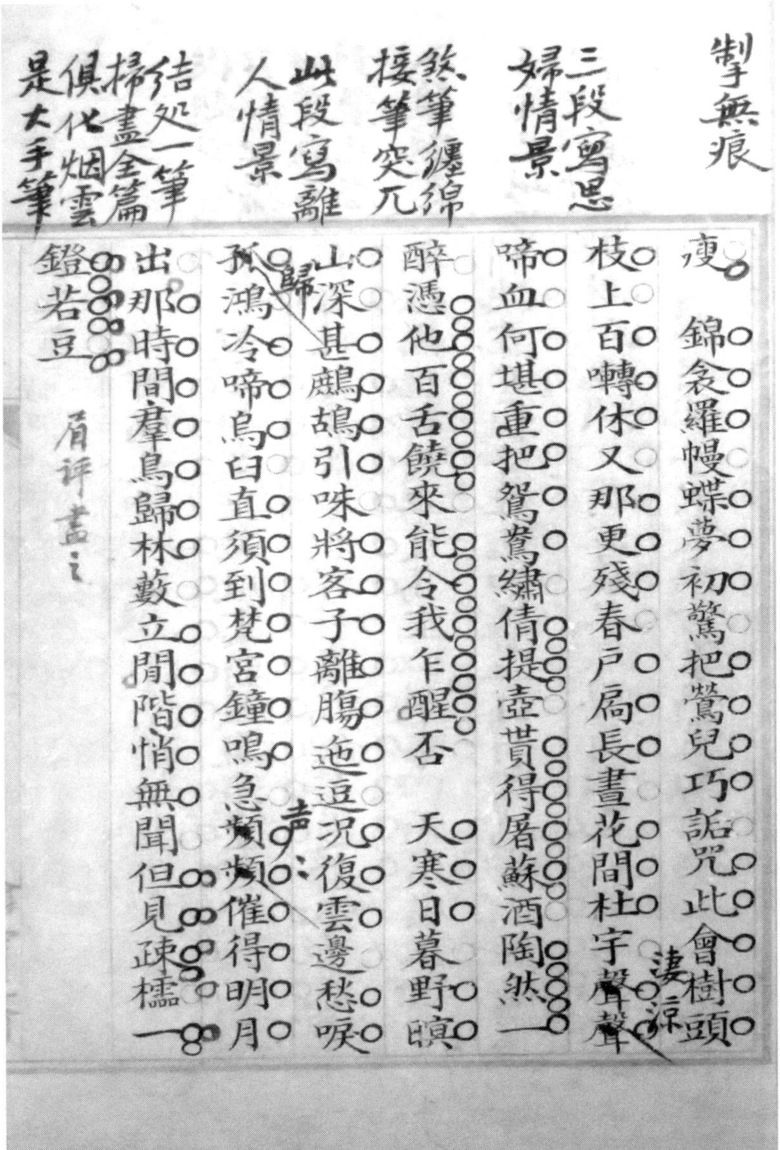

掣無痕

三段寫思婦情景

煞筆纏綿接筆突兀

此段寫離人情景

结処一筆掃盡全篇俱化烟雲是大手筆

瘦 錦衾羅幔蝶夢初驚把鶯兒巧詬咒此會樹頭枝上百囀休又那更殘春戶扃長晝花間杜宇聲聲啼血何堪重把鴛鴦繡倩提壺貰得屠蘇酒陶然一醉憑他百舌饒來能令我乍醒否 天寒日暮野曠山深甚鷓鴣引咪將客子離腸逗況復雲邊愁唳孤鴻冷啼烏臼直須到梵宮鐘鳴急頻頻催得明月出那時間羣鳥歸林藪立閒階悄無聞但見疎櫺一鐙若豆

眉評盡之

從題前寫起鈎魂攝魄筆所未到氣已吞入題飄忽正面只此已足以下皆從題後寫

三臺 仿万俟雅言體

以雷鳴夏 梗敬徑通

莽炎歊蒸鬱萬里颷風霎時俱定滾墨雲一簇壓天低午陰失重霄欲暝深林裏鳥雀聲逾靜木葉底纖無搖影猛聽得車走高空似裂石四山齊應正匉訇列缺霹靂飄瞥紅光如鏡撒白雨傾瀉若翻盆徧隴畔珠跳千頃 荷池暴水漲碧筒顫直偃出淤泥短柄驚醒起枕上羲皇撫珍簟熱氛初靖聽樓頭簷溜

餘音繞梁
碧天無際

洒然而来
古人為文
最争起结
於詞何獨
不然
真氣綿亘

滴瀝捲來北風三徑滌暑威世界換清涼把寰海塵
埃淘淨須臾更數聲餘碎磕雨止風收擴幽境倚節
盼竹翠桐青好盤桓夕陽村景

戚氏 仿柳耆卿體

○以蟲鳴秋 庚青蒸梗徑通

甚幽情秋來嘘出萬千聲露冷階空霜高天靜夜三
更喧嘈似難平荒邨響答不分明俄乘院落風起攪
成商籟滿前庭度去樓角飛從窗隙漸聞四壁泠泠

不見段落痕迹，細按之仍字雕句琢，七寶樓臺，故自拆散不得

接得振拔

此段沈鬱頓挫，筆墨之痕俱化

打穿後壁，四詞一樣結法

便蕭蕭瑟瑟悲楚，鳴咽無限淒清。彌望腐草平陵，哀語斷續，落葉又飄零。音流處，冷隨雲、隨寒帶煙橫。更交幷、漏滴鐸響，砧鳴角吹，笛撇鐘鏗。雜將戍鼓，助起邊笳，暗地羈客心驚。　獨立頻回首，關山萬里，一片愁縈。恰把離腸代訴，驀魂銷、似醉復如醒。況兼枕畔，傳來絮絮碎碎，好夢應難竟。怎恁般、哀怨成悲哽。正危坐、孤對鐙檠。那堪又、側耳重聽。直捱到、雞唱曙光生。衆音纔歇，惟餘曉月，幾點晨星。

八字論影譜聲

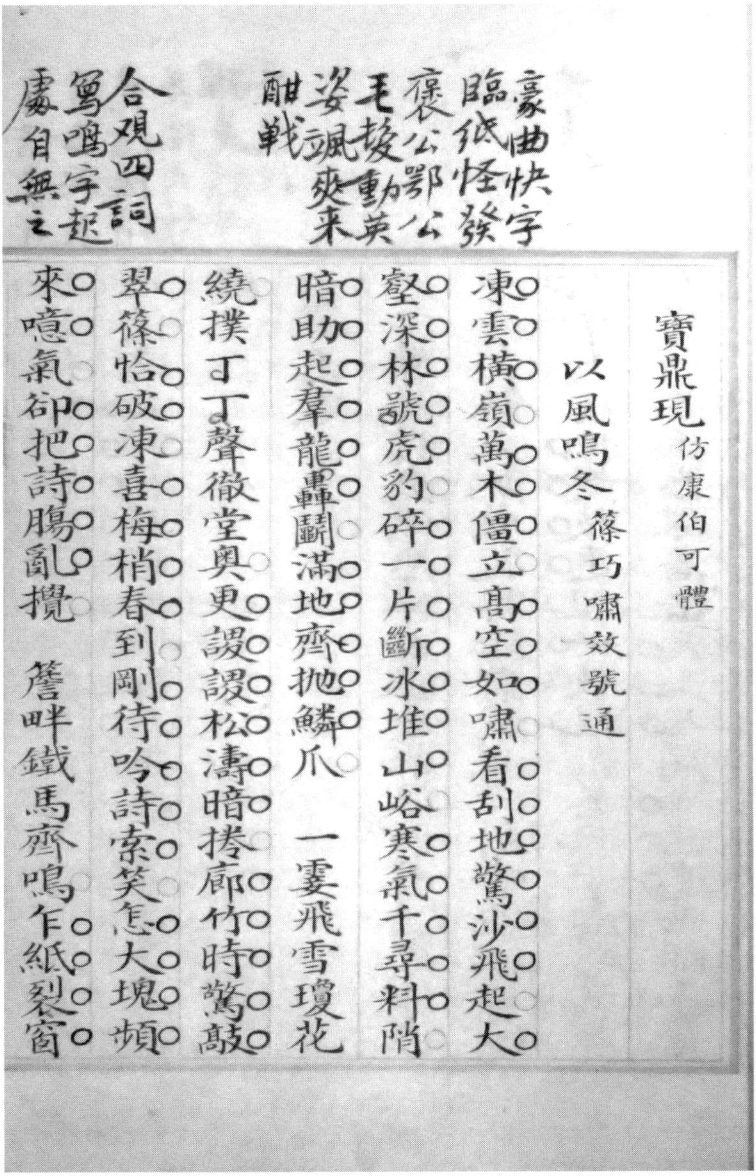

豪曲快字
臨紙怪發
褒公鄂公
毛髮動英
姿颯爽來
酣戰

合观四詞
寫鳴字起
處自無之

寶鼎現　仿康伯可體

以風鳴冬　篠巧嘯效號通

凍雲橫嶺萬木僵立高空如嘯看刮地驚沙飛起大
壑深林虢虎豹碎一片斷冰堆山峪寒氣千尋料峭
暗助起羣龍轟鬭滿地齊拋鱗爪　一霎飛雪瓊花
繞撲丁丁聲徹堂奥更謖謖松濤暗捲廊竹時驚敲
翠篠恰破凍喜梅梢春到剛待吟詩索笑怎大塊頻
來噫氣卻把詩腸亂攪　簷畔鐵馬齊鳴乍紙裂窗

有結處自有云無具見陰陽消長絶大妙理是謂筆參造化

沈痛

檽鐙搖（叶去聲）便貂裘羊酒獸炭紅爐滿燎猶自怯冷光侵遠直待晨暉曜始破卻天地嚴凝息過崑崙萬竅

解連環

曾茶村失偶悲悼不勝適余往臨弔回囑代作祖餞文既成就其餘意賦此三闋唁之 覺樂通

天乎太虐把雙枝連理一枝輕斫怎教子念到鸞離不痛切莊生悲深潘岳天上人間可能遣洪都尋著

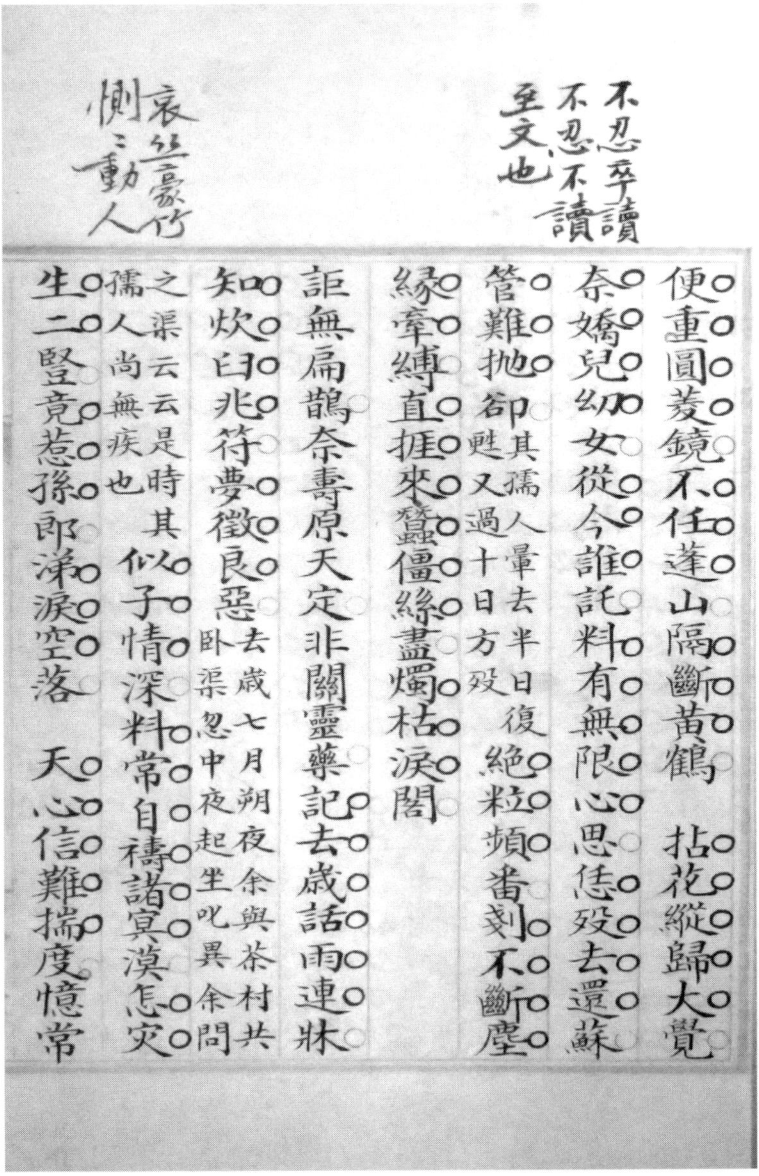

不忍卒讀不忍不讀至文也

哀艷豪宕惻惻動人

便重圓菱鏡不任蓬山隔斷黃鶴　拈花縱歸大覺奈嬌兒幼女從今誰託料有無限心思悵歿去還蘇管難拋卻其孺人暈去半日復甦又過十日方歿絕粒頻番刻不斷虀緣牽縛直捱來蠶僵絲盡燭枯淚閣詎無扁鵲奈壽原天定非關靈藥記去歲話雨連牀知炊臼兆符夢徵良惡去歲七月朔夜余與茶村共卧渠忽中夜起坐叱異余問之渠云云是時其孺人尚無疾也似子情深料常自禱諸冥漠怎究生二豎竟惹孫郎涕淚空落　天心信難揣度憶常

筆端腕下疑有鬼神恍惚

時耳熟女德殊卓平昔淑慎宜家善茹苦含辛自安恬泊竟赴泉臺捹一樣紅顏命薄問可能再央玉茗還魂記作

天涯地角諒綿綿此恨怎生捹卻況當此夜雨聞鈴恁滴滴寒聲傷心畫閣索夢孤衾可還認歸魂詳確恐風搖欲斷來去匆匆總是飄泊

慈幃忍看淚落更聞兒啜泣斷腸如斮便使行路開聽也無限淒涼一般蕭索須倩香山把長恨歌兒重作恨消時山荒

此恨綿綿無絕期

石爛海枯水涸

附附錄代作祖餞文

嗚呼九年伉儷事畜曾勞兩地存亡音容永隔憶去歲中宵炊臼原知夢惡悵來朝異日埋香空有銘存難覓回生盧扁力遣病魔兼無益壽參苓漫刲靈藥遂令潘郎痛抱荀倩神傷余實負君便盧杖禮原應爾卿還憐我欲鼓盆情豈忍乎傷哉離恨天長此別何年再見慘矣幽明路阻中心靡日

能忘相依禮案已不見影隨形許大情天竟莫容
余與汝無可奈何亦竟已矣獨是人各有死爾正
何堪疇昔茹苦含辛食貧無怨平生寡言簡笑操
德原端未識綺羅香不羡鳳簪寶髻自甘藜藿味
何求鯉膾金盤似此溫良詎宜萎折而乃數月支
牀翻成病鶴遂至一朝就木竟作離鸞況復已逝
還蘇方離旋即成灰蠟炬淚竟難乾到死春蠶絲
偏不盡言念及此抱恨何如然而苦惱已嘗幸離

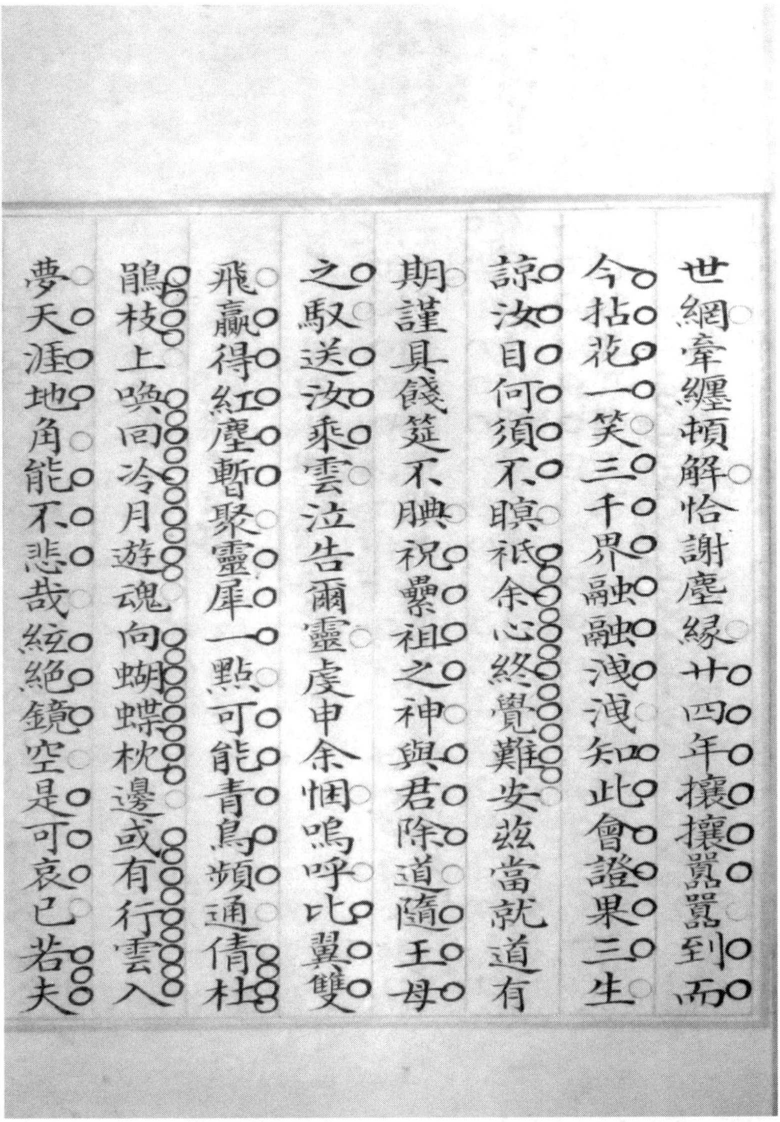

世網牽纏頓解恰謝塵緣廿四年擾擾囂囂到而
今拈花一笑三千界融融洩洩知此會證果三生
諒汝目何須不瞑衹余心終覺難安茲當就道有
期謹具餞筵不腆祝饗祖之神與君除道隨王母
之馭送汝乘雲泣告爾靈虔申余悃嗚呼比翼雙
飛贏得紅塵暫聚靈犀一點可能青鳥頻通倩杜
鵑枝上喚回泠月遊魂向蝴蝶枕邊或有行雲入
夢天涯地角能不悲哉絃絕鏡空是可哀已若夫

何姍〻其来遲

此詞若近若遠不即不離高唐洛神等賦遺筆尚在

慈親老淚弱息嬌啼汝能恝然去乎余又益之悲也嗚呼尚饗

珍珠簾（仿吳夢窗體）

花魂（馮禡卦通用萊斐軒韻）

靚粧斜倚雕欄亞（影姍〻鬟髻）昨夕歸來月下恰一陣風過攪得遊絲惹十里樓臺春遠近要問那三生真假如畫恁含情無語兀自妖冶　憐爾若即還離更添將羞澀纖腰盈把醞釀出（二句勾魂攝魄）精神消受些驚怕惆悵金鈴誰護

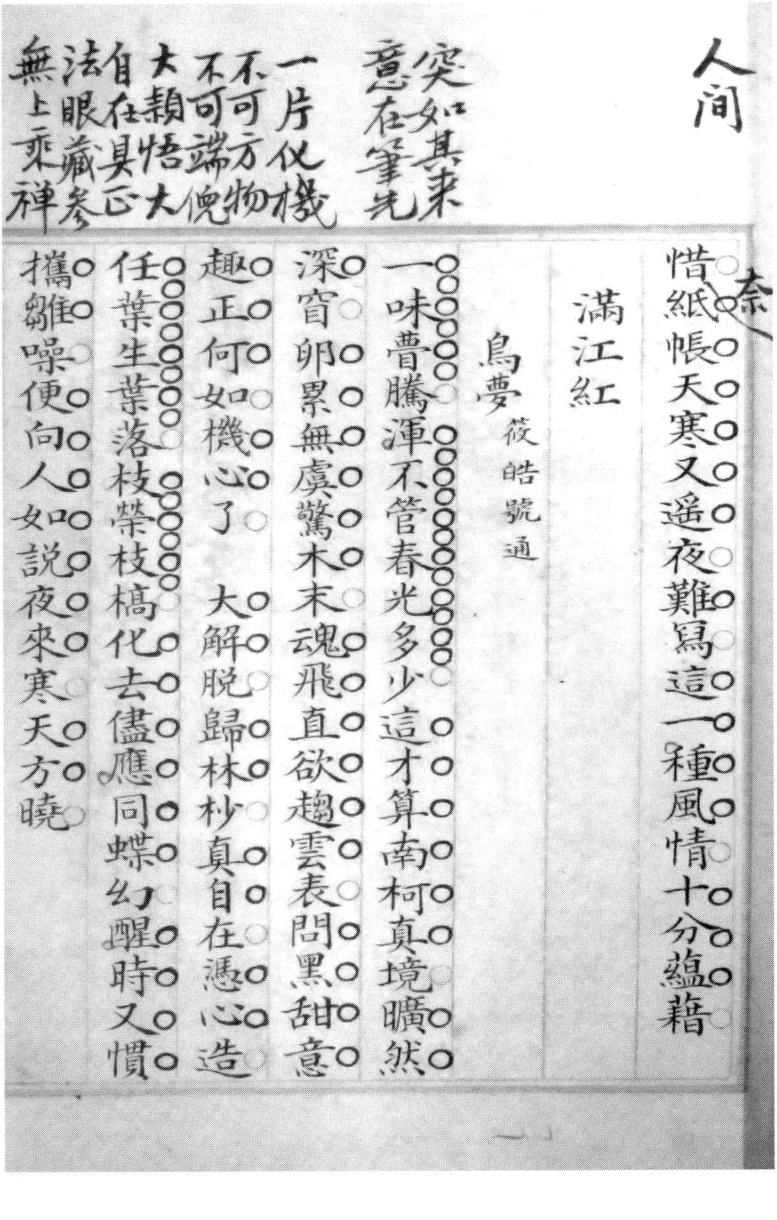

人间

突如其来
意在筆先
一片化機
不可方物
不可端倪
大穎悟大
自在具正
法眼藏參
無上乘禅

惜紙帳天寒又遥夜難寫這一種風情十分蘊藉

滿江紅

烏夢 筱皓號通

一味瞢騰渾不管春光多少這才算南柯真境曠然深窅卵累無虞驚木末魂飛直欲趨雲表問黑甜意趣正何如機心了

大解脫歸林杪真自在憑心造任葉生葉落枝榮枝槁化去儘應同蝶幻醒時又慣攜雛噪便向人如説夜來寒天方曉

娛

破空而來筆勢飛舞

風光細膩

一萼紅

乙卯上巳之節偕同人爲郭外遊微雨初晴桃明柳暗東風一過前山光水色上下一碧正娛目騁懷時也因倚此

潜無垠遍川原遠近都是一般春楊柳樓臺薔薇院落噓成景色三分渾不計養花天裏醉倒了多少玉樓人萬岫青嵐半林紅雨四野黃塵最是短長亭畔恁遙山斂黛遠水拖裙幾朶鵑紅千層鴨綠湊來一幅圖新點綴著雲鬟霧鬢描畫些杏臉桃唇看取六朝金粉三楚精神

摸魚兒

月影

删

多麗

題楊八蓬海花韻軒傳奇 用萊斐軒韻 泰卦馬禡通

是人間一段溫柔佳話驀相逢裁雲妙手筆端能補造化儘情天許多缺限看媧皇鍊石功大豔摘梅溪香分蘭畹燕支多買牡丹堪畫錦箋上陰陽變滅離合悲歡乍知都在云亭眼裏玉茗心下 寫山左王郎福分江東喬女聲價喜興亡憲英先識劫脫紅羊免韋挂卒效英皇重諧秦晉良緣作合真天假這仙

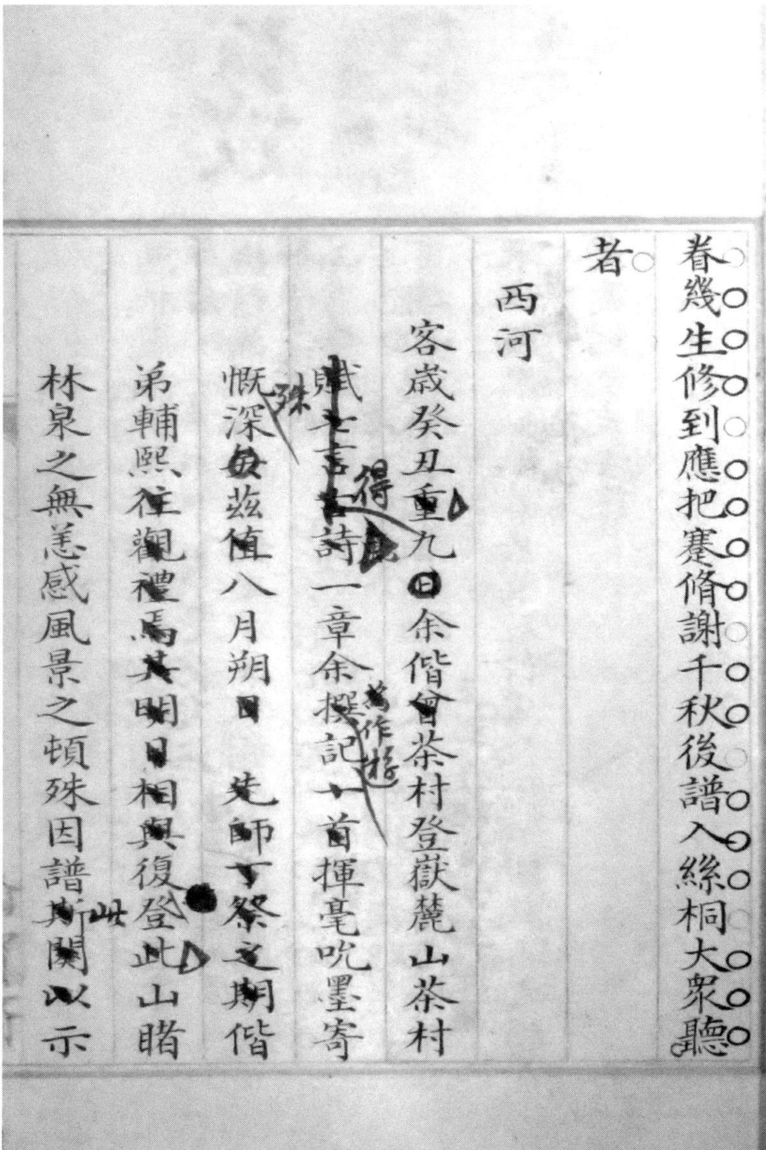

眷幾生修到應把蹇脩謝千秋後譜入絲桐大衆聽者

西河

客歲癸丑重九日余偕曾茶村登嶽麓山茶村賦七言古詩一章余擬記以首揮毫吮墨寄慨深矣兹值八月朔日 先師丁祭之期偕弟輔熙往觀禮焉其明日相與復登此山睹林泉之無恙感風景之頓殊因譜斯闋以示

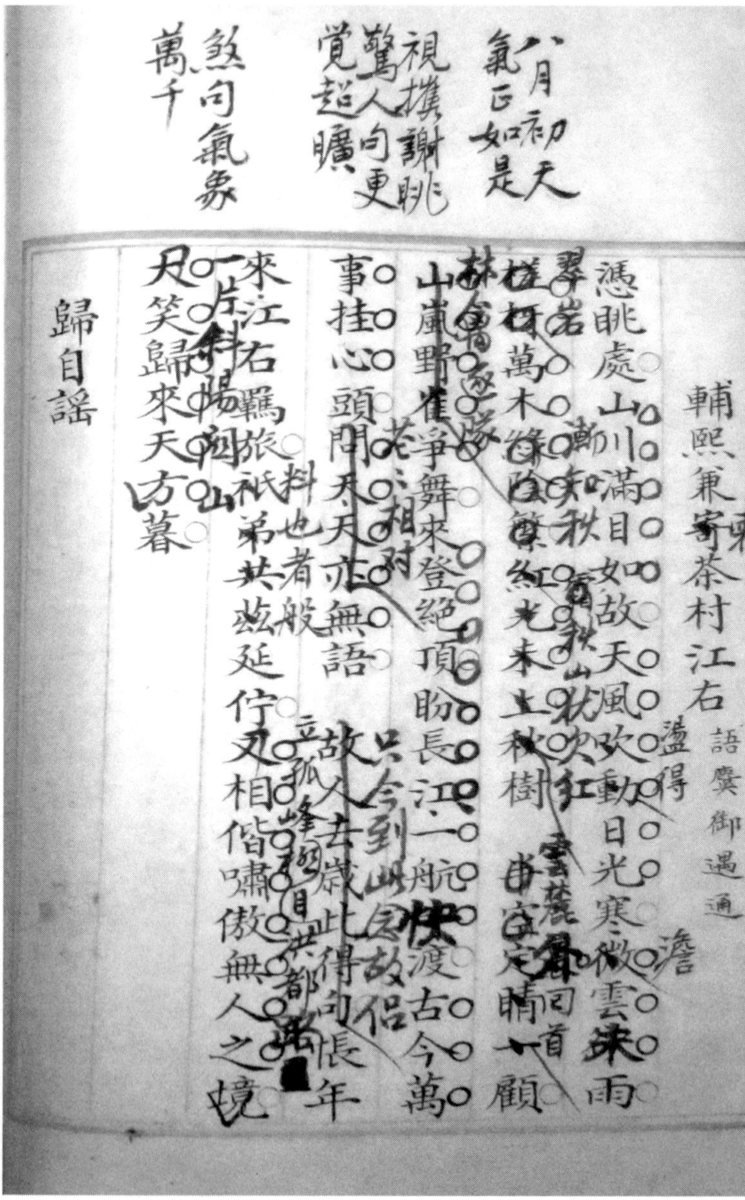

八月初天氣正如是
視撲謝朓驚人句更覺超曠
煞句氣象萬千

輔熙兼寄茶村江右

憑眺處山川滿目如故天風吹動日光寒微雲來雨
翠岩漸知秋
萬木紅光未上秋樹
山嵐野雀爭舞來登絕頂盼長江一舟沉快渡古今萬
事挂心頭問天天亦無語只今到此故侶
故人去歲此得句悵年
來江右羈旅祇弟共茲延佇又相偕嘯傲無人之境
一片斜陽
又笑歸來天方暮

歸自謠

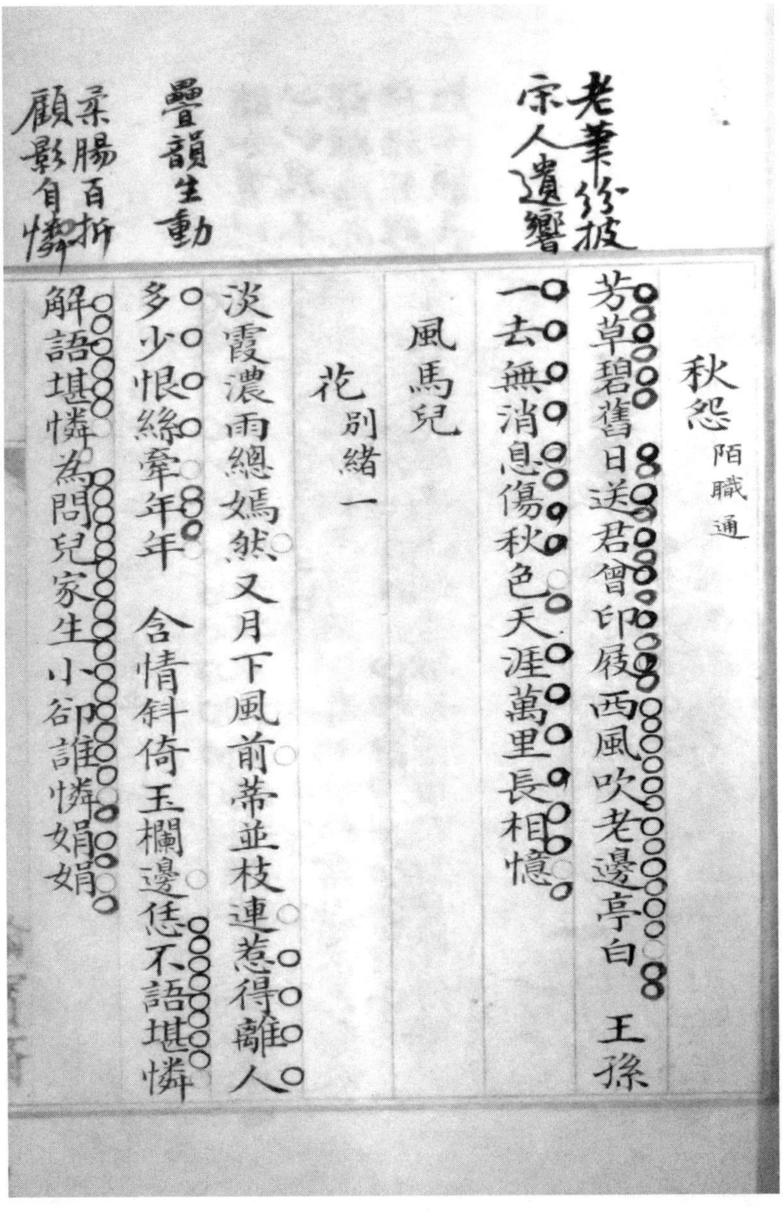

老筆紛披
宗人遺響

疊韻生動

柔腸百折
顧影自憐

秋怨　陌職通

芳草碧舊日送君曾印屐西風吹老邊亭白　王孫一去無消息傷秋色天涯萬里長相憶

風馬兒

花　別緒一

淡霞濃雨總嫣然又月下風前蒂並枝連惹得離人多少恨綿牽年年　含情斜倚玉欄邊恁不語堪憐解語堪憐為問兒家生小卻誰憐娟娟

端如貫珠
心如槁木
調雖險而
機活節雖
短而韻長

纖崖仄徑

惜分釵

柳別緒二　蕭肴豪通

眉雙曲腰一束陌上征衣襯新綠絮離離綫垂垂牽
將別恨綰定相思絲絲　春雨碧秋霜赤景色愁人
今與昔渭城高玉關遙欲知儂瘦須認林梢條條

釵頭鳳

王孫草 別緒三　御遇通　紙薺通

莖抽碧華敷赤翠痕低襯行人屐東郊路西川渡恁

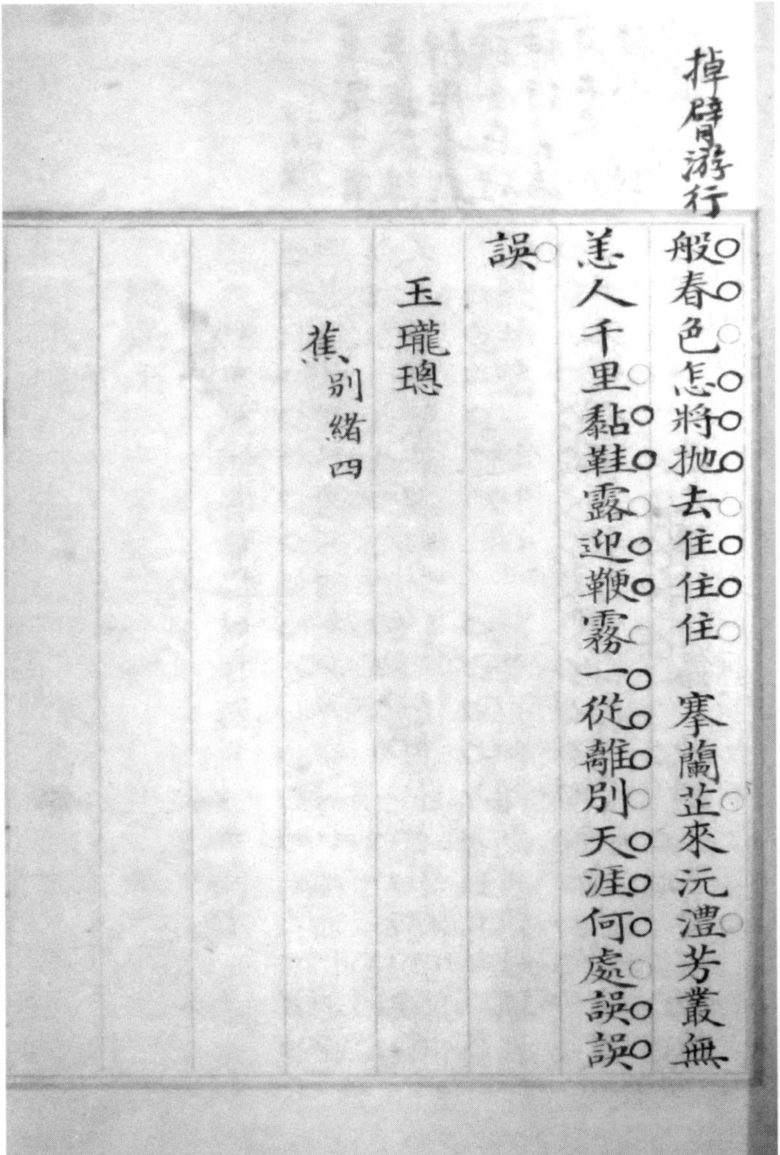

掉臂游行

般。春。色、怎。將。拋。去、住。住。住、搴蘭芷、來沅澧、芳叢無

恙人千里、黏。鞋。露、迎。鞭。霧、一。從。離。別、天。涯。何。處、誤。誤。

誤。

玉瓏璁

蕉、別緒四

一往情深，真質中自具無數波折。作者於詞全在行神行氣處用工夫，不徒以修詞擅場。

蘭陵王

甲寅秋夜感懷寄曾茶村江右

月曷眉葉通

自君別，轉眼旋經三月。知心是、秋月一輪，可惜纔圓又還缺。寒蛩最淒切。似代將離恩說。更兼那、孤雁唳雲，叫起愁人暗惻怛。

憑誰慰饑渴。悵月落屋梁，風起天末。纖鱗不度秋江闊。記年來樽酒，論文蕭寺，風流班尹已漸歇。又攀桂時節。

歌闋。正三疊。祝動履

删

警絶

平安一瓣香爇離愁萬點霜林葉儘極目雲樹寸腸千結相思何處岐嶺矗秀水咽（時茶村舘袁州府萍鄉縣署）

大江東去

賀楊蓬海入泮（用萊斐軒韻月曷黠洽通）

梅林春到向百花頭上一枝先發（時在臘月）彩筆者番干氣象征吉早占茅拔詩思雲裁文芒斗射金玉頻敲戛及鋒而試處囊錐穎今脱　猶記前度趨庭叨陪鯉對情懷良驩洽（蓬海從家大人遊三載）果爾青萍逢薛燭從

起九字自然入格

環姿瑋質錯采鏤金一線穿成纍纍如貫珠也

此干將出匣桂折來秋杏簪他日衣錦光門閭鵬程回首舊時芹藻曾擷

六州歌頭

祝張琢齋封翁雙壽 元先通

嶺梅乍放香到畫堂前觴玉膾斟金液敞瓊筵小春天誕辰在十月藥省摛詞彥奉丹詔離紫禁蘭階晉萊衣著舞蹁躚其子堅甫舍人壬子進士乞假回里賜卣榮親並遺羹將母祜篤椿萱便彈璈擫管高唱白華篇老福同延祝年

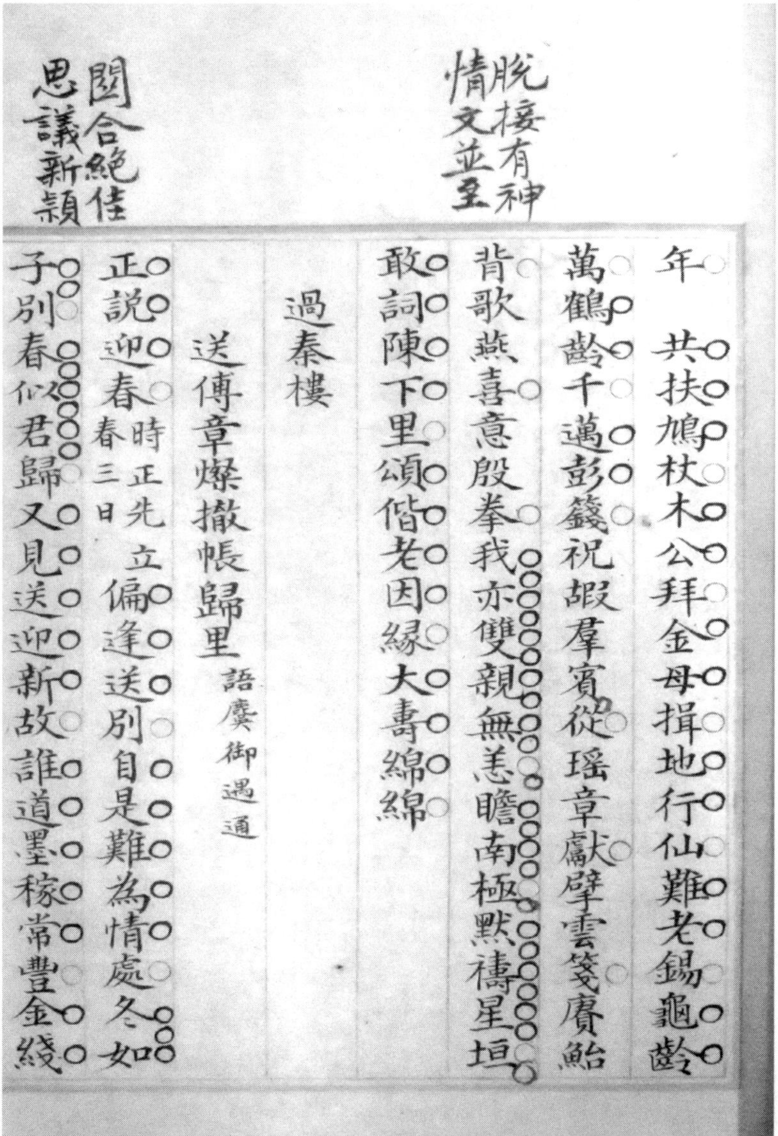

脫接有神
情文並至

年。共扶鳩杖，木公拜，金母揖，地行仙，難老錫龜齡。萬鶴齡千，邁彭籛，祝嘏羣賓從，瑤章獻璧，雲箋賡鮐背，歌燕喜，意殷拳。我亦雙親無恙，瞻南極，默禱星垣。敢詞陳下里，頌偕老因緣，大壽綿綿。

過秦樓

送傅章燦撤帳歸里　語虞御遇通

正說迎春，時正先立春三日偏逢送別，自是難為情處。冬如子別，春似君歸，又見送迎新故。誰道墨稼常豐，金綫

闗合絕佳
思議新穎

千古冬烘先生全聲一歎

破涕為笑

興復不淺

年年壓人如許那其間屈煞英雄多少被詩書（儒冠）誤當此際呫嗶咿唔耳聾舌敝抑鬱終朝誰語高堂夢繞畫閣春深況有啼饑嬰孺須索青雲共登九萬鵬程揚眉氣吐這芸人瑣事休題且自怡然歸去

東風第一枝

賦杏花

著手成趣

一笑拈來徑簪頭上香飄木天深處分將仙種蓬萊占得春皇雨露含章殿裡早培植四株瓊樹況東海

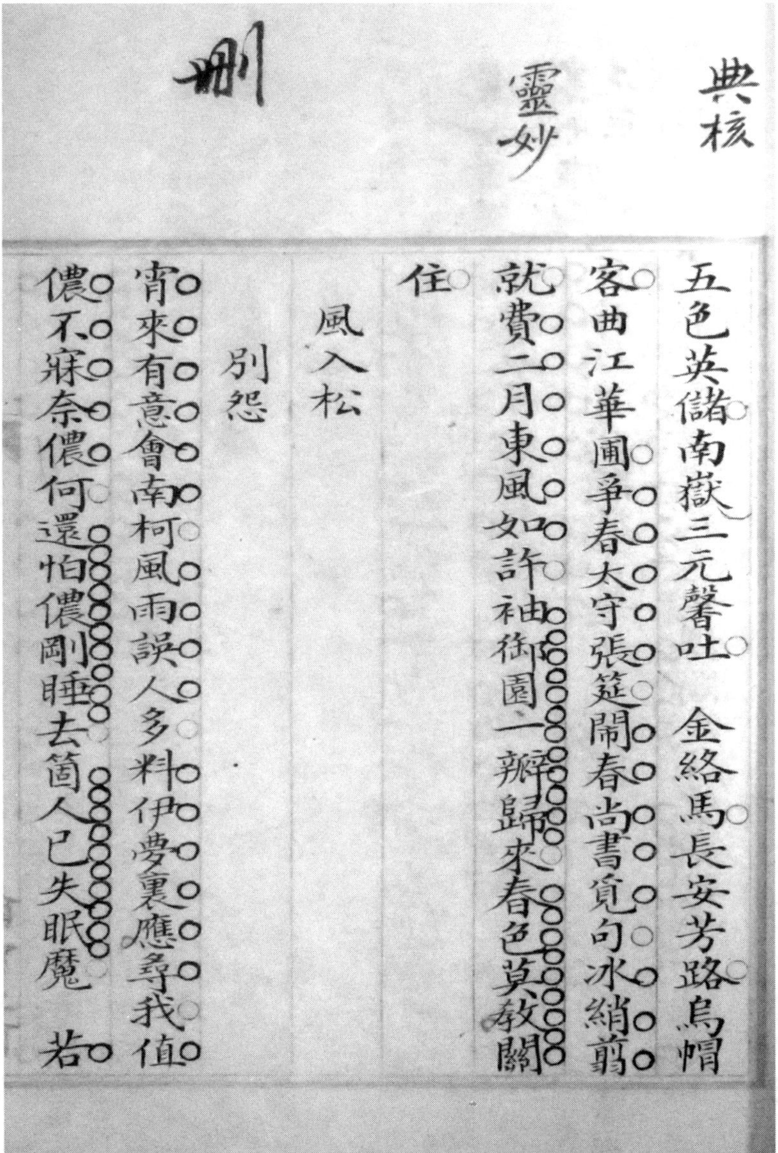
典核
靈妙
删
五色英儲南嶽三元馨吐 金絡馬長安芳路烏帽客曲江華圃爭春太守張筵鬧春尚書覓句冰綃翦就費二月東風如許袖銜園一瓣歸來春色莫教闌住
風入松
别怨
宵來有意會南柯風雨誤人多料伊夢裏應尋我值儂不寐奈儂何還怕儂剛睡去箇人已失眠魔 若

教夢裏一逢他，定灑淚滂沱。者番也是天憐我，免將紅淚汚衫羅。起視林花落也，歎渠何事婆娑。

閨怨無悶

本意

金鴨煙濃篆出，一副九曲腸中，愁萬縷。風靜簾閒，月輪纔吐。欲向姮娥低訴。合倩那、小心風傳語。又只怕、戶外鸚哥竊聽，欲言還住。

無據。半是酸，半是苦，半是才情貽誤。驀然惹起，懊惱幾許。望斷彩雲何所。又

一句連用三數目字，愈折愈健。

書舟作已是無上妙諦，二作深情遠韻，雋

直寫到這裡

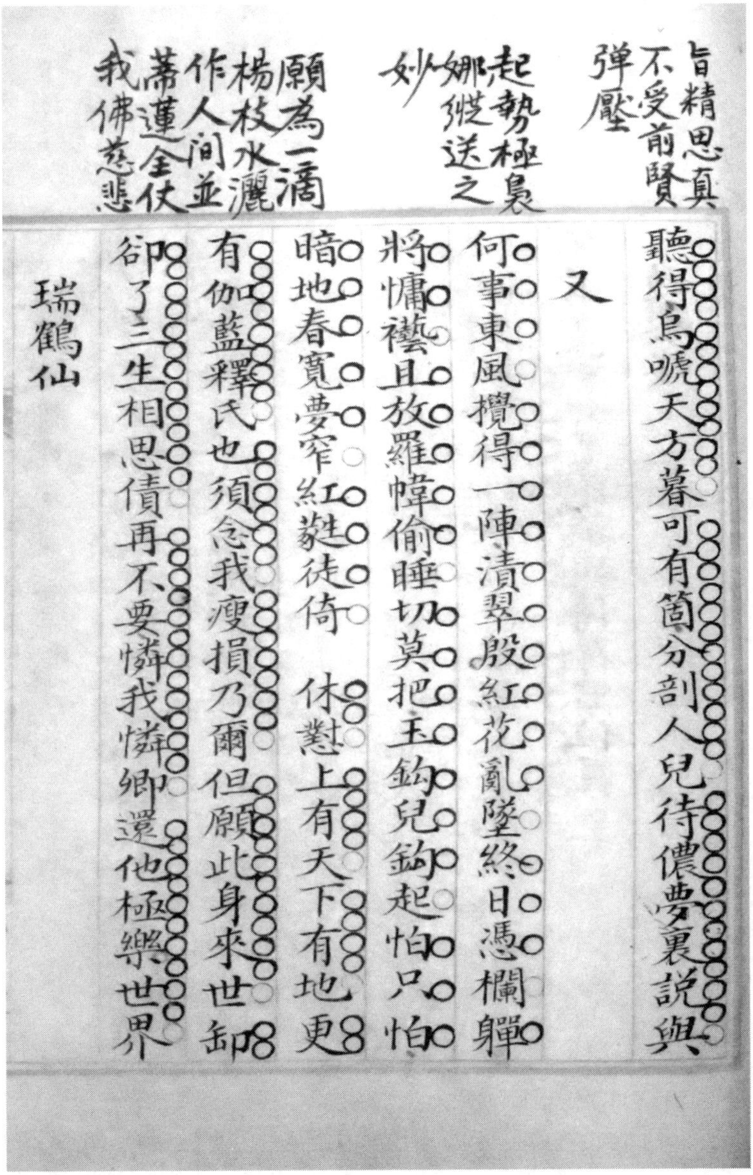

旨精思真不受前賢彈壓

起勢極裊娜繼送之妙

願為一滴楊枝水灑作人间並蒂蓮全仗我佛慈悲

聽得烏啼天方暮可有箇分剖人兒待儂夢裏說與

又

何事東風攪得一陣清翠殷紅花亂墜終日憑欄軃

將慵襼且放羅幃偷睡切莫把玉鈎兒鈎起怕只怕

暗地春寬夢窄紅鞋徒倚 休懟上有天下有地更

有伽藍釋氏也須念我瘦損乃爾但願此身來世卻

卻了三生相思債再不要憐我憐卿還他極樂世界

瑞鶴仙

删

賦謝楊蓬海見贈元韻

相投原意氣憶數載神交誼等昆弟今更相依矣時館蓬海家共論文樽酒騁妍抽秘縱橫恣肆翰墨場瓊瑤畢萃妬天生若箇奇才占盡蘭茖翡翠何止塗朱傅粉直奏元音金聲擲地愧儂此度蒙過譽道無幾原作有悠悠斯世如此者諒無幾之句自思量也是東施伎倆有甚天生骨貴祇姓名附驥堪傳勞君位置

過秦樓

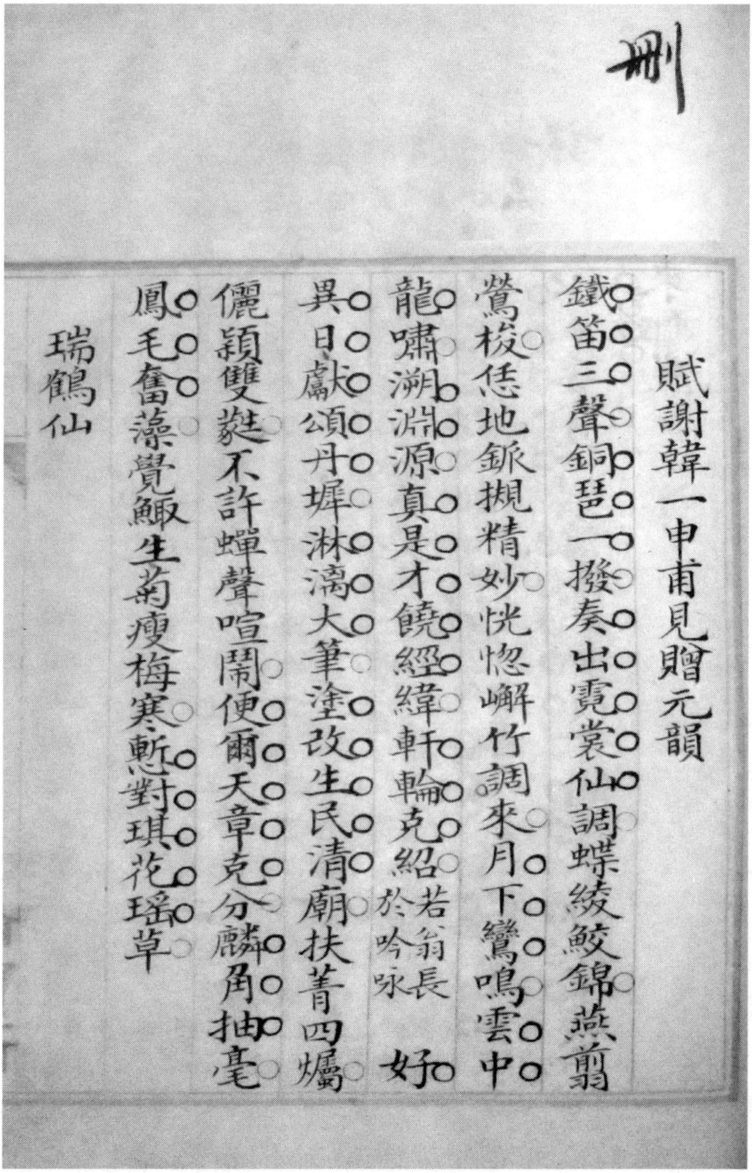

删

賦謝韓一申甫見贈元韻

鐵笛三聲銅琶一撥奏出霓裳仙調蝶綾鮫錦燕翦鶯梭恁地鎃摫精妙恍惚嶰竹調來月下鸞鳴雲中龍嘯溯淵源真是才饒經緯軒輪克紹（若翁長於吟咏）好異日獻頌丹墀淋漓大筆塗改生民清廟扶菁四孎儷穎雙跹不許蟬聲喧鬧便爾天章克分麟角抽毫鳳毛奮藻覺鯫生菊瘦梅寒慚對琪花瑤草

瑞鶴仙

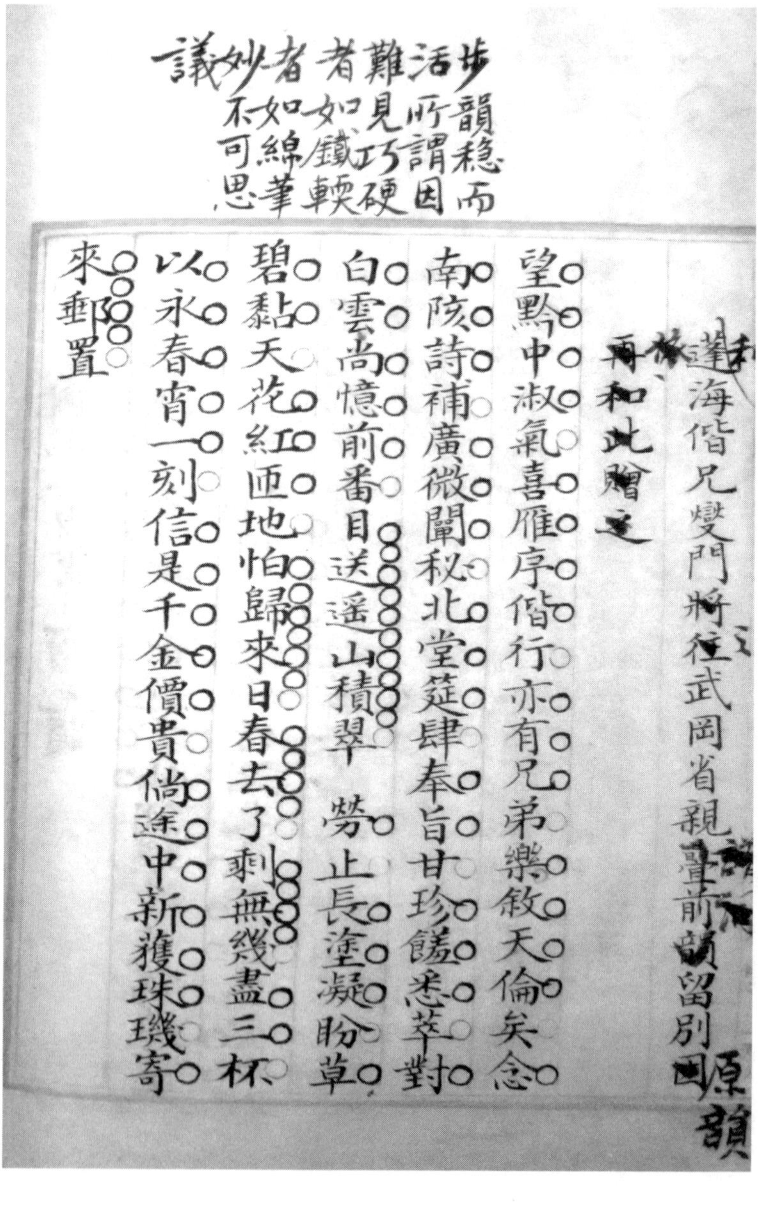

步韻穩而活所謂因難見巧硬者如鐵輭者如綿筆妙不可思議

和蓬海偕兄燮門將往武岡省親疊前韻留別原韻

再和此贈之

望黔中淑氣喜雁序偕行亦有兄弟樂敘天倫矣念南陔詩補廣微闈秘北堂筵肆奉旨甘珍饈悉萃對白雲尚憶前番目送遙山積翠　勞止長塗凝盼草碧黏天花紅匝地怕歸來日春去了剩無幾盡三杯以永春宵一刻信是千金價貴倘途中新獲珠璣寄來郵置

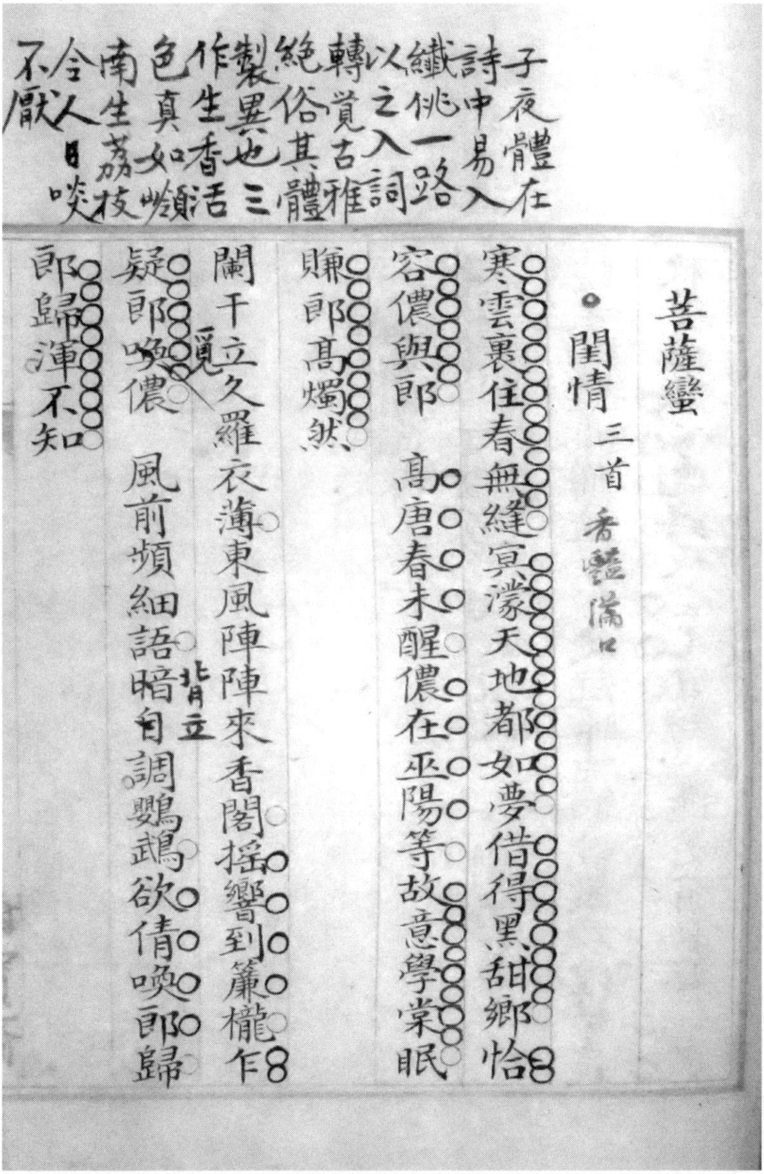
子夜體在詩中易入纖佻一路以之入詞轉覺古雅絕俗其體製異也三作生香活色真如嶺南生荔枝令人日啖不厭

菩薩蠻

閨情 三首 香豔滿

寒雲裏住春無縫冥濛天地都如夢借得黑甜鄉恰容儂與郎 高唐春未醒儂在巫陽等故意學棠眠賺郎高燭然

闌干立久羅衣薄東風陣陣來香閣搖響到簾櫳作疑郎喚儂 風前頻細語暗自調鸚鵡欲倩喚郎歸郎歸渾不知

月圓句五字千金
夜半無人私語時李三郎千古情種

請看今夜娟娟月多情照到郎和妾圓鏡挂心前月
圓心更圓
百年期共老年似雙星好歲歲渡銀河
影排雙鳳侶天也教人聚私語怕姮娥
算來如儂歡會多

稍遍　醉後讀史有感懷

竟被雲中一陣烏啼助起悲涼況把閒愁萬斛付危
觴還把愁腸滌盪奈皖使難降戾恨四顧傍徨擊筑
歌聲壯歎涿鹿興戎蚩尤首禍殺運更番衰旺洎長

神來之筆

軒然起大波發古今

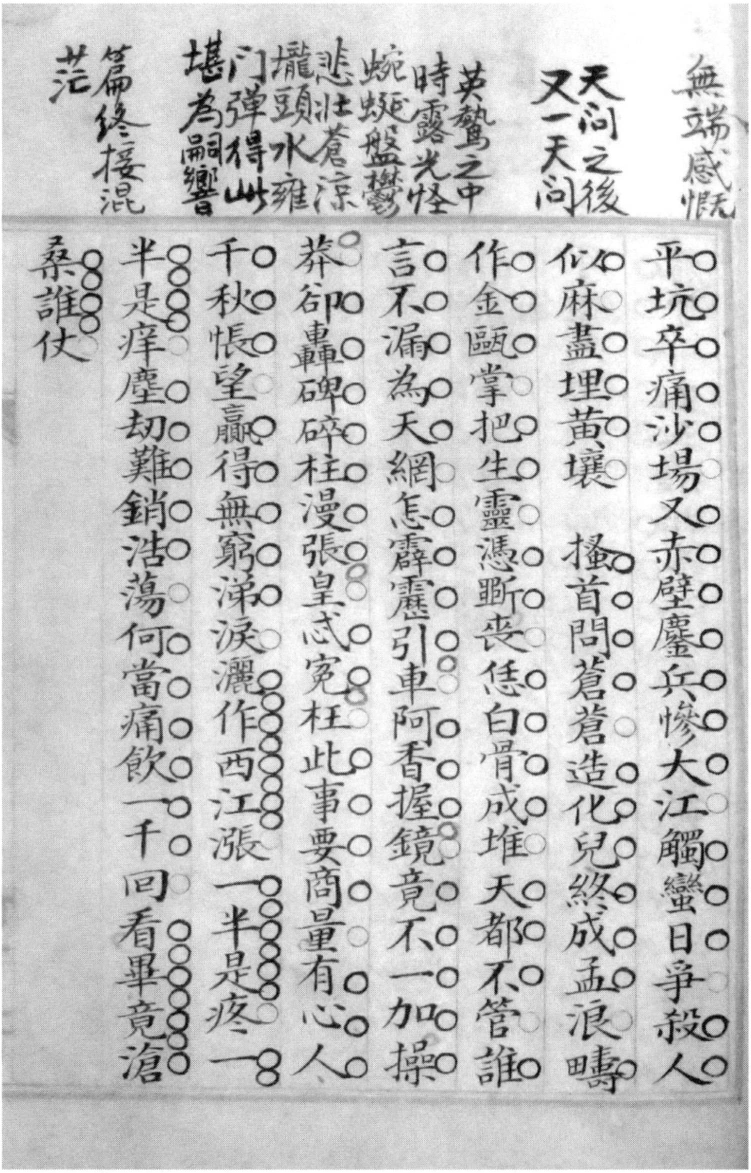

無端感慨天问之後又一天问英鷙之中時露光怪蜿蜒盤鬱悲壯蒼涼攏頭水雍门彈得出堪為嗣響篇終接混茫

平坑卒痛沙場又赤壁鏖兵慘大江髑髏日争殺人似麻盡埋黃壤搔首問蒼蒼造化兒終成孟浪疇作金甌掌把生靈憑斷喪恁白骨成堆天都不管誰言不漏為天網怎霹靂引車阿香握鏡竟不一加操莽卻轟碑碎柱漫張皇忒冤枉此事要商量有心人千秋悵望贏得無窮涕淚灑作西江漲一半是疼一半是痒塵劫難銷浩蕩何當痛飲一千回看畢竟滄桑誰仗

瑞鶴仙

蓮海謂余誨其姪勤復疊前韻致謝因再譜此自嘲並博蓮海一粲云

本為霖志氣，作化雨生涯，培佳子弟，亦足自豪矣。儘撞鐘鳴鼓，有何隱秘。愧非書肆，任蒐求、琳瑯悉萃。祇貪眠、學得邊韶，卧看寒鐙湧翠。　難止。願伊精進，日月經天，江河行地。箇中滋味，知我者，問凡幾也。堪稱君子平生三樂，那羨浮雲富貴。待他年、譽著阿咸，不

抵揚子雲解嘲一則

翠字韻別具匠心

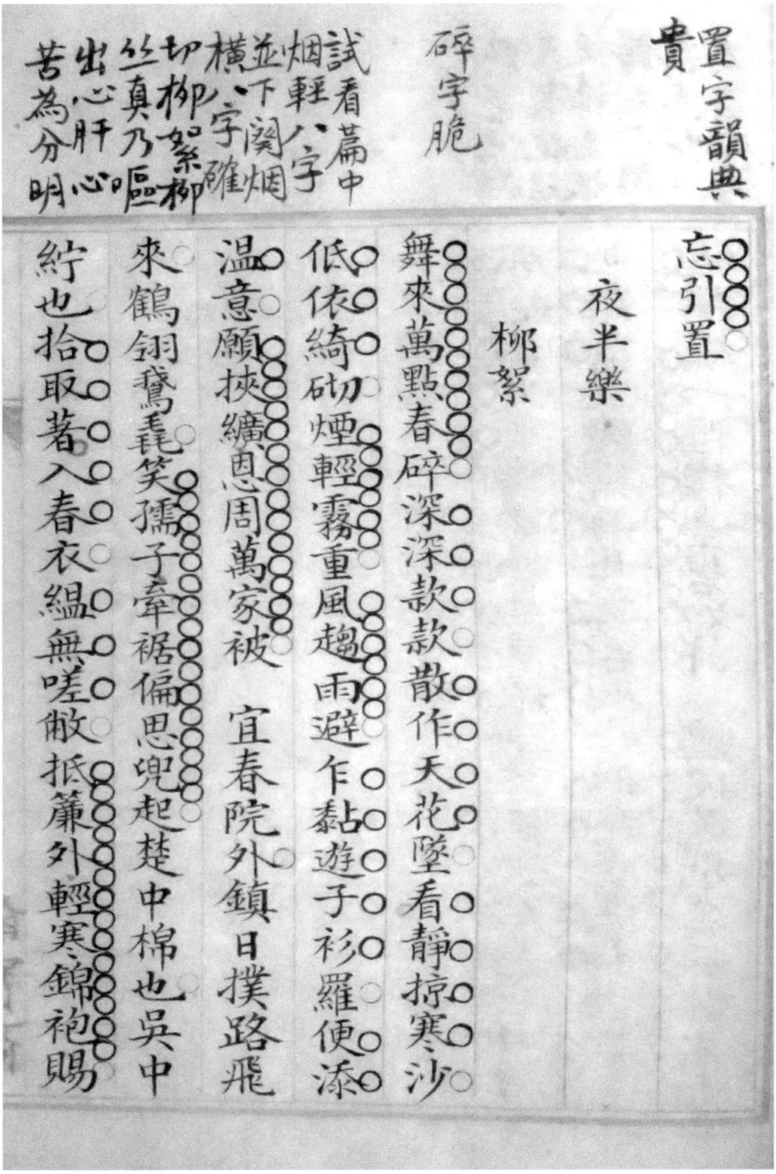
置字韻典貴

碎字脆

試看篇中烟輕八字並下閑烟横八字確切柳絮柳丝真乃嘔出心肝心苦為分明

忘引置

夜半樂

柳絮

舞來萬點春碎深深款款散作天花墜看靜掠寒沙

低依綺砌煙輕霧重風趨雨避乍黏遊子衫羅便添

溫意顧挾纊恩周萬家被　宜春院外鎮日撲路飛

來鶴翎鵞毹笑孺子牽裾偏思兜起楚中棉也吳中

紵也拾取著入春衣縕無嗟敝抵簾外輕寒錦袍賜

也題易着衰颯薄倖語詞偏如王沂公詠梅花身分福澤俱見

賦絮便確是絮賦絲便確是絲鑱刻入微精思炯炯具有鏤空

入水切莫化作浮萍杳然無際待向晚風來雪花吹（去聲）撒空中疑六出兆豐年瑞看點點都是天公璧得知多少工夫費

又

柳絲

那堪萬丈飛緒縈縈惹惹綰得愁無數縱翦水并刀也難翦取煙橫雨直霧吞風吐似愁春色稀疎欲為縫補繡一幅樓臺碧如許　憶從送別屢欲絆定郎

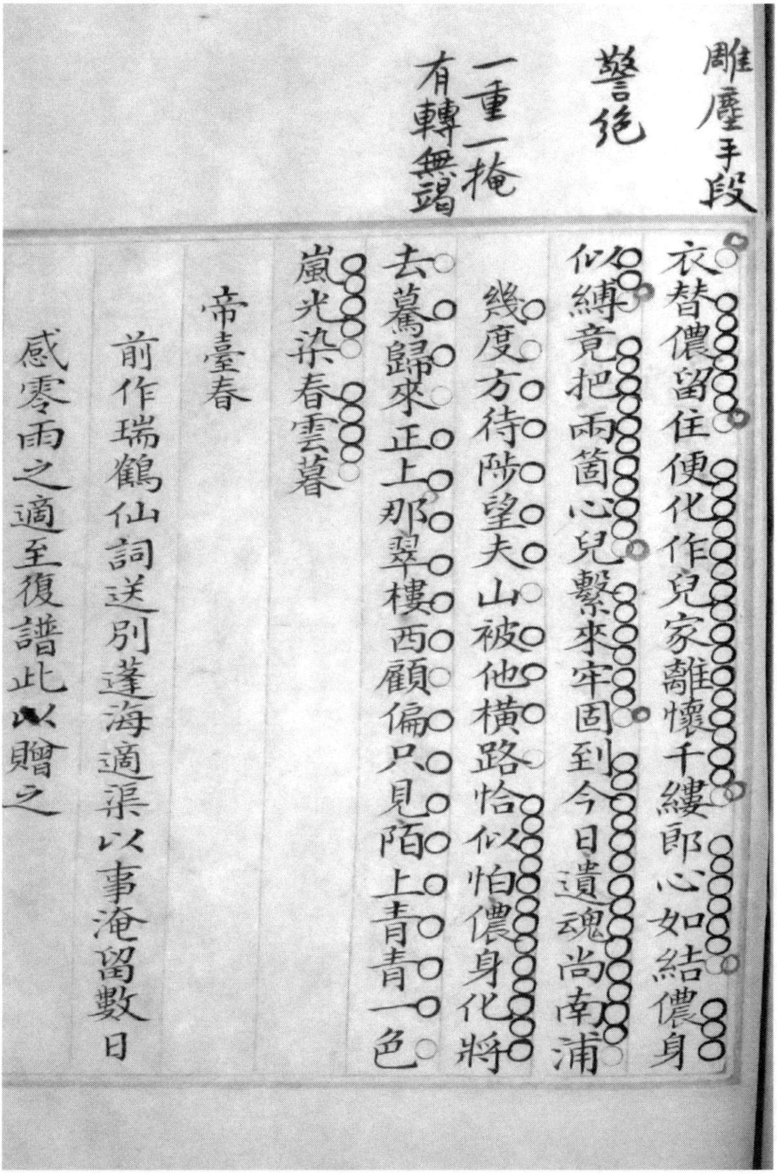

雕壓手段

警绝

一重一掩

有轉無竭

衣替儂留住使化作兒家離懷千縷郎心如結儂身
似縛竟把兩箇心兒繫來牢固到今日遺魂尚南浦
幾度方待陟望夫山被他橫路恰似怕儂身化將
去驀歸來正上那翠樓西顧偏只見陌上青青一色
嵐光染春雲暮

帝臺春

前作瑞鶴仙詞送別蓬海適渠以事淹留數日
感零雨之適至復譜此以贈之

妙造自然

奕奕有神

雋句

纔聚會二句餘又分袂蠟燭有心真似含愁替人垂淚幸得今番留客雨可能穀暫停征騎謝天公畢竟多情不教晴霽　談心事宜趁此惜別意莫題起看日暮東風攪花飛也試問春光能幾休再思量已去後且效白駒縶維誼怪春雨如絲慣把離腸繫

蘭陵王

陰雨連綿蕭齋寂寞落花滿地蓬門未開無限春愁黯然賦此

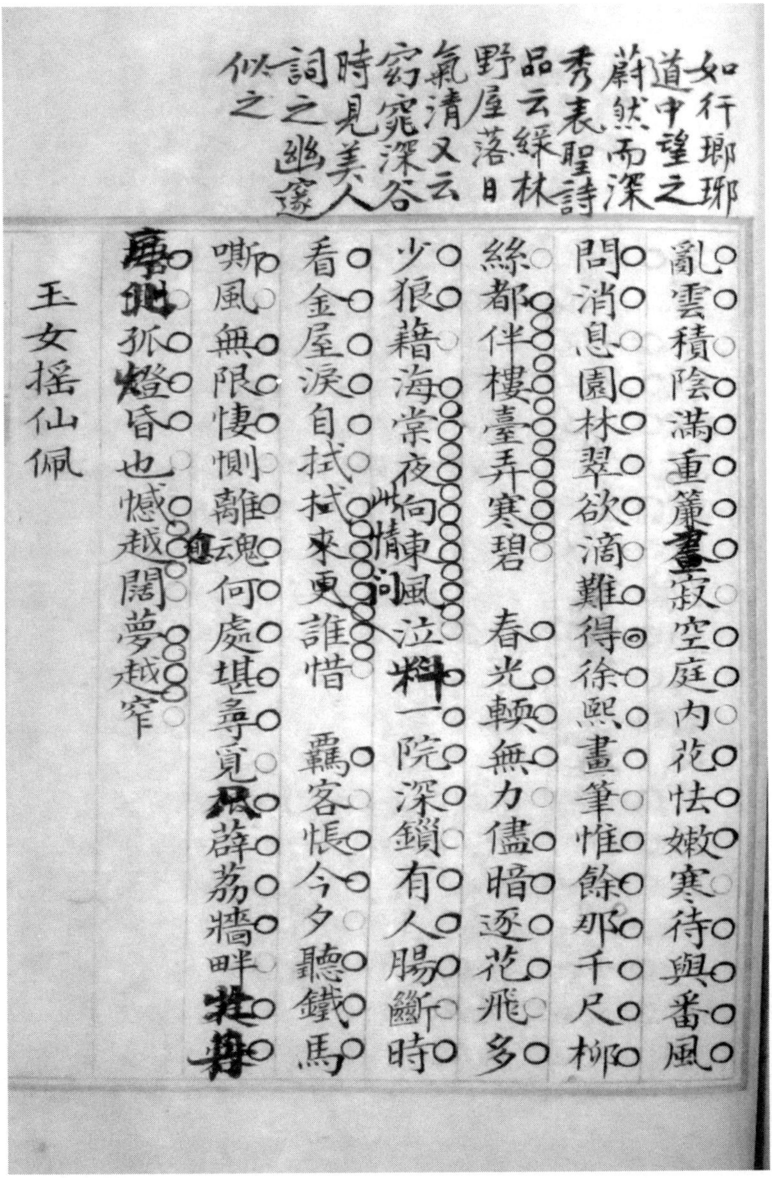

如行瑯琊道中望之蔚然而深秀表聖詩品云綵林野屋落日氣清又云窈窕深谷時見美人詞之幽邃似之

亂雲積陰滿重簾晝寂空庭內花怯嫩寒待與番風問消息園林翠欲滴難得徐熙畫筆惟餘那千尺柳絲都伴樓臺弄寒碧

春光輭無力儘暗逐花飛多少狼藉海棠夜向東風泣料一院深鎖有人腸斷時看金屋淚自拭拭來更誰惜

羈客悵今夕聽鐵馬嘶風無限悽惻離魂何處堪尋覓[illegible]薜荔牆畔[illegible][illegible][illegible][illegible]孤燈昏也憾越闊夢越窄

玉女搖仙佩

牡丹花之富貴者也，得此艷筆斯足稱題。妙在字裡行間別具幽情逸韻，無一些烟火氣，任他手多買烟脂，畢竟畫不到也。

賦牡丹（同韓）申甫賞牡丹有作

飛來瓊島小住人間時，向東風含笑，如夢如仙。沈香倚處昨夜宿醒醒了，訝靚粧偏早，恰紅留一捻朝霞。籠罩便禁得渾身香抱，似怯閒階，拾翠人到，恁宛轉雲英解識春風憾兒多少。

髣髴瑶臺月下，曳佩低裙悄立雕欄八寶，錦幄弄寒，誰憐仙貌，但願花兒長好莫任春光老，斜陽裏一點香魂嬌小。正不要燕支多買，白歌歐記就中寫箇芳容，照風情尤在清平調。

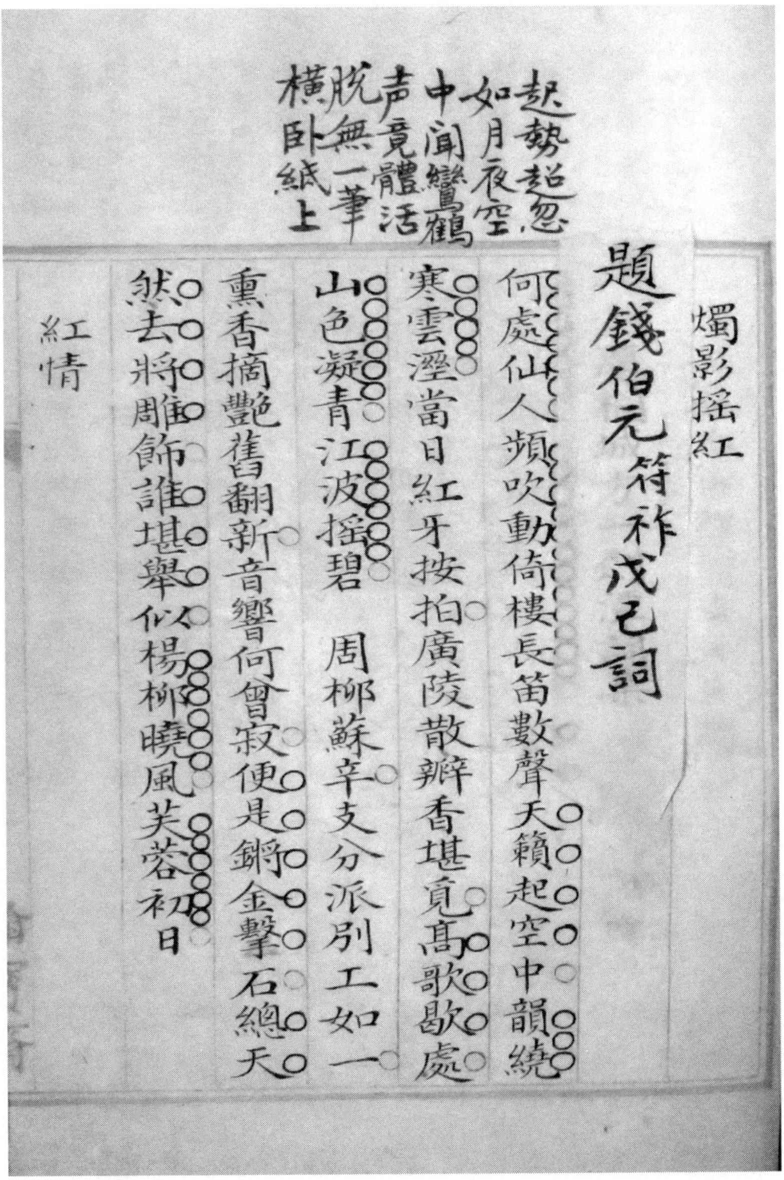
起勢超忽
如月夜空
中聞鸞鶴
声竟體活
脫無一筆
横臥紙上

燭影搖紅

題錢伯元符祚戊己詞

何處仙人頻吹動倚樓長笛數聲天籟起空中韻繞
寒雲溼當日紅牙按拍廣陵散辨香堪覓高歌歇處
山色凝青江波搖碧　周柳蘇辛支分派別工如一
熏香摘艷舊翻新音響何曾寂便是鏘金擊石總天
然去將雕飾誰堪舉似楊柳曉風芙蓉初日

紅情

本調及下東風第一枝十二時促拍醜奴兒五福降中天俱按詞律填成去上皆叶真細意熨貼之作纖影五字幽绝

題畫紅梅為譚子鏡作手卷

暗香凝結是鳳城異植伊誰偷折夢醒玉堂句點燕支染嬌靨疑是黄昏院宇赤霞落低黏殘雪傳神筆一段香魂纖影怯寒月　芳烈正盈捻訝意遠態濃化工堪奪倚聲艷絶誰續紅羅古歌闋欣是遇華光妙手描繪出繡英如綴但怪那春信早怎禁漏洩

東風第一枝

為韓申甫題畫杏花春燕　西□箋　韓申甫屬題

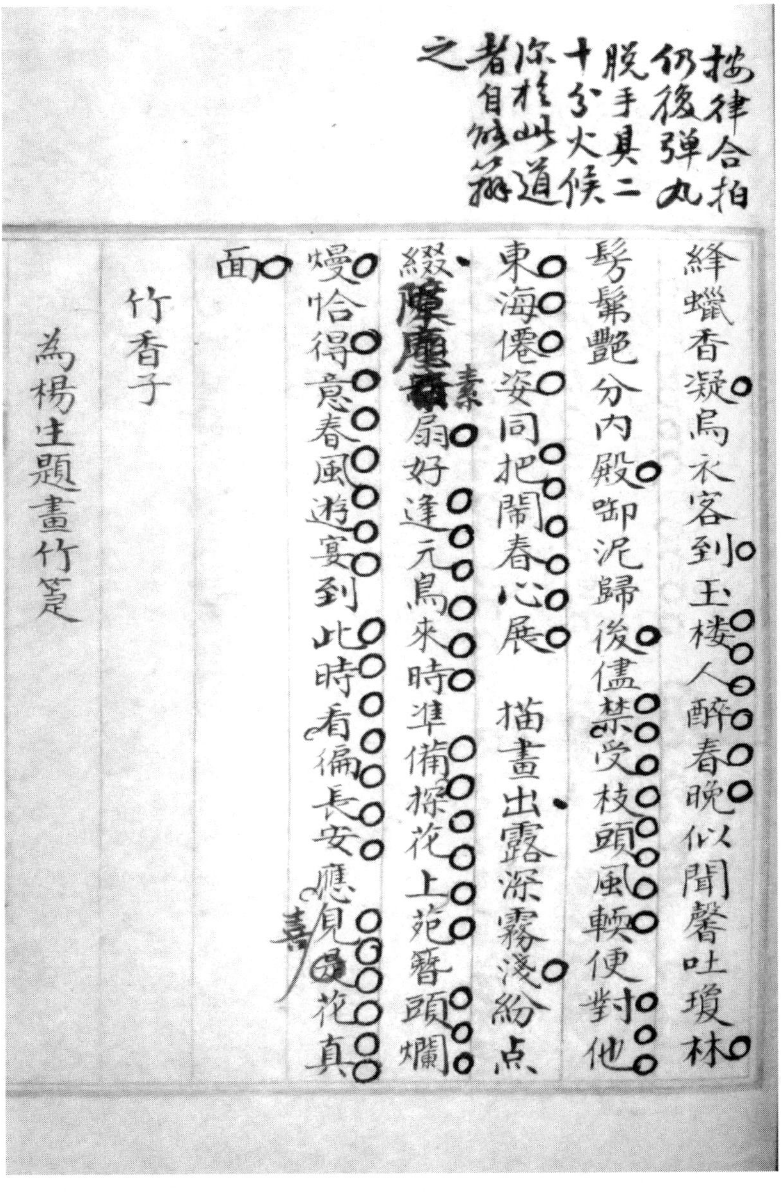

按律合拍仍後弹丸脱手具二十分火候深於此道者自能領之

絳蠟香凝烏衣客到玉楼人醉春晚似聞馨吐瓊林髩鬌艷分内殿啣泥歸後儘禁受枝頭風輭便對他東海儇姿同把鬧春心展　描畫出露深霧淺紛点、綴靡塵素扇好逢元鳥来時準備探花上苑簪頭爛熳恰得意春風遊宴到此時看徧長安應見盡花真面

竹香子

為楊生題畫竹箑

瘦硬通神詞筆枝葉身分如是

蓬君詞一氣旋轉手如風雨分之則三段合之只一筆者也○

瀉就浮筠瀟灑個個没些俗態高柯似有鳳將來鎮日虛心待 修篁便是可愛莫但誇千戶侯貴須知居士自圓通勁節依然不改

十二時

寄懷楊蓬海武岡

送君時暮春天氣南浦流波如雪激萬派離聲嗚咽瞬息征帆飄瞥驛路斜陽天涯芳草自此相思結無限意水遠山長暗撫燭醪閒唱停雲淒切 握過此

集中長調古艷或雄奇跌宕或幽咽纏綿兼蘇辛周柳之長
捏字韻新

蒲風荷露又是桂花時節料想錦囊頻添佳句一半歌離別怕曲高和寡還傷故人隔絕更那堪無情魚雁幾度音書長缺夢斷燈昏宵深月冷屢把離腸捏待詰朝蚤起攤箋細述飢渴

歸自謠

長亭路

麗句

行且住芳草萋萋天欲暮東風吹綠長亭路　離腸一段渾難訴無言處斜陽馬首頻回顧

超神入化之筆

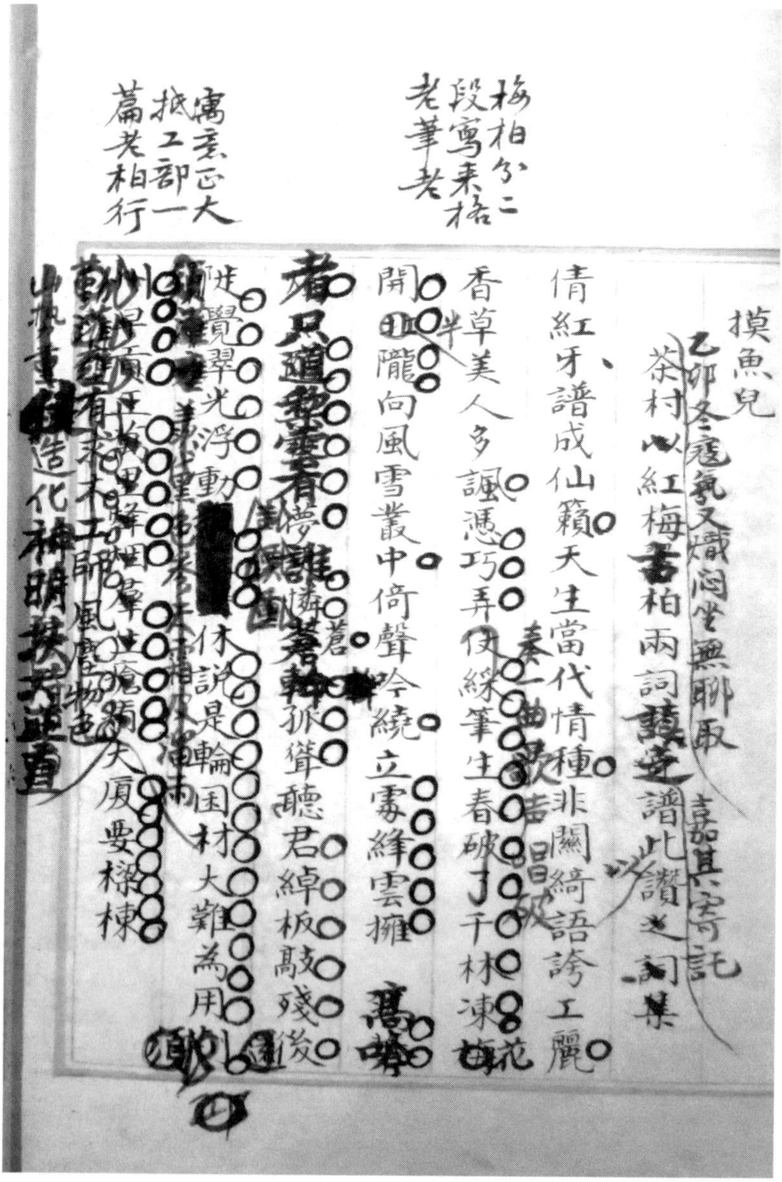

梅柏分二段寫來，格老筆老

寓意正大，抵工部一篇老柏行

摸魚兒

乙卯冬𧗠氣又熾，悶坐無聊，取茶村以紅梅古柏兩詞𧗠逆譜此讚之

倩紅牙、譜成仙籟。天生當代情種。非關綺語誇工麗，香草美人多諷。憑巧弄。便綵筆生春，破了千林凍。梅花[illegible]。開半壠。向風雪叢中，倚聲吟繞。立霧絳雲擁。

[illegible]看只道、[illegible]。夢[illegible]。[illegible]孤聳。聽君綽板敲殘後，[illegible]覺翠光浮動。休說是、輪囷材大難爲用。[illegible]

[illegible]大廈要樑棟。[illegible]造化神明[illegible]

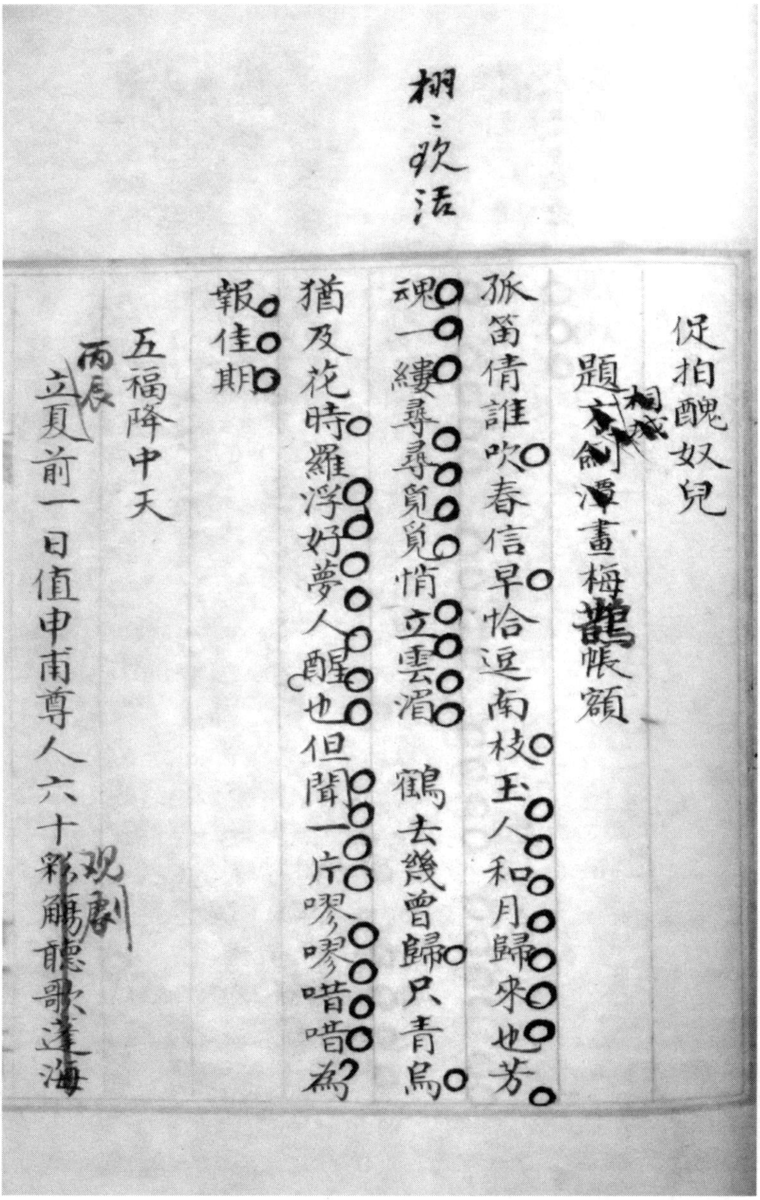

栩〻歌法

促拍醜奴兒

題桐城方劍潭畫梅鶴帳額

孤笛倩誰吹春信早恰逗南枝玉人和月歸來也芳

魂一縷尋尋覓覓悄立雲湄鶴去幾曾歸只青鳥

猶及花時羅浮好夢人醒也但聞一片嘐嘐嘈嘈為

報佳期

五福降中天

丙辰

立夏前一日值申甫尊人六十稱觴[觀劇]聽歌蓬海

黃金作紙，珠排字鸞，才絶鑑繪，日圖雲，灵思活致

楮墨初傳，太史奏五色雲現

以倚此致謝依調和之

祥雲萬朵垂天上，紛紛列（衆）仙來下。豔茹紅芝英餐碧柰，石髓瓊飴斟罷。金斝翠斝，早南極星輝，錫公純嘏。見說來朝，赤旂朱路正迎夏。

元靈仙曲（調）弄響更旋，娟袖拂香噴蘭麝。美玉吹簫，飛瓊搦管，妙舞清歌良夜。風流豔冶恰四座，無言滿庭花亞。大白浮來，絳霞觴內瀉。

生查子

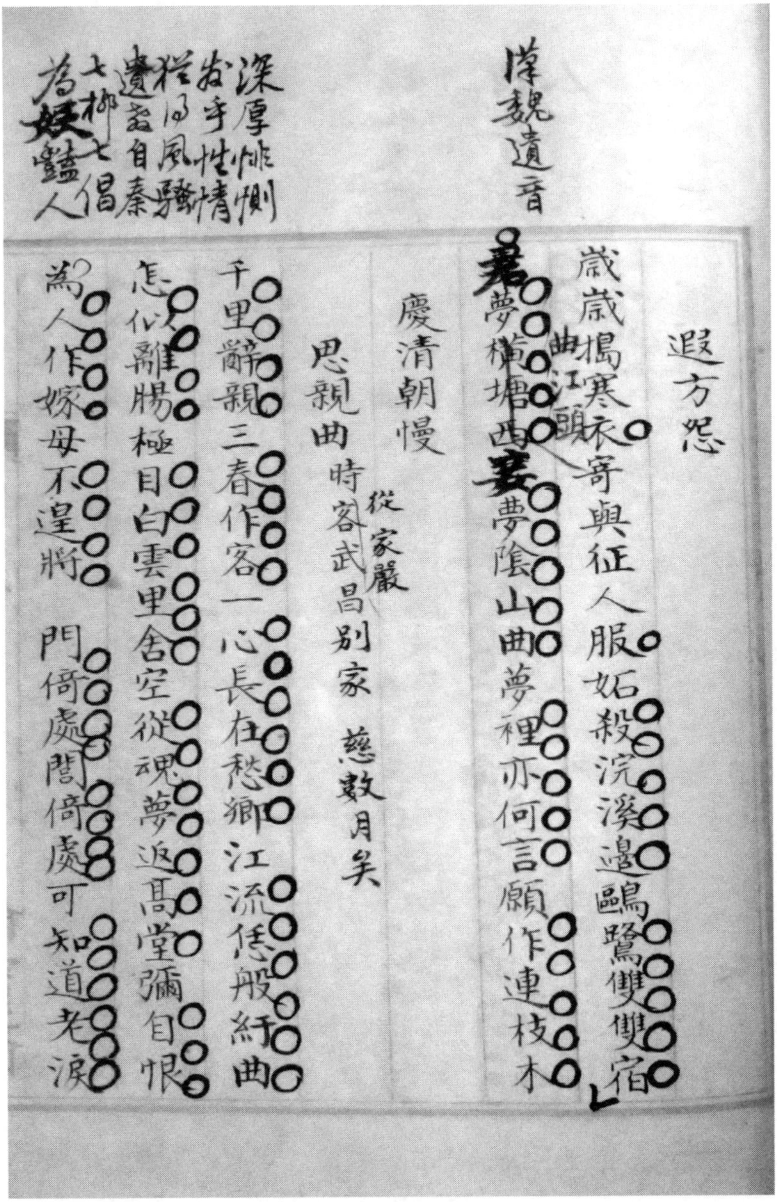
漢魏遺音
遐方怨
歲歲搗寒衣寄與征人服妬殺浣溪邊鷗鷺雙雙宿
曲江頭
暑夢橫塘西晏夢隂山曲夢裡亦何言願作連枝木
慶清朝慢
思親曲 時客武昌別家
從家嚴
慈數月矣
千里辭親三春作客一心長在愁鄉江流恁般紆曲
怎似離腸極目白雲里舍空從覡夢返高堂彌自恨
爲人作嫁毋不遑將門倚處閭倚處可知道老淚

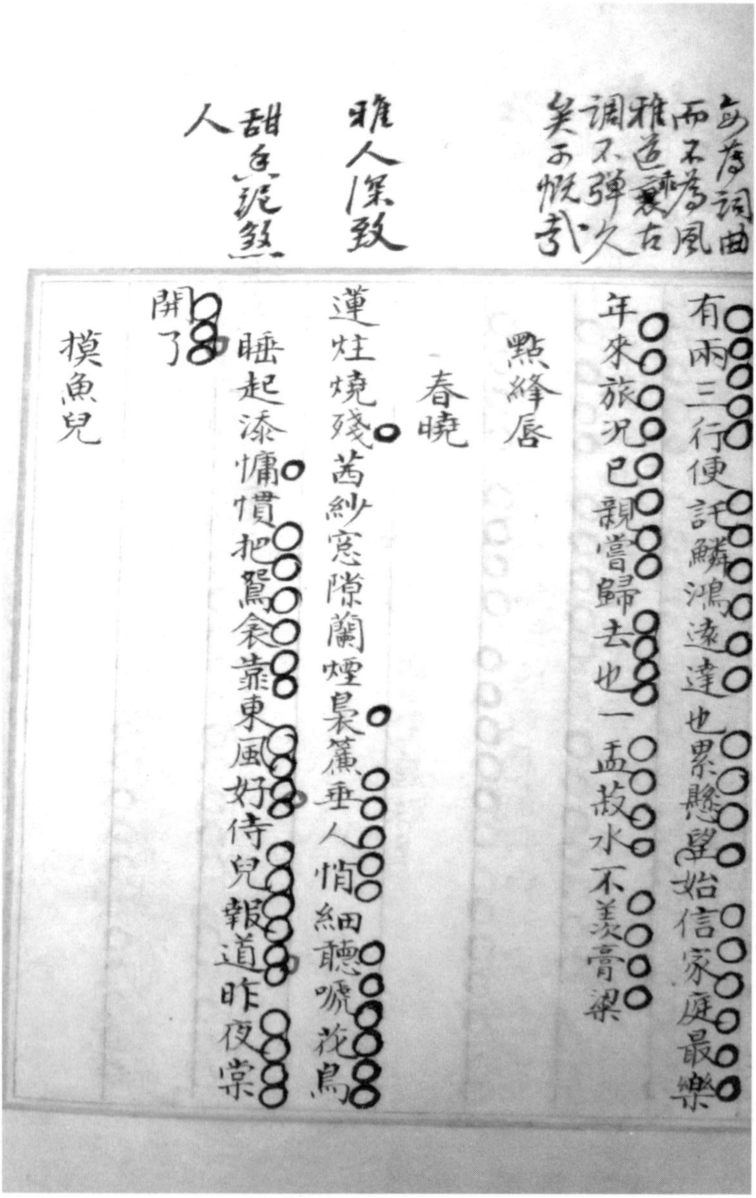

香奩詞曲而不落風雅道誦襄古調不彈久矣可慨哉

雅人深致

甜熟泥煞人

有兩三行便託鱗鴻遠達也累懸望始信家庭最樂　年來旅況已親嘗歸去也一盂菽水不羨膏粱

點絳唇

春曉

蓮灶燒殘茜紗窗隙蘭煙裊簾垂人悄細聽啼花鳥　睡起添慵慣把鴛衾靠東風好侍兒報道昨夜棠開了

摸魚兒

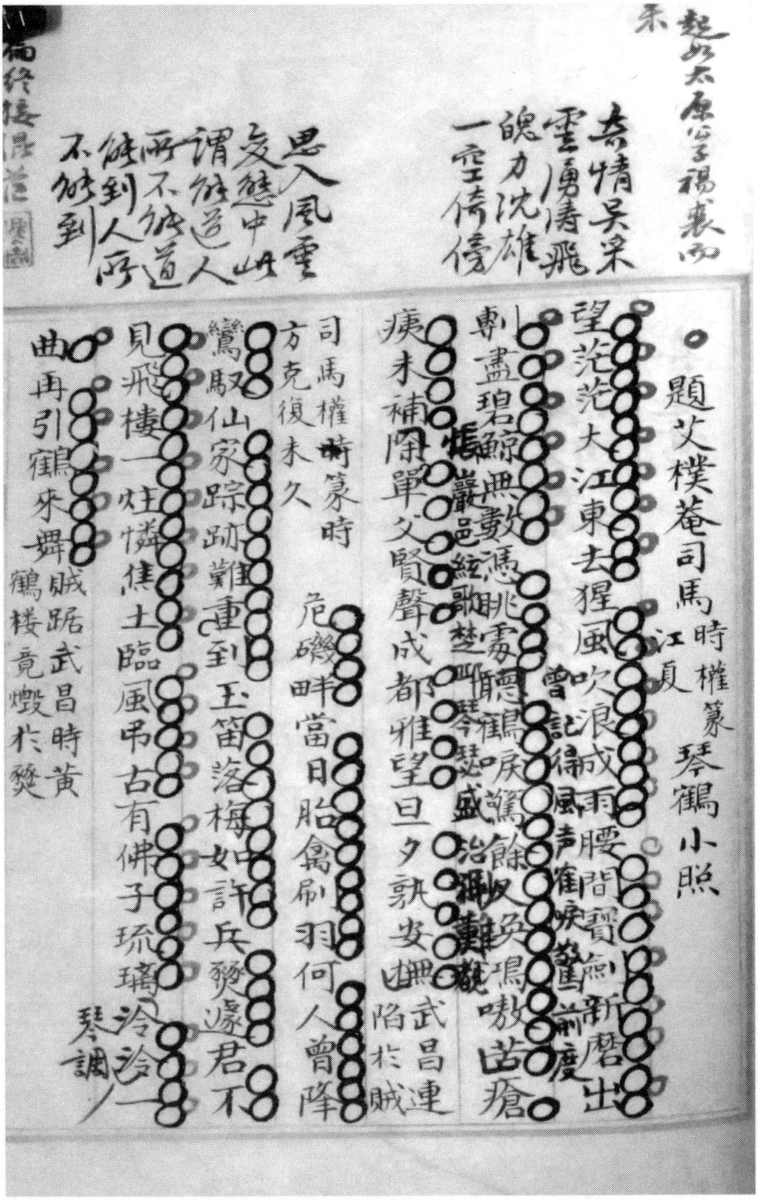

作勢夭矯，筆尖如不着紙。

到底力壯健舉。

滿江紅

前題代友人作

飛出紅塵，恰一現、菩提色相。誰種得、桃花十萬，萬花齊放。閒看縞衣迎月舞，靜調綠綺臨風響。媲當年、清獻舊風流，今無兩。　萬家佛，斯民望。躡木屐，披鶴氅。趁垂簾暇日，探幽闢莽。坐嘯每懷成瑨志，閒吟慣作香山想。看虬松、一霎化龍飛，風雲壯。幅中有松一株，生氣遠出。

喜遷鶯

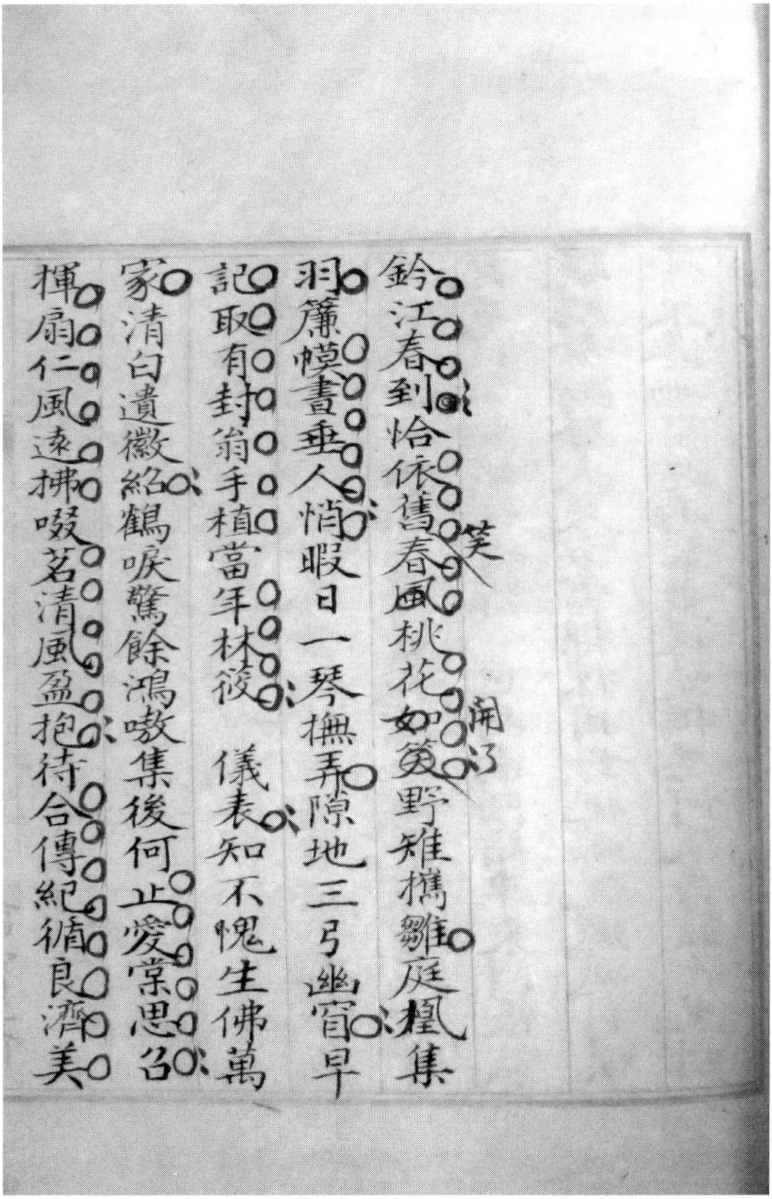
鈴江春到恰依舊春風桃花如舊野雉攜雛庭凰集笑開了
羽簾幙晝垂人悄暇日一琴撫弄隙地三弓幽宜早
記取有封翁手植當年林筱 儀表知不愧生佛萬
家清白遺徽紹鶴唳驚餘鴻嗷集後何止愛棠思召
揮扇仁風遠拂啜茗清風盈抱待合傳紀循良濟美

丹心同照

大江東去

和申甫見贈東坡赤壁原韻

一聲玉笛便橫吹十八響驚雲物七寶樓臺金碧炫陋郤相如四壁拾翠洲邊纖綃泉底麗藻如霏雪筆花開後不輸坡老奇傑 叵耐南陌脂車東門悵飲驪唱聲將發大廈方需樑棟用好把鯨鯢殲滅自嘆年來倦飛空返兩鬢蕭疎髮相思何限共兹千里明

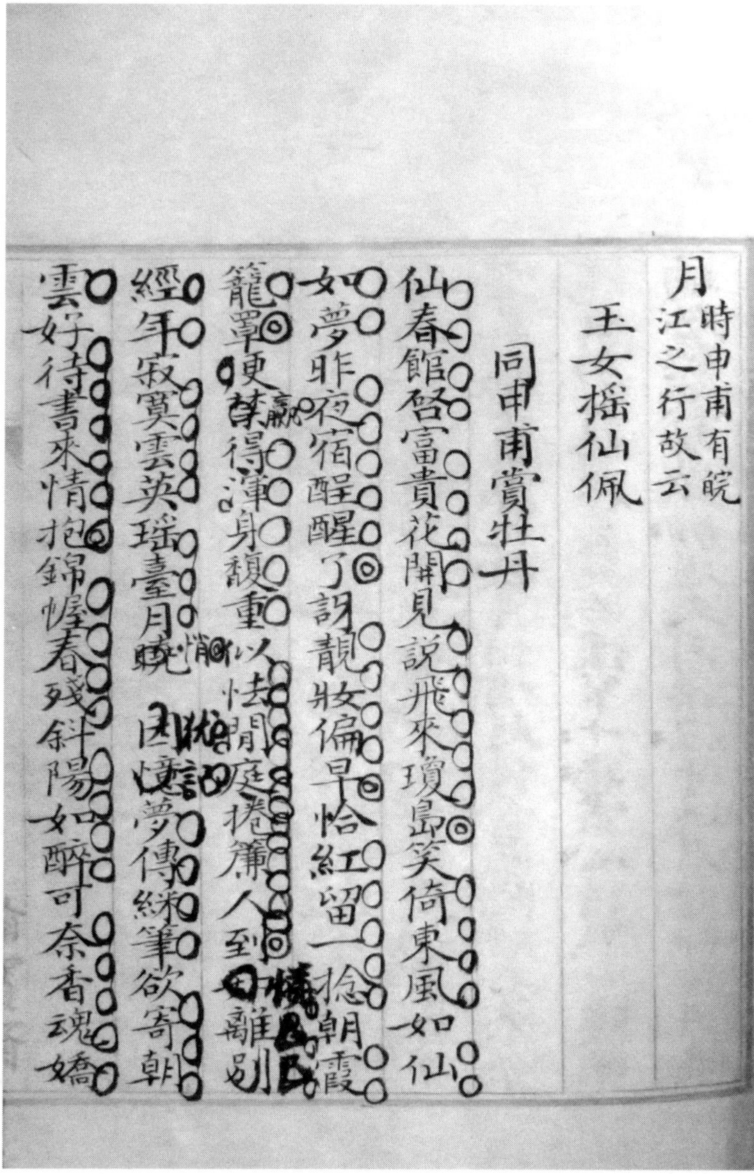

月
時申甫有皖江之行故云
玉女搖仙佩
同申甫賞牡丹
仙春館啓富貴花開見說飛來瓊島笑倚東風如仙
如夢非夜宿醒醒了謌靚妝偏早恰紅留一捻朝霞
籠罩便[illegible]得渾身馥重以怯閒庭捲簾人到[illegible]離別
經年寂寞雲英瑤臺月曉[illegible]夢傳綵筆欲寄朝
雲好待書來情抱錦幄春殘斜陽如醉可奈香魂嬌

小但願花長好[illegible]琉璃地上[illegible]環遶肯教爾杯承
露冷美人遲暮燕鶯老又誰[illegible]春風解憾多少

貂裘換酒

和申甫重之皖江留別原韻

離思從頭說憶頻年燕山楚水天涯霜雪蝸角微名
空累我辜負春花秋月怕唱起停雲歌闋歸去來兮
逢舊雨對騷壇莫笑吟懷窄十觴盡心情熱　驪歌
駒忽聽歌聲徹那堪又河梁攜手送君時節極目吳

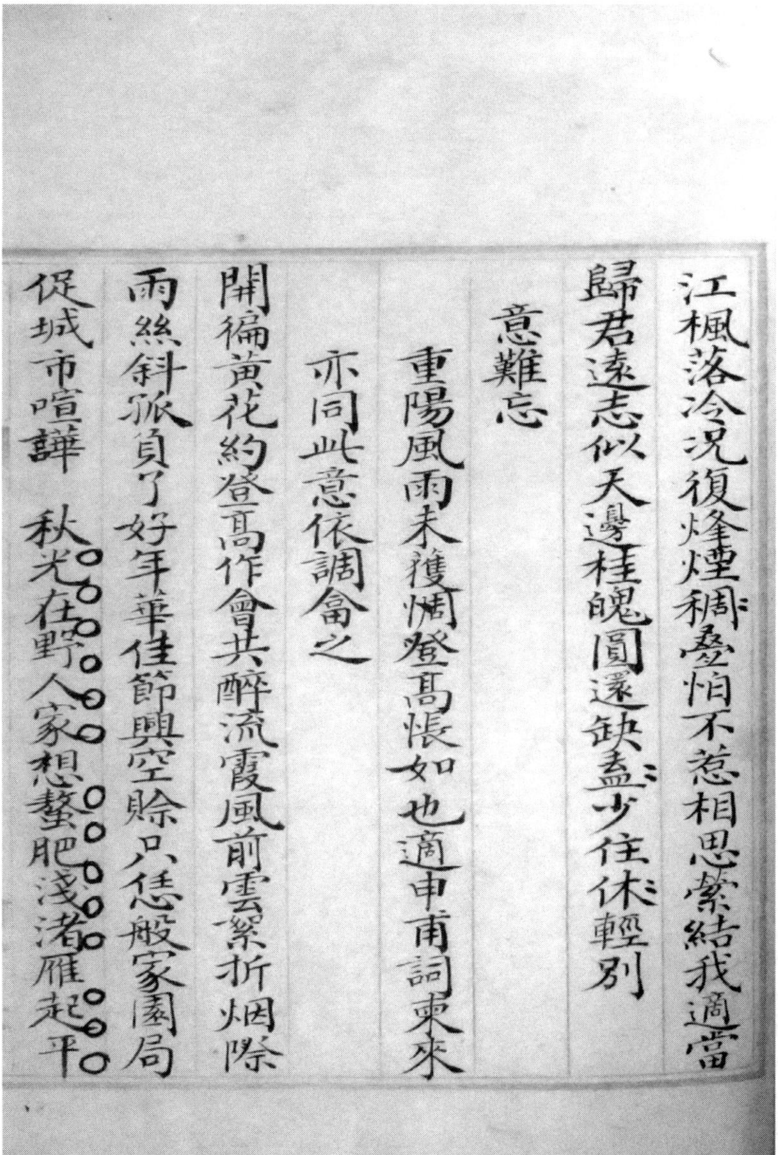
江楓落泠況復烽煙稠〻疊怕不惹相思縈結我適當
歸君遠志似天邊桂魄圓還缺盡〻步住休〻輕別
意難忘
重陽風雨未獲倘登高悵如也適申甫詞柬來
亦同此意依調龠之
開徧黄花約登高作會共醉流霞風前雲絮折烟除
雨絲斜脈負了好年華佳節興空賒只恁般家園局
促城市喧譁 秋光在野人家想蟄肥淺渚雁起平

沙蒼烟寒橘柚白露冷蕭蕭葭沽一醉足生涯風味
話桑麻拚多少樓臺金粉付與寒鴉

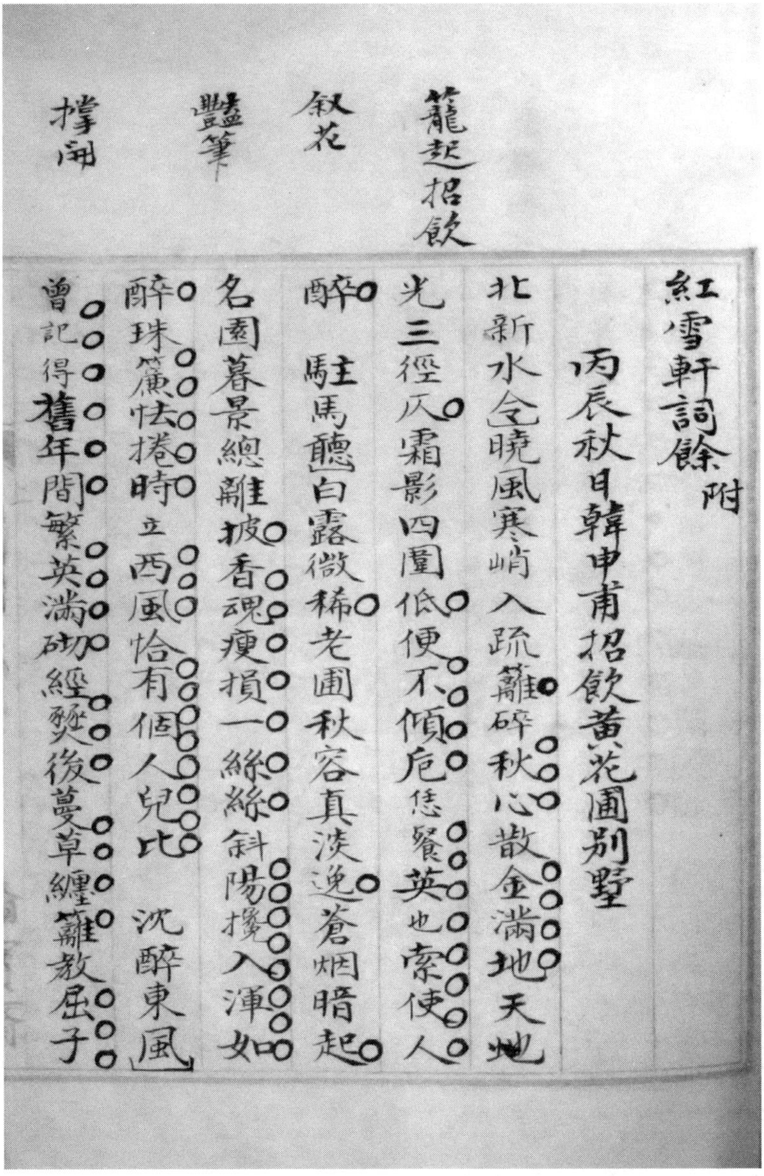

籠起招飲
叙花
豔筆
撐開

紅雪軒詞餘 附

丙辰秋日韓申甫招飲黃花園別墅

北新水令曉風寒峭入疏籬碎秋心散金滿地天地
光三徑仄霜影四圍低便不傾危恁餐英也索使人
醉 駐馬聽白露微稀老圃秋容真淡逸蒼烟暗起
名園暮景總離披香魂瘦損一絲絲斜陽攪入渾如
醉珠簾怯捲時立西風恰有個人兒比 沈醉東風
曾記得舊年間繁英滿砌經霜後蔓草纏籬教屈子

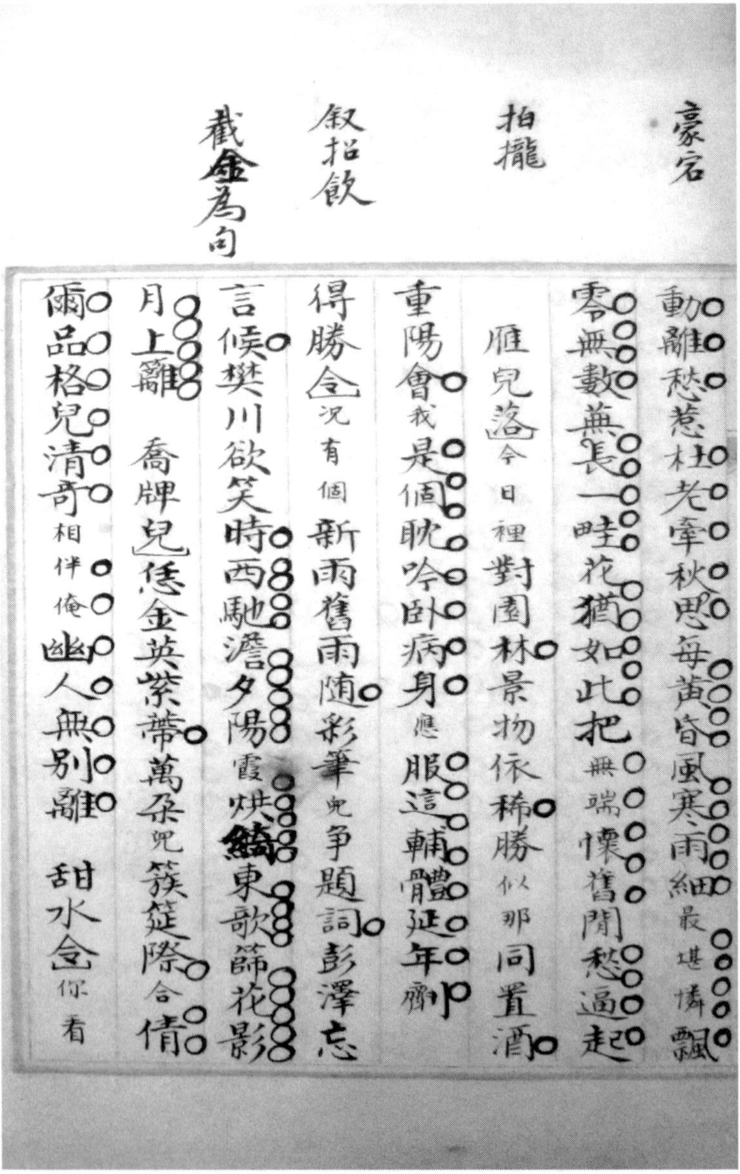

豪宕

拍攏

叙掐飲

截金為句

動離愁惹杜老牽秋思每黃昏風寒雨細最堪憐飄零無數無長一畦花猶如此把無端懷舊閒愁逼起

雁兒落今日裡對園林景物依稀勝似那同置酒重陽會我是個耽吟臥病身應服這輔體延年劑

得勝令況有個新雨舊雨隨彩筆兒爭題詞彭澤忘言候樊川欲笑時西馳澹夕陽霞烘綺東歛篩花影月上離

喬牌兒憑金英紫蒂萬朶兒簇筵際合倩儞品格兒清奇相伴俺幽人無別離

甜水令你看

讚花

再撲開

淋漓跌宕

再拍攏

再接再礪

愈唱愈高

和霜伴月披烟沐雨名檀五美貞秀抱幽姿莫一部

羣芳只金鳳兒稱婢僥倖到帝女追隨 折桂令 堪

笑他 桃花當路柳絮迎堤霎時間紅雨争飄到頭來

黄葉紛飛問菀枯因誰休錯怨硬兜搭的春風賺將

伊都只為全無根柢空落得過眼芳菲四野風淒五

夜霜欺始見黄華獨秀幽蹊 錦上花歎世界花花

誰懷遠志這麗草英英也笑人癡則索要餐過寒香

苦味便共逐西風總無萎瘁勾消了紅情收還了緑

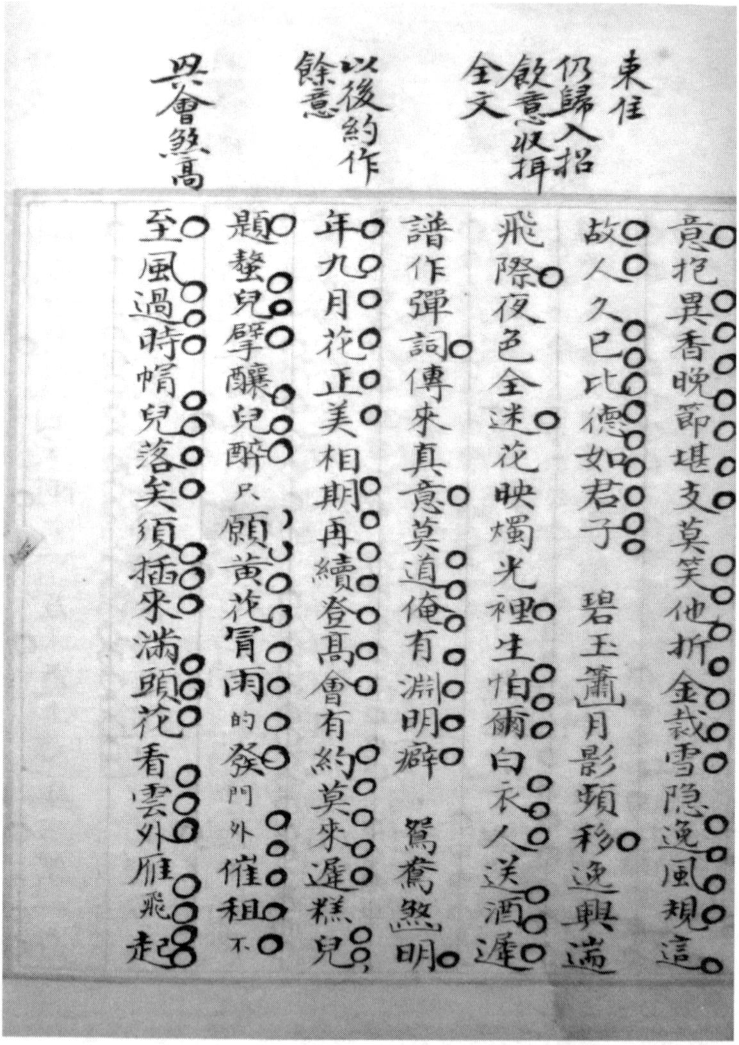

東住
仍歸入招
斂意收揖
全文
以後約作
餘意
只會煞高

意抱異香晚節堪支莫笑他折金裁雪隱逸風規這
故人久已比德如君子 碧玉簫 月影頻移逸興遄
飛際夜色全迷花映燭光裡生怕爾白衣人送酒遲
譜作彈詞傳來真意莫道俺有淵明癖 鴛鴦煞 明
年九月花正美相期再續登高會有約莫來遲糕兒
題糕兒擘釀兒醉只願黄花冒雨的發門外催租不
至風過時帽兒落笑須插來滿頭花看雲外雁飛起

以上《红雪山房词初稿》，作者程霖寿，修改、评论者曾传均。原件藏湖南图书馆。为保持原貌，特影印附于《湖天晓角词》之后。

邓 绎

邓绎（1831—1900），又名辅绎，字葆之，又字辛眉，武冈人。道光三年（1823）入左宗棠幕府，以功候补浙江知府，未曾赴任。尔后著书立说，主讲湖南、河北、湖北、广东多地书院。有《晓寒词》《祓愁词》各一卷。

台城路　初春遇湖上

峭寒犹养西山雪，芳痕暗分南浦。稚柳梳青，鳞波戏翠，春酿软红深处。堤边小步。只洲榭参差，半笼绡雾。剩有渔竿，一行鸥影自飞去。

吟踪还忆岁暮。野烟闲系艇，曾见疏树。翦纸勾风，箫饧逼暖，换了嬉春门路。流年易度。问脈脈波光，可留人住？独趁鞭丝，懒将残照赋。

南　浦

春酲小病，意趣阑珊。时月波、熙堂俱去，赋此遣怀。

偎梦怯帘波，闪日丝，才晕茜窗浓处。依未识东风，阑干外、闲了蝶翎莺羽。瞢腾薄兴，惜花羞向花前诉。量春几许，春已较愁深，有谁留住？

何堪中酒心期，换桃楫歌俦，杏衫诗侣。江上一分寒，扁舟恨、分付断云轻雾。屏山曲曲，蓦然记那回离绪。何须杜宇。愁次第青韶，唤人都去。

高阳台

熙堂别去，匆匆改岁一月许矣。重过招提，睹绯桃绰约如旧，感而成声。

蓄酿呼莺，裁思选叶，去年今日花前。重拨兰桡，波痕解为谁圆？尖寒已会游人意，问桃鬟、何苦犹妍？漫流连、一抹遥峰，几处柔烟。

今年燕讯羁何处？怕春愁太重，暗阁斜川。碧草长亭，王孙梦到谁边？凄凉易放□风过，且寻思、浅醉闲眠。嘱啼鹃、莫劝人醒，莫报春残。

倦寻芳

枣帘润逼，苔绣茸酣，羞涩香屟。淡雨浓烟，都费好风裁帖。游冶鸳媒梳紫粉，滑稽莺婢调清舌。碎檐声，正桃花历乱，禁烟时节。

最怅惘、撩人春色，花外人希，酒边歌辍。影落秋千，点点舞红都别。瑶瑟空怀前度梦，彩笺慵觅零星箧。渐看偎遍熏笼，翠衾难热。

长亭怨慢

旬日倦游，意隔岸桃花多零落也，赋此悼之。

渐吹散、晴丝千缕。楼下人家，落花成阵。淡粉零星，倚门娇面，可重映？倩魂何处，扶不起、斜阳影。小燕语多时，看足了、波间红晕。

薄闷，正怀人天气，又是殢人春困。迷奚短梦，轻可也、雨欺风损。只点点、土化胭脂，是谁酿、瑶池清恨。便驻得韶颜，争许天涯人近。

翠楼吟　娱园春晓

语鹊耽红，情蜂问绿，芳园多少晴意。清游搀小艳，尽消受茶香花气。林亭斜峙。看槛曲随藤，巢低换翠。春眠起，海棠开了，鬓丝风细。

绝胜，官舍萧闲，为笠云锄雨，锦屏慵倚。玉阶凝盼久，叹芳草和烟都醉。阑珊情味。只闷拨闲吟，愁推花替。重帘外，晚来应瘦，一分娇思。

前　调

翠约烟垣，红筛暖牖，芳园惜见春暮。新翻金缕曲，也慵觅樱桃歌舞。莺儿才住。被飞絮黏衣，冶云遮步。春无语，夕阳红过，野棠深处。

此地，谁主繁华，尽玉阑闲凭，花风慵数。茗香消昼永，休负了笺分枰聚。无多吟侣。怕粉逐魂轻，风吹情去，倡条外，有人寻怨，几丛香雾。

祝英台近

绣帘垂，香步悄，一抹画图好。日嫩烟轻，曲院那回绕。觑他脂浣犹红，唾花自碧，尽迤逗，蝶痴蜂小。

揽菱照，对影才说将离，一点梦情早。浅淡春容，禁受玉人恼。慢言种恨因欢，欢归何处，只弹尽、泪丝难晓。

凤凰台上忆吹箫 滕王阁别怀

旧梦云消，新愁浪织，不堪重上高楼。看燕梁泥落，风动帘钩。便有金尊玉笛，应难绾、天外行舟。君回首，乌衣巷口，朱雀航头。

悠悠，浦帆送目，人倚小阑干，无奈东流。再泠蟾圆处，梅忆西洲。可有洲前莲子，消词客、醉里勾留。勾留处，从今休负，十里芳游。

桂枝香

四月望日，诸故人携琴酒招饯螺墩，歌此答意。

蘼芜吹绿，送寂历斜阳，江程换目。赢得莲肠清苦，藕丝难续。南朝旧寺莺啼老，最飘零、数声檐玉。春韶弹指，飞花舞燕，尊前曾蹴。

自数遍、背楼竿竹。叹绛树重来，蛮弦偏促。相对几回销黯，酒醒枨触。彩云飞去红阑冷，绕泠泠江上残曲。异时重话，青衫影里，泪摇宫烛。

西江月

记得花前判手，离痕掐在心头。西风瑟瑟满芦洲，又是销魂时候。

薄醉非关中酒，残啼不为悲秋。真珠帘卷十三楼，今夜月明依旧。

江都忆

凤尾吹萧，鸦鬟点拍，最怜十五云英。羞涩风流，消息付鞶鞶。帐中搔背弹红爪，便帘下梳头傍紫琼。

为底仙源重访？胜有红阑三尺，秋水盈盈。更隔蓬山，难问藐姑神。明珠翠羽，游何处，怕酒冷香销少个人。

浣溪沙 金陵夜泊

一幅冰绡挂素秋，紫衣吹笛坐船头，金鱼公子会风流。

艳极可怜灯在水，香清微验菊随舟，满身凉露袭花愁。

满江红 题黄韵珊帝女花乐府

战火焚宫，又重见、东陵麟斗。恸一刻、琼肢摧折，剑芒飞袖。臂血零星长命缕，昏灯点点阴红豆。冷香桃、三尺卧瑶池，珊痕透。

生割断，雏皇鷇。天夺转，婵娟寿。看燕云十六，谁家宇宙。帝女桑枯银海泪，精魂化石随龙走。问粉田、何处盖青芜，斜阳瘦。

虞美人

西风一夜凌波袅，菡萏香销了。画楼今夜鬓云寒，独对楚江烟水倚阑干。

栖乌点点危樯影，月白青山醒。慢拈垂柳系行舟，早是两三星火近瓜州。

西子妆 赋江南蓼花

江左风流，金陵王气，故垒萧萧而已。蓼蘗都作可怜红，怕重提、旧时罗绮。黄昏掩映，白透了，菱花影子。一丝丝，共星星残照，飘零如此。

孤吟地。薄醉推蓬，寂寞凭谁慰。任伊斜界破青山，一重云、一重秋水。渔罾挂冷。尽摇曳、荒烟丛里。问疏根、寒雁飞来有几？

捣练子

江漱玉，岸铺银，舴艋轻舟三两人。如塔炊烟红雪里，一丝微暖逗阳春。

鹧鸪天

宝袜余芳袭杜蘅，腻人庭院□初晴。绿窗陪绣黏绒唾，红砚分笺费茧情。

阑六曲，步双行，着行垂柳挂娇莺。道书小注丹黄字，故故花前问摘盈。

苏幕遮 夜听残雪消滴声

翠明楼，鸳暗瓦。轻薄银花，销透无聊夜。几度窗前听又骂。恁似郎心，热也何曾乍。

绣慵添，妆渐卸。滚遍香涛，点点心头打。一样珠痕和泪泻。紧带清愁，不放春风化。

洞仙歌 孙月坡丈卧病却寄

吟风不耐，渐攒眉莲社。莫为当筵少红酿。向春前雪后，卧冷云居，人瘦也，可有知音相访?

尽支离半榻，忘掩荆扉，空对孤烟药炉漾。领取片时闲，应惜浮生，错认作、无聊怙况。问一种愁根为谁（肥）瘦，闲嗅梅花，许消清恙。

祝英台近 娱园书见

月才阴，云渐合，啸侣过亭沼。雪散琼枝，花焰约灯小。谁将印粉量轻，袜罗冰透，有一缕、冷香缭绕。

玉人杳，倩他阿紫闲游，妖姿映犹皎。欲问芳踪，清梦傍梅绕。几回立遍空阶，恍闻珠佩，算何似、步虚声好。

千秋岁引 废枪

楚户烟空，平林火乱，半段残枪冷于雪。斑斓铸成海上字，东南气掩天边钺。绿沉苔，碧花晕，古时铁。

无奈渍些新战血，无奈对伊情呜咽。纵有锋芒不如折。安边那闻消甲令，前朝莫问沉沙戟。战场新，夕阳黯，樵夫说。

早梅芳近

岁除日，园丁献盆梅二本，偶赋。

思深深，魂悄悄，为试仙梅早。双偎瘦影，粉阁初移玉盆小。卷帘花欲语，微坐春相照。正挥毫托兴，相视广平笑。

借窗疏，烘雪晶。出手寒犹峭。莹注麝粉，怕试灯时蝶蜂闹。青枝含水态，红萼添篱抱。芳菲恰有人报。

洞仙歌

岁除日，偕纫秋游南塘，志感。

相携俊侣，借轻舟微泛。才忆年光便凄黯。只凌波、并影低诉离怀，休负却，有限芳游荏苒。

柳枝扶客处，细展烟纹，一缕情丝倩谁染。此地最魂销，淡碧湖心，早漏入、残阳数点。渐林际昏鸦，趁人箫鼓迎神，又催春感。

以上《晓寒词》，1930 年石印本。

祝英台近　绿萼梅，和月坡

粉痕轻，红意褪，梅萼透新绿。水碧亭亭，疏馆洗繁缛。见伊春水生时，雪华销后，尽低照，淡妆如玉。

画阑曲，有人偷整罗衣，相映黛眉蹙。替点青枝，容光艳朝沐。最怜色外香中，似逢仙子，合镌在、小名花录。

百字令　元春十日送纫秋之乐平

流水裁换，讶沙棠催去，顿分今昨。岸芷汀兰原并倚，飘散也如林箨。秋扇书情，春衫织恨，命比红颜薄。高歌青眼，几人同慰寥落。

回首湘上聊舟，城南共研，青鬓怜相若。不信痴魂销得惯，欲疗离愁无药。别梦沉云，边心绕堞，最苦寒宵柝。登楼目送，大江东去孤鹤。

菩萨蛮

闲情幽梦无人省，门前青了垂杨影。蝴蝶扑春归，落花无数飞。

饧箫声渐咽，知近清明节。帽影织斜阳，风前野草香。

南楼令　湖上怀故人

花气润单衣，江南百草齐。赠词人、陌上鞭丝。待送春归君已去，只独听，鹧鸪啼。

瘦燕懒重飞，多因芳讯希。笑闲来、翠涨封堤。数点绿杨遮不住，还认得、画桥西。

百字令　送月坡之乐安

荒鸡啼醒，听严城画鼓，数声催出。小聚萍踪天也妒，良会他生难必。水国行吟，山楼醉舞，愁倚风前笛。销魂远道，渐看青鬓同白。

可叹浪迹天涯，鸥闲鹤倦，半是伤心客。老去词名惊海内，只合离群孤立。冷炙辛酸，残杯块垒，拚少人怜惜。茫茫春感，更逢离乱今日。

浣溪沙

闷赋闲情上小楼，翦刀风紧动银钩，娇鬟微颤玉搔头。
试卷燕帘花气润，渐偎鸿案药香浮，几丝檐雨湿春愁。

捣练子

飞白鹭，啭黄鹂，细浪吹香新草堤。青翰舟中人薄醉，几丝杨柳挂春旗。

疏　影

韶景方妍，雨丝如织，怅然填此。

东风静峭，尽卷帷凝望，芳意难了。别院吹笙，银烛犹明，底事云窗催晓？余香懒上青衫袖，怕梦到、旧家亭沼。算几番、染柳熏梅，不似冶游欢笑。

长是吟肩瘦损，短眠易警觉，私怨啼鸟。听雨高楼，细数当年，减却看花情抱。春光冉冉无寻处，只赢得、篆烟微袅。问重来、扑蝶西园，消饮落红多少？

前调　新柳

鲜风细拂，见绿杨几缕，低舞犹怯。缓上金堤，油壁相逢，渐有蘼芜新叶。河桥略放青青意，乍禁得、许多离别。算近来、倦起羞眠，怕被乳莺饶舌。

犹记江南选梦，四窗扑暖翠，云影烘活。画样烟丝，微衬鸦黄，但有纤纤眉月。横塘几日添新雨，莫辜负、一双兰楫。只当时、镜里春人，闲照脸波清绝。

百字令　湖亭送熙堂之武昌

亭台依旧，甚年年啼鴂，做人凄苦。剩侣无多惊又别，消得几回春雨。荇叶风翻，杨丝影乱，绿满停桡处。流波何恨，盈盈偏爱东去。

从此断岸孤篷，桃花涨远，休更歌长句。岘首看碑重堕泪，没个伤心人语。落日催秋，寒云送老，望极天涯树。奇才嗟命，芳洲难认鹦鹉。

前　调

初春下弦，夜泛东湖，要卧梅、熙堂同赋。

新蟾低挂，正凉痕青透，烟晕难了。接上双堤深浅树，着个柳庵都好。幡影随心，钟声过耳，人气香灯绕。雏鸥惊起，翠鳞波点圆小。

记曾消夏亭边，荷珠滴酒，艳曲翻凄调。燕燕归来流水碧，往事春云俱杳。采石仙舟，垂虹俊侣，今古同怀抱。重寻佳约，流连花露清晓。

浪淘沙

二月花生日，邀同人叙饮春晖楼，因赋此解。

韶信二分妍，嫩草含烟。粉红堆里蝶双眠。绮样园林人似画，醉也如仙。

无奈冶春天，风雨年年。月楼花馆尽堪怜。除是今朝三五夜，花月同圆。

洞仙歌 拜花词

纤荑细数，正添春初永。衣带拈时暗思省。只浓斟蜜勺，悄炷沉檀，惆怅处，好梦怜伊吹醒。

新枝含嫩日，彩胜低飞，揽取红丝护香影。小拜绮楼深，修到花怜，也愿得、人花共命。算一例云屏贱韶光，帐前度东风，燕消莺领。

卜算子

春困不多时，怕听枝头鹊。晓色如烟养睡情，灯影昏帘角。

双枕堕钗横，半晌偎人弱。玉臂弯弯压绣衾，残梦娇无着。

菩萨蛮

啼鸦归去疏钟后，红窗灯影花梢逗。和闷倚高楼，春宵心自秋。

残英飞似雪，莫把离情说。花雨湿江南，只愁君不堪。

洞仙歌 送叔绩皞臣归湖南

惊心劳燕，傍东风俱逝。别院匆匆镇如醉。问西山屐返，南浦舟维，才几日，怎便料量归计。

邹枚同祖饯，倦影飞还，未卜飘零恁身世。别梦黯吴西，江水如醪，渍几点、愁人清泪。又垂柳千条送残春，叹雨劣风酸，一般憔悴。

探春慢

娱园三月，绿阴渐深，微雨洒楼，衣翠欲滴，怃然始觉春尽。因（此）赋此遥寄月波、纫秋，庶知予孤吟况味也。

画稿慵翻，吟笺强理，琐窗谁共遐瞩。蝶倦偎烟，莺啼似梦，忍负韶年三六。多少楼台影，但深锁、春人如玉。倚阑一带新阴，女墙低亚林屋。

愁对檐花细下，又白雨森森，遥泻银竹。腻和香泥，寒添縠雾，暗涨天涯浓绿。情绕春山外，展不尽，围屏千曲。卷彻珠帘，清光闲媚幽独。

鬲溪梅令 春尽日雨

一庭春色向谁深，细沉吟。此去年光，过却不堪寻。看花无限心。

片云疏雨过幽林，润弦琴。欲下重帘，生恐负新阴。晚烟啼翠禽。

绿　意

栖禽不定，有绿梅几树，流水低映。瘦干横斜，绣编苔痕，好兴芳兰同赠。休教误认成阴早，指断径、雪泥犹剩。背夜灯、待曳仙裙，尽耐玉屏云冷。

回忆孤山旧梦，笛声诉别怨，谁逞游兴。才近元宵，一片春风，渐晕美人妆镜。簪来更比鸾钗好，恰替助、鬓香眉影。记那回、翠袖闲时，也向竹边偷凭。

以上《祓愁词》，1930年石印本。

王闿运

王闿运（1833—1916），字壬秋，晚号湘绮老人，湘潭人。咸丰七年（1857）举人。曾应聘馆肃顺王邸，继入曾国藩幕府。先后主讲成都尊经书院、长沙思贤讲舍、衡州船山书院、江西大学堂。晚年特授翰林院检讨，加侍读衔。辛亥革命后任清史馆馆长。有《湘绮楼词》《湘绮楼词选》。

献仙音

寄讯张永州。张自衡上省，适余入城，张衡州寄诗，有尹、邢避面之戏。余亦下湘还山，作此讯之。

回雁霜钟，湘东梅月，游宦未妨羁旅。选韵挑灯，消寒添酒，华簪雅共尊俎。奈冰雪、刘叉去，无缘问连句。

潭州路，想扁舟、犯寒东下。早孤负、官阁翠酣红舞。鸳瓦不留人，又吟鞭、敲雪何处？粥嫩糕甜，好年光、正在岁暮。便貂裘典尽，差胜黄绸衙鼓。

一萼红　寄张衡州乞官历

碧云深。正霜轻日嫩，梅萼破疏林。驴背行佳，翠禽眠暖，薄醉还自微吟。料何逊、风流未老，想白发、幡胜正堪簪。紫印泥封，绣衣貂薄，俊赏须寻。冬暖，竟以小貂相尚。

卧雪披云世外，倚邦君政美，随兴登临。腊鼓占丰，灶觚催钵，重闻盛日和音。莫便放、年华去也，只应为、诗酒惜光阴。寒尽山中班春，愿听瑶琴。

丑奴儿　西湖游宴

西湖千古多情地，画舫红灯，宝钿香尘，流水年年照丽人。

休提倚翠偎红事，细数青春，瘦尽吟身，三十看花是老人。

祝英台近　己巳送灶

玉饧香，红烛艳，良夜永清漏。爆竹声催，新泉酿芳酎。年年三六盈虚，瓶尊报赛，还略似、梦华风候。

一冬又，为问叶灶阴羊，人间几贫富。每度梅开，每度醉村酒。饶他土锉铛空，寒宵镜暖，浑不为、世情僝僽。

祝英台近　女娥芳侍作

蜡烟轻，梅萼瘦，绣阁杏帘静。画马迎神，珠盂酌芳茗。便教阴氏晨祠，复涂宵梦，应长忆、良辰酩酊。

玉箫冷，花院残雪初凝，琼枝弄疏影。冬鼓声催，未觉漏签永。明年寒食香饧，玉厨新火，又添了、一番清景。

瑞鹤仙　吊开封倡女四菊

汴宫流水咽，剩秋花，无人更与攀折。幽情自萦结。只繁霜吊雁，暗香藏蝶。轻怜重别，泪娟娟、罗衣皱褶。恨清尊易竭，关山一去，愁烟万叠。

凄绝。微根地弱，残梦天寒，恁时消歇。人间一霎，生共死，为谁说。待看花人问，孤芳寻断，正是销魂时节。替西风、补入图中，伴他明月。

前调　赋得灯前细雨檐花落

别愁凄满院，正晚来、疏帘和雨都卷。春痕背灯见。又烟丝碧润，露花红断。潇潇线线，绕回阑、寒轻夜浅。被东风、迤逗相思，刚落檐花一片。

休缱。红楼隔冷，珠箔通光，作成闺怨。天涯纵远。诗共酒，尽消遣。但西窗剪烛，东阑对雪，年时几回相见。好殷勤、爱惜良宵，莫催银箭。

摸鱼儿　庚午题岳阳楼，用稼轩韵

问汀洲、几多芳草，青青远黏天去。少年儿女春闺意，又对流光重数。留不住，烟波恨、逡巡踏破湖边路。凭栏不语。待更不伤心，此心仍似，一点未飞絮。

人间事，离合悲欢总误，无情犹有痴妒。愁来漫写登楼赋，不遇解人谁诉？梁燕舞，还只恐、洞庭也化桑田土。当年战苦。休更说周郎，风流尽在，千古浪淘处。

女冠子 庚午送灶

年年箫鼓，总是一家儿女。闹深宵，酒薄寒犹在，香轻春共摇。

饔飧何日了，车马不辞劳。消受饧糕粥，更麋糟。

前调 二月初一

二月初一，十九年前今日。正春分，酒绿香如雾，花红晕作云。

娉婷轻嫁了，旖旎暗怜人。惟有迷离梦，又逢春。

南乡子 赋得惜花春起早

春恨压屏山，细雨欺花困牡丹。雨若再晴花再艳，应难，唤起双鬟摘下看。

凭软曲阑干，晓逗微光似不寒。忽地玉阶风过，觉衣单，重入罗帏又懒眠。自评：此词有北宋人意致。

寿楼春 青县舟中

看西风吹云。只偷年换节，助老欺人。刚有疏芦瘦柳，为他销魂。残月影，秋烟根。又豆花、依依遮门。奈暑气低篷，阴尘笼店，无趣访江村。

良时去，佳期新。怎闲眠闲坐，闲过黄昏。忆得新秋凉味，画楼平分。嫌酒暖，愁香熏。到恁时、罗衣温存。空梦着今宵，银河玉阶清露痕。

玉山枕 岁暮夜归

岁暮寒夜，喜良会，春无价。不眠不坐，分明笑靥，更点唇朱，早又妆罢。指看襟上酒痕多，独自守、月昏灯灺。待归时、数说相思，到相逢、更无从娇姹。

且将年事安排者。剪幡胜，同心画。莫饮屠苏，欺人老大。学写宜春，玉手重把。昨宵镜、听道来来，绣一对、凤囊酬谢。愿明年、步步相随，尽商量，在玉梅花下。

八音谐 成都新绿，寄怀张永州

云暗少城东，看夕阴昏处，新绿初显。惆怅独归路，送天边春眼。湘水泛舟何时，早燕子、分明樯上见。算别后、便佳期误了，垂杨如线。

七载西山看暮云，料旧梦无迹，郡斋苔暖。游屐更迢遥，独啼鹃相唤。有些残剩山川，对暮色、付教天管。客里放春归，讶道楚江潮满。

一萼红　庚辰人日，定王台宴集，和姜白石

汉王宫。正良辰胜赏，荆楚岁华秾。草衬骢嘶，松留鹤守，谁道时序匆匆。入春早、商量梅柳，看嫩蕊、新绿引东风。花在诗前，雁归人后，酒满吟中。

怀古感时都罢，喜清时政暇，故国年丰。一水西浮，层阴北望，还见云树重重。似今欲归归便得，休惆怅、寒涧石床东。寄语繁花，明年更映人红。

夜合花　和孙季蕃

眉语兜欢，颊窝添笑，教人无那凉宵。凤帷双掩，香魂暗共钗摇。爱袅娜，作憨娇。把云衣、绉折红绡。翠鸳浓睡，防他梦醒，莫把灯挑。

前度暗咽琼箫。怨春风梦远，枕上遥遥。罗裙半幅，误翻酒污难消。香篆冷，钿云飘。好留仙、捻住纤腰。怕伊重见，眼波溜处，羞也么潮。

八归　辛巳腊月十九日，郭筠仙寿苏集饮

年年雅会，处处新诗，谁知暗里催老。散仙勘破人间世，付与将来好事，家家东道。湘上平安多福地，把海内、风流占了。更有峨眉归客，戏着雪鸿爪。

借问寿苏故事，自覃溪去后，唯有杨家酒好。谓海琴。三年

梦里，八仙局外，同治间军机有前后八仙。又见尊前一笑。想文章嬉骂，空洞胸怀可同调。且较量、红烛光中，绿梅花外，甚处得春早。

真珠帘　壬午送灶

糕甜粥嫩催年事。年刚被、爆竹今宵催起。夜雪悄生寒，趁壶觞先醉。里巷人家争节物，早厨办、一杯香水。迎岁。便狮头腊鼓，牛鞭春意。

犹念暮景团圞，自寒扉掩后，铿烟冷腻。语笑旧儿童，悔枣梨嬉戏。镜听无人重跪拜，但老去、菱花羞对。憔悴。更凭谁说与，梦华前记。

芳　草

水仙花即蒚，山蒜，花开如釜烝鬲。今或名雅蒜，根如蒜也。《尔雅》："凡香草即曰山。"

又相逢，深寒帘幕，晴光灯影参差。素兰羞叶瘦，铜瓶湘几外，占春宜。瑶姬惯嫁，便远行、未损腰支。看万里轻车细驮，玉蕾琼肌。

抛离。一分尘土，不须风露，自秀芳时。嫩黄三四箭，暗香疏影地，摇曳烟丝。伴晨妆夜盥，却未妨、污粉凝脂。怪只怪、横江一笑，误了幽期。山谷诗："出门一笑大江横。"正如虬髯客向十八女郎铜琶高唱，吓煞小胆。

探芳讯

夏芝岑修饰定王台，每岁人日探梅，必有赋咏。癸未邀集，用草窗调应之。

探梅信，看乍入新年，东风相趁。喜词人依旧，韶光艳华鬓。几年人日寻芳约，春早佳期近。更多情、逗酒迎香，斗诗催韵。

红绽北枝认。似汉月窥檐，湘烟长晕。云麓台前、游屐没苔璺。登临共道遨头好，花与人俱俊。料今年、先占一分春稳。

八六子　沅江舟闷

更无风，漫流平碧，轻舟漾到鸥边。看远浦隔回江浪，夕阴留住春烟，离情那天。

清和芳草绵绵，休道别愁难摸，一时载满湖船。忆腻水脂红，粉娇桃嫩，惹衣香沁，露酣蕖重，如今独自凭阑望眼，遥山黛色依然。早娟娟，前番明蟾又弦。

玲珑四犯

夜来盛开，归期无准。七夕秋近，作此寄家人。

瘦蕊秾花，更不管人愁，香满凉夜。欲睡还休，长记玉窗灯下。冰簟梦醒惺惺，误茉莉、暗兜罗帕。想带烟、幂露无语，开遍闹庭闲榭。

一年容易秋还夏。望银河、月斜星亚。玉真自许禁离别，妆晚饶娇姹。听到络纬一声，重绕向、翠藤双架。那夜西风里，罗裙拽处，散香和麝。

长亭怨　纸煤

正妆罢、搓胭掐粉。早又拈起，麝煤纤筦。巧削葱根，细吹兰气，口脂晕。酒边茶后，频敲处、微红印。看似碧蕉心，不许展、春风半寸。

香烬，怎知香歇罢，刚被冷茸留衬。殷勤记取，喜罗袖、暗笼低拉。问那日、细写相思，待烧了、成灰教认。莫去点孤灯，长是照人离恨。

倦寻芳　湖曲待风，寄半山

小舟困懒，曲溆弯环，细雨风剪。春去宵寒，漫道柳绵烟暖。前浦燕来看似熟，暮云鸠语如相唤。但朝朝、被新潮赚去，随风吹转。

料别后、红窗暗坐，计日量程，早过巫巘。肯梦相寻，梦定比人行远。自是无心随去棹，争知有恨销年箭。怕匆匆，作桃源，迷仙刘阮。

宴清都 和卢浦江

春梦无拘管。人去后、粉墙花影撩乱。分明月在，阑干倚处，佩香犹暖。荼蘼似肯相伴。奈夏雨、池台绿换。只刺藤、曾罥罗裙，横斜占了西苑。

窗前帕印脂冰，床偎簟汗，娇笑如见。重帘暂护，芳尘莫扫，一方空院。良缘若道真断，怎犹得、欢情在眼。耐思量、惟有闲愁，依依傍晚。

长亭怨 沙市晴望

正云外、层阴乍霁。又引天际，送春余恨。半老江湖，怨晴愁雨，没期准。沙头风色，从来是、催离信。五渚任兴亡，忘不了、蔫花啼粉。

春晚，但看流水去，谁管佳人远近。征帆似笋，指吴蜀、浪高涛愤。恁渺渺、万里烟波，楚宫外、柳绵吹尽。便跨海楼船，不抵鸱夷桴稳。

齐天乐 天津闻蝉，用吴韵

绿槐凉雨高楼静，凄凄嫩声还咽。楚梦无凭，蜀魂乍返，不记甚时相别。寒吹玉叶。是早日听伊，弄音清切。得意初来，一庭花影送残笛。

如今素秋又换，便孤吟到夜，空伴啼蟀。南国芳华，夕阳弦索，打叠罗衣收歇。西风漫曳。斗惊起离心、玉壶冰热。细算流光，唤人愁第一。

辘卢金井　废圃寻春，见樱桃花，感赋

玉窗长别，分今生、不见泪痕弹粉。春梦潜窥，蓦相逢傍晚，亭亭细问。背人处、倩妆谁认？朝雨香残，斜门烟弹，耐他思忖。

常时上林芳讯。见玉妃侵晓，撩乱双鬓。妒杀夭桃，占东风不稳。如今瘦损，悔前度、挂心提恨。又欲成阴，一时判与，早莺衔尽。

雨淋铃　辛卯九月十九夜雨

秋霖曾赋，自中年后，渐减愁趣。连宵到晓何事，向孤灯外，敲窗摇树。料是无眠惯听，更凄切蛩语。蓦记起、飘箔红楼，点点声声断肠处。

残花落尽泥沾絮，总教天、漏尽何须补。闲情已自难耐，争得管、酒帘花橹。睡也休休，侵晓冲门、一段寒雾。只怕到、丝鬓重青，早又潇潇暮。

暗香　定王台夜集

汉时月色，向古城一角，长窥词客。试傍玉梅，岁岁春来探消息。环佩归时夜冷，料瘦损、胡沙天北。又十载、蜡屐重

经，长啸楚天碧。

南国，远岑寂。比雪苑兔园，未近锋镝。故垣约略，时有幽禽觑苔石。休道长沙地小，长乐外、钟声堪忆。这冷淡、踪迹处，几人觅得。

献仙音　江建霞母华淑人翠柏图

欧氏灰寒，孟家机暖，长念殷勤慈母。紫诰回鸾，金觞捕鲤，春晖待报难补。写不尽、书灯味，当年折菱处。

岁华暮，问从来、雪饕冰坼。几曾见、翠柏碧筠寒冱。莫作傲霜看，想人生、随分为遇。玉树庭阶，喜承欢、更有谢絮。只披图暗恨，我亦曾经荼苦。

绿意　陈柏屏枫林山庄图

湘流碧玉。正浦云平处，翠松团屋。世外仙源，归去来兮，三径丛兰更绿。板舆惟道闲居好，浑不忆、禁钟边角。只夜窗、听得书声，又似纺灯宵读。

万事如今莫问，且料理、墙外几株梅竹。清绝湖南，枫树青青，分付楚累骚曲。牧童钓客如相访，更休说、沧浪水浊。尽流连，一片汀洲，稳放采菱舟宿。伯屏言，枫林当为风菱，湘浦多美菱。

曲游春　题俞仲隅卧游图，送别

画里湖山好，又几回题句，年华催换。少日襟情，老来游迹，旧图都见。莫道风波恶，泛一叶、钓舟归便。愁洛阳、暗满胡沙，迟了莼鲈张翰。

非晚，新恩重眷。有琴鹤归装，萝荔芳院。待欲抽簪，怕羲之笑我、庾公尘涴。陶令容萧散。记运甓、才专方面。只兰亭不似新亭，许多春怨。

曲游春 李公子明湖秋宴图

十顷澄莹水，有客亭负日，看人来去。春怨难胜，不如秋好，碧云吟暮。千古销金地，尽付与、柳丝芦絮。问荷花，照过倾城，还似旧时香否？

延伫，前游三过。记玉堂墙外，眉月弯处。更有珠宫，听红儿歌罢，较量词谱。只恨诗人老，况近日、黄流沙污。怕图中画里相逢，又钩离绪。

蓦山溪 衡阳夜宴，喜逢徐幼穆

旧时游处，只恐沧桑换。明月又窥人，喜分明、尊前眼见。尘襟初浣，离绪不胜情，三更烛，满堂宾，总道深杯浅。

玉骢催去，计日征蓬转。公事且休忙，好安排、诗筒茗盏。涞阴梅子，五月定应黄，将携酒，论英雄，莫论闲长短。

一枝花 秋蝶

二月相逢后，正见凉秋篱豆。玉阶前几日、长苔绣。艳影交飞，略比春前瘦。无酒无花候，莫更兜人，有些离恨迤逗。

闲幔消长昼，漫道诗情依旧。薄罗歌扇冷，舞裙皱。桂小香寒，怎似牡丹双宿。晴日金钗溜，为报西风，尽他罗袖消受。

一枝春

访滕王阁娄妃墓，因过谢尚宅，并看澹台将军石像。

旧迹重荒，剩残垒、指点承平游处。北兰寺废，画栋片云成雾。网船唱晚，料无复、藏园词句。空自访、贤守碑题，更寻傍城斜路。

江州谢家治谱。到于今尚想，南朝风度。南唐又过，说甚澹台徐孺。转车腹痛，似听得、往年笳鼓。五十年前，陈希唐监澹台门，余赴乐平，话别于此。应替我、细数流光，不须吊古。

燕山亭

甲辰腊月十四日，萍乡换船，泛醴陵渌水，出湘入涟，一日夜至山塘庄，喜而成咏。

细雨催春，兰桨顺流，回避残年风雪。十五尽头，早约还期，圆梦胜于圆月。鸳瓦油衣，从前意、如今都歇。佳节。只粥嫩糕甜，酒温香热。

多少离合悲欢，算年去年来，大家休说。谁是倦游，那有闲情，朝朝替人伤别。若望归舟，乱山里、片帆明灭。山缺，刚见绮窗梅发。

拜星月慢 甲辰除夕前夜，自城还山，舟中作

腊鼓催年，航船侵夜，送我匆匆唤渡。自笑闲忙，把归期迟误。问何事、只剩残冬一日，兀自片帆双橹。却累长年，向斜风吹雨。

算年来、更没关心处。谁曾管、世上流光度。去住不负良时，似山阴来去。到明朝、独守梅花树。屠苏暖、醉里红颜驻。道此行，恰似飞仙，在新春前路。

琵琶仙

孔东塘所藏韩滉小忽雷叶东卿拓本，今在陶斋，乙巳上元日感题。

马上胡笳，更安史乱后，琵琶凄切。谁道经画江淮，繁华未销歇。檀槽手制，几回看、柳花如雪。用韩晦日诗意。元相征歌，李謩擫笛，长自呜咽。

想秦蜀、流落千年，又新染、桃花扇边血。多少玉颜漂泊，叹腥膻宫阙。只一曲、迤逻沙尘，把古今、积恨弹彻。说甚叶氏韩家，那时喧热。

望湘人 题金甸丞祖母夜纺图

忆青灯课子，到老含饴，苦荼还是甘蔗。一样机声，廿年

镜影。忘却花晨霜夜。为展楹书，似依慈母，琅琅伊亚。听禁钟、梦醒回思，隐约纺车才罢。

图里慈恩难写。更杯棬永恨，泪珠盈把。只留得遗编，报答春晖未谢。人间淑懿，自然天性，女学何须矜诧。叹我亦、七岁孤孙，祖德诗惭无和。

二郎神　过西安北院感题

汉宫唐殿，夕照外、并无禾黍。更五载秋风，依稀谁记，前度雕阑绮署。反挂珊钩，旁人见、也被笑，匆匆来去。看彩凤帷空，盘螭金暗，哑咿鸦语。

无数。翠绥鸣玉，趋班鹓鹭。想待漏星稀，退朝云散，看尽终南黛妩。古往今来，前因后果，留得许多词句。但一角危楼，无人共倚，朱颜如故。

换巢鸾凤　乙巳送灶

烹得黄羊。喜厨中酒熟，甑里糕香。团圞无镜，听儿女、有家当。五穷辞去去东洋，依然那时灯光烛光。消得我，七十次、香花供养。

惆怅，休更想。要识世间，苦乐常相傍。范釜常寒，梁炊不熟，他日欢情无量。勘破流年似回环，只愁霜鬓明朝长。谁思量，紫姑神、如愿酬饷。

月华清 丙午元夕，从东鹜山乘月还山庄

灯影新春，蟾圆此夜，几家庭院箫管。缓缓轻舁，熟路未妨归晚。正到门，爆竹烟笼，先照着、玉梅花暖。庭畔。似云阶月地，游仙乍返。

暗数前时赏玩。只第一良宵、姮娥难见。度尽华年，宝马香尘梦远。怕夜寒、帘隙窥人，湿衫袖、柳梢吟怨。缘浅。想玉人独自，璇宫漏转。

玲珑四犯

八仙图，晚唐时蜀人张素卿所画。孟昶得之，令欧阳炯为赞。即李耳、容成、董仲舒、张道陵、严君平、李八百、长寿、葛永璝也。长安城东有八仙庵，西巡，诏改八仙宫。有黄杨二株，交荫数亩，盖宋时古树。樊承宣请余为诗，以六朝体不咏唐事，归作此词。

汉柏唐槐，只陌上荒尘，长掩斜照。却访青门，双树绿阴寒罩。墙外碧玉交枝，浑不似、闰年生小。想向来、阅过沧桑，相伴岁寒三老。

曾经御辇鸣鸾到。问游仙、梦痕谁扫？吹香密叶藤花外，古寺临官道。看尽灞上柳条，兵火后，依然春好。比六榕蛮地，空杳霭、云昏晓。

霓裳中序第一　丙午二月二日，苦雨凄风，饶有春意

凄凄半月雨，做尽春愁无处诉。帘外泼寒处处，只柳眼啼烟，杏腮笼雾，寒鸦报曙。听几声，萧瑟如许。谁知我、酒边诗里，别有咏花句。

芳树，艳阳潜度，且引起玉钩金缕。花朝刚是小雪，尽放春来，莫教天妒。眼前骢马路，怕他日天涯又去。还分付、暖香眠鸭，好在绣帏护。

三部乐　题张仲炘都门帐饮图

几辈清流，选谏草、更得谏垣甄别。此生亲见，三度杨花榆荚。那禁得、宫树流莺，有百般巧语，暗似鹍鸩。不如早去，一任寄巢啼血。

江湖未须回首，向故山隐处，自寻薇蕨。渔阳鼙鼓动地，苍黄宫阙。问东门、那时帐饮，更怅望、斜阳柳隙。一掬离恨，都付与、铜琵铁笛。

梦芙蓉　题王太守戴笠图

看谁持玉杖，是匡庐旧日，主人无恙。峡泉三叠，琴调破云浪。浩歌声自放，天风吹做凄荡。不尽吟情，有吴烟几点，摇曳白波上。

戴笠寻诗有样。瘦损何妨，呼吸通天响。牿牛平望，夷语乱樵唱。洗空山水瘴，飞流溅瀑千丈。更莫闲游，只凭阑把酒，一醉吐空旷。

长亭怨 为俞廙仙题卧游图

记曾探、山阴春晓。思发花前，兴先云到。王谢风流，远情都说宦游好。玉骢珠舫，刚一洗，酸寒稿。况鹤畔琴边，自指点、年时游钓。

吟啸，正汾阴听雁，又是洞庭秋早。渔蓑豸绣，总不负、江山文藻。更到处、胜侣高朋，闲添入、奚囊诗料。但展卷看题，空想图中三妙。

归国谣 为俞廙仙题彭雪琴画梅

姑射貌，旧日酒边曾索笑。春风吹醒人年少。

花开花落情多少。明蟾照，人间只有西湖好。

翠楼吟 春信

不分春来，柳条无赖，蓦地报人春信。新年才几日，更打探花期远近。窗梅遥问。料青苔点点，落英盈寸。谁知道、碧桃开了，刘郎未省。

长恨，花事匆匆，怕红无三日，绿阴成阵。海棠娇小惯，且先趁东风赌俊。好春无尽。总不如今年，暗催离恕，沙泉畔，踏春行处，夜雷惊笋。

翠楼吟

继莲畦为江藩，与端督龃龉。朝命移甘肃，于道令权皖抚，故为此词。

一角钟山，朝朝拄笏，宦情不如归兴。君恩容卧治，且饶与皋兰轺乘。公才须称。喜六旆红停，皖山青映。新开府，早秋衙鼓，雁声遥应。

还认，油幕看人，问故人别后，好风谁赠。白蘋江上句，料难共吴兴争胜。戟门香凝。有得意诗篇，赏心图帧。君知否？楚云楼阁，有人闲凭。

百字令　戊申元宵，赠陈甥邓婿

灯喧月静，好元宵景色，绿梅香透。玉镜银阶千万影，箫管曲长催酒。夜已三更，花迷五色，换烛添香又。记曾寻句，六街春景如绣。

恰是月转回廊，照星星华发，年光非旧。旧日儿童今老大，憔悴青衫短袖。斫地休歌，恼人无寐，此夜真孤负。忘情一笑，依然傍花随柳。

玉漏迟

滋摘蚕豆寄窊，为作一词，索才女和。

好春蚕事早。竹外篱边，豆花香了。自挈筠笼，摘得绿珠圆小。城里新开菜市，应不比、家园风调。樱笋较甘芳，略胜点盐刚好。

曾闻峡口逢仙，说姊妹相携，世尘难到。二兄、四姊于巫山逢仙女数人，岸旁摘蚕豆。近日相煎，怕被豆根诗恼。寄与尝新一笑。想念我、晨妆眉扫。风露晓，园中芥茎将老。

玉漏迟　为滋和代懿作

和章来不早。又碧池深涨，绿荷开了。消夏闲吟，正拂浣花笺小。军将打门传送，刚谱得、红闺新调。谁唱定风波，墨向盾头磨好。

堪怜十四琼枝，似四折瓜稀，仙凡颠倒。且向深山，聊避六根烦恼。偶得开颜一笑。便一斗、胸中尘扫。清镜晓，提防玉关人老。弟时作军官，以此嘲之。

拜星月慢　和樊山七夕词

绮思年年，离情处处，惯别浑成闲事。海上风波，惹新亭悲泪。料今岁，不如唐宫露盘花水，只是爆声传喜。那用乞灵，看群儿自贵。

叹山中、自有悲秋意。被词人、拉入愁城底。一曲新吟，在啼螀声里。如今好、久住神仙地。岂不肯、挽尽银河水。且付与、织剩余丝，织人间锦字。

琐寒窗

甲寅四月，夏气犹寒，芍药已残，新荷未出。登楼晨望，霭然有作。

才送春归，当阶芍药，剩红留影。风寒雨细，谁问绿苔芳径。晓光笼、阑干暗凭，寂寞谁管离愁醒。只翠禽双语，似知人闷，笑人孤另。

强起，开明镜。又照见横波，泪痕香冷。今年好月，孤负粉樱红杏。甚佳期、寒食踏青，倡条冶叶闲寄兴。但昏昏、梦入梨云，早莺啼懒听。

水龙吟 题岳云闻笛图

图为程穆庵为其师顾印伯作。印伯，余弟子。叶焕彬误以康有为为我再传弟子，故戏比之。时久不作诗，偶题二绝句寄去。又于案头得来纸索题者，因检案头易由甫《琴思》词本，和其第一篇《水龙吟》韵，以期立成。盖文思不属时，非和韵必无着手处，以此知宋人和韵皆窘迫之极思也。印伯温文大雅，必无无聊之作，见此必怜我之匆匆矣。如张孝达则又无此捷才，而印伯亦师之，弟子不必不如师，康南海又何讳焉。穆庵师谊至笃，印伯如存，待余身后，未必能如穆庵也。或曰余弟子多，印伯弟子少，故不能同。然则三千人，故不及一子贡，此又昌黎《师说》所未及者，书此以记渊源。甲寅寒露日，闿运记于宣武门西馆，时年八十三。

岳云远到南横，尚书旧第风筝碎。人生逝水，几家诗社，又兴吟事。西蜀才人，少年潘鬓，暗惊铅泪。笑诗翁充老，龙钟自喜，浑不管，陈抟睡。

今日法源春醉，问归魂、可留琼佩。再传弟子，比康南海，更加憔悴。来往燕台，驴背驮诗，遗篇不坠。恨虞渊日薄，黄公垆畔，更无题字。

以上《湘绮楼词钞》，1917 年湘绮楼藏版，王简校刊。

采桑子 （二首）

癸未军事，为中兴一大关纽，吾友彭、张南防，幸无败阙，然为之捏汗屡矣。有游南海参军事者，作《携妓看剑》之图，阅七年，于天津请题，因作二阕。前借酒杯，后题本事，亦他日一段公案。

小姑吟罢英雄老，再起南征，转恨余生，凄诉琴声杂鼓声。
微之也悔从前误，误了莺莺，莫误卿卿，可惜风流顾曲名。

书生却有元戎胆，醉罢蒲桃，笑摘红蕉，茉莉花前宿酒消。
思量冷暖吴钩剑，重把灯挑，细捻香烧，一卷兵书付小乔。

以上二首辑自《湘绮楼日记》，光绪十五年四月十六日。

杨恩寿

杨恩寿（1835—1891），字鹤俦，号蓬海（一作朋海），长沙人。同治九年（1870）举人。光绪初授湖北都盐运使司运使，升湖北候补知府，后充湖北护贡使。有《坦园词录》七卷。

清平乐　湘江秋泛

秋边雁路，摇落衡阳浦。帆影又黏芦雪舞，犹记柳桥晴絮。

红情涤尽银塘，冷香暗送兰茳。点缀淡云微雨，画屏无限潇湘。

一萼红　登定王台，用石帚翁韵

酿浓阴。怪野烟黯淡，一角掩瑶簪。风叶青号，露柯翠泫，古木还更沉沉。看汉代、河山半改，剩灌巢、哺子集春禽。斑竹两行，白云千载，我辈登临。

帝子宫车过处，几长安极目，亲舍伤心。墓草离离，陔兰寂寂，椒香断壁难寻。恰正是、清明时节，遍人家、嫩柳插黄金。待诵蓼莪，隔窗灯火宵深。时台下有读书者。

调笑令

春去春去，付与游丝挽住。个人惯作娇嗔，笑骂花前醉人。人醉人醉，惊醒海棠红睡。

醉太平　都梁旅次有寄

长亭短亭，山程水程。篝灯旅梦凄清，更风声雨声。

鸥盟鹭盟，诗情酒情。回波纵约池萍，剩一星两星。

绮罗香　春雨，和梅溪韵

晓梦飘红，新愁溅绿，几度催将春暮。寂寂棠梨，长被湿烟遮住。怜燕子、巢润香泥，漾鱼儿、涨添芳浦。问何时、款约吟朋，踏青重觅画中路。

年年篷底听熟，无那潮声晚急，停棹官渡。插镜芙蓉，懒斗远山眉妩。望不见、柳絮飞初，怕到了、楝花吹处。喜晴纹、刚上帘钩，又喧鸠外语。

双双燕　春燕，和梅溪韵

一生客里，记秋雨秋风，去年秋冷。双双软语，远入塞云相并。开到桃花露井，怕隔岁、重来不定。殷勤为拂雕梁，盼断丝丝红影。

芳径，香泥雨润。看翠羽差池，受风轻俊。深沉庭院，剪破柳边烟暝。依旧巢痕寄稳，几曾误、番番春信。还恐早下重帘，日暮画阑独凭。

东风第一枝 春雪，和梅溪韵

绿沁梅心，红抽菜甲，轻飔欲送新暖。炉灰入夜犹深，芳信报春尚浅。衾寒似水，骤失却、吴绵轻软。暗舞遍、庭院梨花，错认受风玉燕。

初眩了、听莺醉眼。更冻合、扫蛾素面。乍疑小泊芦汀，奈阻俊游杏苑。香闺灯火，漫料理、夹衣针线。待酿就、絮影光阴，晴日柳桥重见。

生查子 重过湖迹渡感旧

去岁涉春波，柳外惊鸿舞。燕掠鬓边香，蝶飐钗头蕊。

今岁涉秋波，悔到相思路。晴絮擘芦花，闲款汀鸥语。

梅子黄时雨

张海门学使师抱骑省之戚，谱《梦鸳碎语》一卷以志悼，谨次集中《题画帧》韵，率呈是解。

叵耐西风，恁梧苑警霜，凄绝繁翠。剩晕冷筠波，馥消兰佩。轸寂徽闲谁与和，一笙吹断红鸾背。眉边意，画笔吮香，剪入秋水。

谁似，心分莲子。剔银釭瘦影，丝颤双蕊。更黯淡梨云，梦乡春碎。余韵阑干禁独夜，殢香新倚梅花吹。模糊醉，月斜堕烟无睡。

江城梅花引

红阑翠袖倚黄昏。爱芳春，惜芳春。正与远山，浓黛斗眉痕。燕子忽来花下说，说花事，一年年、总泥人。

泥人泥人，暗消魂，云有阴，月有阴。料也料也，料不定、风信寒温。漫把闲愁，吹遍绿粼粼。过了清明知几日，又费却，玉纤纤、指上轮。

眉　妩

方剑潭选辑曾茶村、傅章灿、韩申甫、程雨苍、程辅熙暨余为《湘中六子词钞》之刻，所选皆余少作已付铲烬者，拈此奉答，时余将游朗江。

甚金梭匀柳，玉剪交花，新样斗云锦。一掬潇湘绿，和鸥语，泠泠弹入瑶轸。靓妆未稳，界素蛾、还待明镜。抵多少、藓砌虫声絮，露华咽秋韵。

休说枝头红杏。更梦窗七宝，安陆三影。又载江湖酒，莽离痕、西风吹上萍梗。翠尊易醒，奈月轮、圆缺难定。待传唱旗亭，拌画壁、赌君饮。

西子妆

常德府城东武陵娘子庙，相传奉祀西施。暮春新霁，瞻眺神祠，翠羽明珰，宛然越艳。倚梦窗自度腔，率题雪壁。

流水桃花，黏天芳草，恍惚西泠烟景。湖云净处露红墙，遍毵毵、绿杨低映。炉香乍定。恰玉殿、珠帘尘静。听迎神，唱采莲一曲，吴歈余韵。

华龛冷，眉黛含颦，出落新妆靓。东风吹泪溅蘼芜，剩荒泾、丝丝残锦。捧心自忖。奈往事、恩仇难论。问何如，好梦东家睡稳。

声声慢　红叶，和吴谷人韵

斜阳鸦背，野烧鳞塍，林边初见班班。装就春光宛然，二月轻寒。闲寻蓼花滩上，趁落霞、鹜影都闲。停车处，恰清尊唱晚，浅醉酡颜。

谁写疏林横幅，拭胭脂、井水雒砚新干。十字裁诗，当前索句应难。遥传雁来消息，打纱窗、华烛飘残。容易又，沁梅心、低衬翠鬟。

山亭宴　黄叶，和吴谷人韵

菊花瘦尽西风冷，擘新橙、早消繁翠。片影坠空阶，抱霜蒂、游蜂语细。一痕低衬稻香天，宛留得、莺边春意。真蜡信偏遥，溅不上、梅梢泪。

最怜金屋浑愁里。应难共、钗光争丽。门巷认枇杷，又换了、斜阳十里。汉宫秋色任飘零，谁悟透、吟蝉滋味？寂寞对铜盘，古寺门同闭。

诉衷情　温飞卿体

欲去，还住，花浓处，月明时。花月夜，宜画，更宜诗。虫砌语参差，迟迟。缠绵风一丝，絮相思。

高阳台

池荷送香，冷艳逼袂，珍视今遇，弥眷昔游，惘惘兮余怀也。

茜雪飘春，翠茵约梦，依稀前度游踪。小扇轻罗，冷香吹遍新红。江南江北亭亭影，望美人、水佩玲珑。趁花时、试酒湖阴，催上烟篷。

昨宵初洒菰芦雨，剩一分凉意，浸入杯筒。待问鸳鸯，人生几度相逢。暗中只恐流年换，警芳心、瘦到秋容。听前汀、碧树寒蝉，又噪西风。

月中桂

曩与吴荻秋选胜酣嬉，极文酒笙歌之乐，中间饥驱乞食，各赋远游，不见垂十年矣。顷以从军入浙，绕道旋湘，旧日酒徒，零落殆尽。云曾遇歌者咏仙于江州，憔悴天涯，自伤不偶。爰倚越调祖获秋，并寄咏仙。旧梦春云，新愁秋草，嘈嘈切切，知不免同湿青衫也。

柳幂轻烟，任千丝万丝，那管离别。携来村酿，暂一杯留住，帆梢明月。翠茵新堕地。怕不似、当年鬓发。拼作瞢腾醉，从今夜夜，分梦付蝴蝶。

江南落花时节。遇何戡老大，往事重说。琵琶未拨，定酒痕似泪，灯光如雪。倩君传密语，剩几辈、乌巾白夹。待谱相思引，东风懒催红豆结。

尉迟杯 题罗江送别图

罗江渡，是万古词客伤心处。萋萋草绿长亭，何况尊前风雨。鸥波浩荡，只博得、天涯别离苦。最黯然、分影东西，一声珍重南浦。

深情寄与毫端，把鸿雪行踪，画笔留住。湖上送春春送客，红遍了枝头杜宇。凭君按、哀弦促拍，恍惚听、离骚二十五。更披图、指点归人，故山何处烟树。

齐天乐 咏萤，和中仙韵

画屏人静宵如水，天街凉意相趁。欲点青芜，还黏绿藓，零乱荧荧飞磷。商飙乍近。看槐雨分凉，柳烟破瞑。一瞥年光，暗中消息送来准。

雷塘犹记往事，叹玉钩惨碧，多少幽恨。汉苑星孤，唐宫烬熄，今古苍茫不尽。闲开画省。且彩扇兜香，翠囊留影。更待芳春，谢池清梦永。

前调　咏蝉，和中仙韵

绿阴如水闲庭院，谁惊午窗清睡。有韵吟黄，无情咽碧，何处离愁遥寄。商音到耳。似弦拂瑶徽，曲翻珠珥。俏影纱幮，不须相对诉憔悴。

尘中筝笛乍洗，一声声唱和，都是诗意。调占风高，吟搀露洁，赢得清凉身世。秋心渐碎。剩落叶空山，尚留仙蜕。漫许雪丝，点来双鬓里。

三字令

风意懒，雨声疏，又秋初。纨扇冷，画帘孤。警离魂，支薄病，近何如。

栉露柳，锁烟芜，闭门居。云缥缈，月模糊。可怜宵，相思地，梦依无。

柳腰轻　柳条篮

黄金新缕，编作筐篮。杂缀猩苞，倍增嫣冶。

腰肢妙舞东风软。烟如织，春如线。巧匀葱指，密缫纤缕，几度低摇金钏。溅桑雨、浑讶蚕筐，漾筠漪、略同鸳篁。

更爱晨葩放遍。采新红、露痕千片。翠衣霞衬，绛绡云护，小立碧纱笼畔。不须待、深巷明朝，卖花声、隔窗莺唤。

爪茉莉　茉莉球

玉穗欲吐，巧络如球，玉田词所谓“茉莉拥钗梁，窝云一枕香”也。

雪艳风柔，便月也韵致。恰开向、水晶帘底。新苞试掐，一点点、秋心欲碎。趁凉夜、线脚珠穿，见圆相，成并蒂。

钗头乍妥，衬鸦鬟、生生翠。莫错认、连环双系。几番掠鬓，抵多少、云痕腻。算丽情、抹丽可如人丽。殢香梦，花更醉。

新荷叶　荷叶油

点溪钱小，青翠生香，取渍蚖膏，不减露珠朗润。

晓镜匀红，莲房照绉清漪。子细流珠，露华穿入秋丝。轻船采采，趁翠痕、掩映罗衣。绿云剪取，碎香留渍鸾篦。

绣阁妆迟，差同滴粉调脂。时样梳头，巧侪蝉翼蛾眉。六郎花貌，料难比、浓淡都宜。如油春草，谢娘绾定相思。

早梅芳　梅花粉

寒苞乍放，采入粉奁封护，经冬始取匀面，色艳香清，虽虢国不嫌污也。

积雪消，明月好，芳信梅边早。琼瑶片片，贮向妆台甲煎小。蝶红晴粉褪，蛾绿新弯扫。正微黄点额，差斗寿阳巧。

绣幕低，纹窗晓，春意冰奁绕。钗梁初拭，絮影星星镜波悄。碾香鬘女掌，揉玉麻姑爪。待妆成，索郎同一笑。

唐多令　秋海棠

残梦警西风，含情绣阁中。甚秋心、吹入帘栊。恰是猩苞拳石下，相掩映，倍玲珑。

云气酿花浓，脂香旋欲融。怕萧萧、疏雨芳丛。一样相思巾上泪，洗不退，可怜红。

误佳期

啼彻黄鹂深树，待挽游丝不住。风回绿水勒桃花，便是留春处。

人静画屏闲，帘外飞红雨。绮窗偷写断肠词，悄被鹦哥觑。

霜天晓角　蒋竹山体，蜕园夜泛

胜日邀头，又小作清游。六月荷花深处，先借得、一分秋。

勾留斜照收，橹声随月柔。惊醒隔烟好梦，浑不怕、恼闲鸥。

探春 雪霁，用乐笑翁韵

红飐书灯，白涵吟牖，宵来诗味清淡。雏眼冰胶，鼠须冻沍，犹点竹梢余霰。才玉杯擎热，早催动、钟声夜半。几番珍重琼瑶，晓风容易飘散。

忽放月轮深苑。甚绿意红情，浓艳谁见。芦雪添肥，梨云较瘦，勾起美人幽怨。笑靥回新霁，料缟袂、便笼春暖。好梦堪寻，梅花开遍庭院。

惜红衣

读张海门师《梧苑秋声词集》，用石帚翁韵敬墨卷尾。是调创自白石，梦窗从游三十五年，重过师门，曾倚是调以志别感。吾师填词，固今之白石，弟子不才，于梦窗无能为役，而乌衣细语，重念茸红，兴怀则一也。

白发填词，乌丝载酒，悔抛心力。晚出词曹，长歌楚天碧。湘波雪涌，留不住、西泠归客。寥寂，清梦玉堂，断霓裳消息。师已服阕，尚未入都。

红尘九陌，桃李飘零，春光半狼藉。重听丝竹渺渺，阻南北。为问六桥烟柳，何日更陪游历？剩警风梧叶，犹送一帘秋色。

长亭怨慢

壬戌重九，陈杏生将游七闽，余偕三兄、六兄暨罗寄云、陈松生走送雨花亭，人影东西，黯然作别，寄云绘《长亭送别图》，杏生即席题《菩萨蛮》二阕，故末句及之。

甚一片、西风衰柳。萧索秋人，比秋还瘦。十里城南，并肩款步，暂携手。两情如醉，宛病了、黄花酒。远别已难堪，况泪点、青衫淹透。时甫落解。

忆否，桃源翠舫，帆影武陵溪口。几番聚散，只飘雨、碎霙依旧。听指上、入破离声，早留下、相思红豆。更画里家山，满眼湖光烟岫。

番抢子

待把帘外屏山拆。莫更掩香云、双鸾隔。称心三五光阴，别来幽怨寄弦魄。两意柳绵温、轻风擘。

料也暖了薰笼，寒了屈戍。耐得一丝愁、莺边织。不须重问城南，依然春草入烟碧。可觅踏青鞋、经年迹。

喜团圆 咏闺中戏剧，分得迷藏

玲珑翠馆，弯环红径，屈曲兰房。芳踪飘瞥轻于蝶，逐柳絮飞扬。

盈盈悄步，怕教双屧，触响回廊。花阴屏角，更防风过，暗送衣香。

尉迟杯

岁除前二日，自郴旋里。烧灯节后仍作郴游，客路二千里而遥，家居十余日之久，磨牛身世，候雁光阴，黯然销魂，正在绿波碧草也。舟泊橘洲，长喟倚此。时二月三日。

相思味，问昨夜、江上桃花水。盈盈一片流红，揾入离人别泪。湖楼何处？望不见、垂杨拥新翠。料阑干、影落春潮，斜阳千里谁倚？

才携雪夜归舟，记腰鼓歌声，角抵灯市。小瓮拨云梨酿熟，眯醉眼至今醒未。正双照、良宵璧月，又眉样、弯弯画月子。算岁朝、欢喜光阴，过来如此容易。

金缕曲

乙卯省觐武冈，韩申甫曾倚是调送别。甲子暮春，申甫拟作五管之游，玉尊银烛，惨淡离筵，重及是词，次韵以祖。

同是伤春者。趁此日、旗亭歌板，重倾三雅。雨在海棠风在絮，寂寞凭谁慰藉？又转眼、楝花入夏。月子可怜眉未展，正纤纤瘦到初三夜。凄欲语，贴檐马。

明朝何处蒲帆挂？羡去去、披襟岸帻，湖山游冶。七十二峰青不断，付与烟云挥洒。浑不辨、是诗是画。蛮女机丝传妙句，料他年十倍弓衣价。漫愁绝，赏音寡。

前　调

申甫游粤不果，将之皖江，叠韵送别，时甫落解。

又作悲秋者。望烽烟、桂林西阻，谁编赤雅？邝湛若游粤西，著《赤雅》，纪风土最详。惆怅马当山下路，可有一帆凭借。尽潦倒、才名江夏。落叶声中疏雨并，任寒灯挑尽凄凉夜。长安远，梦金马。

溪亭何日渔竿挂？待湘上、盟鸥序雁，烟波淡冶。说与吴侬争打桨，羽扇纶巾潇洒。不孤负、江山如画。摘取六朝金粉艳，买清风明月真无价。发高唱，和应寡。

摘红英

雨细幂丝，花落匀霰，凭阑晓望，触我闲愁。

风声急，雨声密，困春未起帘栊寂。天刚晓，花刚好，一夜关心，飘零多少。

娇无力，香无迹，残红抱住青苔泣。春应恼，情应老，奈何时节，可怜怀抱。

卜算子

醉也无聊甚，醒也无聊甚。吹散春愁付柳丝，不信东风肯。

月子弯弯影，一样含幽恨。数到归期十五遥，便作团栾怎。

以上卷一《欸乃余音》

兰陵王

咏柳赠别，用美成韵，原作“谁识，京华倦客”，本上二下四，两句两韵也，后人误作一句，致嫌脱韵。余守万氏之说，特为标出，得无讥其胶柱乎？

淡烟直，镇日隋堤弄碧。红桥畔、波涨鸭头，照出天涯别离色。春光遍水国。省识，扁舟独客。依依处，残月晓风，付与柔条绾千尺。

回思旧游迹。正酒泛旗亭，花扑瑶席。凤城绮序逢寒食。偏万缕萦恨，半弯新怨，分飞絮影各堠驿，故人又天北。

悲恻，泪痕积。奈燕外莺边，如许寥寂。关河短梦情何极。更断断续续，远飘羌笛。蜻蜓篷底，一点点，夜雨滴。

瑶花　琼花，和弁阳啸翁韵

瑶簪珠佩，天上飘来，擅春光独别。亭亭瘦影，休认作、未雨梨花先雪。玉容消酒，料曾醺、银湾秋洁。倩谁谱入冰弦，几辈词坛雄杰。元人有《琼花曲》。

步虚声送丹霄，看仙子珊珊，飞度金阙。高寒楼阁，应不许、涸了人间蜂蝶。一枝赠与，把旧谊、云浆重说。记十年、梦里扬州，点缀二分明月。

声声慢　柳花，和弁阳啸翁韵

禅心印雪，诗思因风，薄阴欲雨还晴。万种缠绵，游丝挽住芳春。章台走马，记眼波、一溜垂青。相思路，又鸦边莽荡，燕外轻盈。

最是荒村官渡，奈几番送客，几度消魂。绿水粼粼，浮萍吹上离痕。属付珠帘莫卷，怕翠楼、绣倦人惊。泪点点，和梨花、飘入碎云。

水龙吟　白莲，和弁阳啸翁韵

玉簪谁堕清波，风来敲得秋心碎。香澄自在，忘言静对，个中禅意。鸳梦梨云，鱼吹絮雨，银塘新水。把阑干拍遍，一双属玉，花丛出，惊飞起。

倾盖曾联佳会，展齐纨、月轮低坠。何郎傅粉，平量真色，料应羞避。摇曳云裳，玲珑瑶佩，别情千里。问何时剪取，冰绡雪縠，揾盈盈泪。

齐天乐　梅花，和弁阳啸翁韵

东风吹入江南路，溪边乍舒春脸。翠袖吟香，冰绡写照，一笑檐前重见。谁描素靥？正眉月婵娟，鬟云轻蒨。缟袂亭亭，镜波颜色倩谁染？

双双枝上翠羽，说红情绿意，逐渐偷变。有韵帘栊，无聊环佩，勾起黄昏新怨。闲庭静掩。任竹外横斜，别饶冷艳。纸帐清宵，美人幽梦远。

蝶恋花

楼上银筝楼下雨。恻恻凄凄，都作伤心语。记取玉埚曾系处，儿家门巷樱桃树。

织就垂杨丝万缕。不耐东风，吹梦成飞絮。春本多情春欲住，声声杜宇催归去。

九张机

一张机，新篘绉绿织帘衣。纤纤卷却桃花影，倚楼望断，青袍悄悄，芳草夕阳时。

二张机，双梭互缕织朱丝。巧将心事传瑶轸，试弹渌水，鸳鸯款款，破浪也双飞。

三张机，黄金缕缕织湘漪。裙拖十幅生生翠，茜痕入画，香痕入梦，蝴蝶个中知。

四张机，流苏送暖织猩枝。九华春入游仙枕，绿窗月艳，红灯风滟，睡态海棠支。

五张机，冰文茧熟织珠玑。鸳衾互护朝寒薄，一声啼鸟，半窗晴日，人起较莺迟。

六张机，银床七尺织琉璃。簟纹如水人如玉，浓欢转侧，淡情熨贴，汗渍沍冰肌。

七张机，轻罗一剪织葳蕤。弯弯瘦到如钩月，弓鞋小试，娉婷颤影，红衬落花肥。

八张机，团团圆相织清辉。秋风扑入郎怀热，请看扇底，牡丹并蒂，和泪蘸胭脂。

九张机，机声轧轧织新诗。回文隐着同心字，斜斜整整，疏疏密密，颠倒写相思。

满江红　断藤峡观藤鼓作

传响空山，尚留得、前朝顽梗。想当日、戈船入峡，波涛雪迸。瘴月临边猿狖啸，腥风立海黿鼍应。一声声、打碎桂林烟，秋篷冷。

王新建，功堪论。韩都督，名堪问。便三通作气，九真龛定。恶木茸茸滋蔓易，蛮荒蠢蠢勾萌更。费十年、战鼓走雷霆，芟夷尽。匪徒洪秀全起自金田村，距峡仅百里许。

氐州第一　度昆仑关

才过灯宵，硗径夜寂，林端月影初见。胡甸切。瘦马凌矜，春衫瑟缩，岚气浑如密霰。古庙灵旗，恍惚见、古甸切。将军铜面。画鼓迎神，村醪报赛，尚疑张宴。

太息黄巾来十万。奈轻失、故关险。蔓草初生，丸泥不闭，坐酿沧桑变。便于今、烽火静，谁人倚、防秋一剑？峡口惊涛，问年来、顽藤可断？

满庭芳　藤县秦学士祠，用山抹微云原韵

箐雨飘青，榕烟泫绿，正是秋黯山门。布帆初卸，独客酹清尊。多少银钗画鼓，来蛮女、报赛纷纷。看一片，苍苔碧藓，虫语吊荒村。

吟魂，长占住，双江玉合，五岭珠分。任端礼门前，碑石无存。细按秦筝断谱，披蕙帐、空洒啼痕。伤心处，寒鸦数点，云抹远山昏。

采桑子

宵来凄断相思路，风也无情，雨也无情，人也潸潸泪到明。

秋来盼断相思字，鱼也难凭，雁也难凭，梦也迢迢结不成。

迷仙引

春事阑珊，就花泥饮，浮萍踪迹，流水年华，重来殆未可必也。醉后倚此，红雨泫然。是调创自屯田，万红友谓后阕“万里丹霄，何妨携手同去去。拌弃却、烟花伴侣”，两“去”字，属上属下均不谐适，疑有讹脱，吴子律《莲子居词话》审定句读，上“去”字叶韵也，下“去”字叠韵也，一字一韵，顿折成文，词意完足，犹北曲《醉春风》体也，足补《词律》之阙。

才是春来，便是春分，况逢春雨。寂寞桃花，尊前脉脉无主。倩画帘、低放下，把红香留住。看十二楼外，六朝金粉，飘零何处。

切切流莺侣，爱作伤心语。道是重来，东风门巷防误误。应只见、阴阴绿树。怕刘郎渐老，懒拈丽句。

桂枝香

傅章灿曾倚是调见赠，顷复披讽，悢悢以悲。仍用原韵代哭于是，章灿亡七年矣。

倚楼一弄，对笛里斜阳，晚风凄送。犹记蟹螯醉把，山肩吟耸。疏狂年少乌巾岸，逞谈锋、澜翻泉涌。旧游如昨，萍星絮雪，春痕无缝。

问何处、仙踪白凤。剩碎锦零缣，到眼珍重。闻道双鬟解唱，百蛮传诵。灵光慧业三生果，吐蚕丝尚留情种。相思未了，年年红豆，坠云低拥。

喝火令

吹梦风俱韵，眠香月也温。慧心容易种愁根。不解远山眉黛，春到总含颦。

翠管金衣歇，红襟玉剪分。隔帘花气薄于云。一样闲庭，一样是黄昏。一样阑干偎热，不见并肩人。

霜叶飞

微云衰草，柴门晚，斜阳鸦背留住。凄然霜信警髡枝，似把秋心诉。犹记得、绿烟翠雨，流莺巧织纤纤缕。奈春在萍波，竟付与、东风卷梦，可怜飞絮。

重见只雁低徊，十年憔悴，旧游谁识崔护。隔花何处听吟声？剩有苔蛩语。恰一派清商乍谱，伤情悔到相思路。莫再提、来生约，便是今生，已经孤负。

高阳台

飙轮送客，年矢催人，白酒黄鸡，时复小集。二三同侣，胥有四方之志，醉后倚此，弦外悢悢。

唾绿云窗，闹红月舫，几番残醉清尊。鸿雪鸥沙，寒汀重认新痕。仃俜蝴蝶黄花晚，到秋深、更瘦三分。况宵来、水浸楼台，低涌冰轮。

行踪寄与乌衣垒，倩西风吹暝，团住离魂。望望天涯，荒烟何处孤村。十千合醵休论价，款酒边、一寸光阴。最关心、梅蕊江南，又逗芳春。

浪淘沙　重过废园有感

残客不胜情，满眼园亭。花关深锁昼冥冥。歌板舞衣零落尽，一片蛙声。

携酒记曾经，浅醉才醒。钗光留腻殢银屏。便拟梦魂寻坠绪，梦也难成。

临江仙　徐莆阳体

碾草愁回浅翠，当花艳写新红。俊游嫩约试黄骢。诗敲梨瓮月，梦飐柳绵风。

旧迹至今历历，流光何故匆匆。十年前记一相逢。离情千尺水，心事五更钟。

南浦　春水，用张叔夏韵

着色染春纹，遍天涯，欸乃声声清晓。菱镜启冰奁，屏山外、一抹眉痕低扫。飞英乍唼，流珠吹出鱼儿小。日暮踏歌杨柳岸，款约大堤芳草。

桃花相对亭亭，甚浓情似酒，禊觞未了。鸳浪滟新红，天上路、犹记梦中曾到。湔裙何处，翠楼帘影斜阳悄。惆怅东风团絮雪，绿上断萍多少。

前调 秋水，用王碧山韵

凉意警蘋风，看拒霜，绽花冷艳新染。鸥涨落前汀，斜阳外、渔矶一竿垂遍。长天欲暝，碧痕谁测秋深浅。闹红画舫曾荡处，留得残荷千片。

几经划碎春烟，记剪翠衔香，掠波乳燕。灯火漾湖楼，苍茫处、又换蟹边星点。孤篷遥夜，雁声传出潇湘怨。鲤鱼消息寄相思，不信盈盈人远。

惜红衣

蝶腻勾香，莺憨引韵，绮春时节。扶下雕轮，纹苔印鸳屧。花边唤酒，恰绿鬓、红英交匝。清绝，杨柳晓风，听珠喉圆彻。

云踪一瞥，偷换流年，汀芦绽寒雪。相逢几度，几度又相别。寄与隔江潮信，打桨待迎桃叶。问甚时重泛，三十六湾明月。

大江东去 巴陵小乔墓，用东坡赤壁韵

洞庭湖上，尚留得、三国孙吴云物。故冢埋香，斜照冷、片碣高撑藓壁。雨湿胭脂，霞翻翡翠，秋老沙如雪。可人夫婿，一时年少豪杰。

当日同醉醇醪，酒边劳顾曲，双声应发。姊妹花开，图画里、书幌寒灯欲灭。元人有《二乔观兵书图》。铜雀荒凉，春深谁锁，破槛生苔发。东风又与，墓门吹上新月。

唐多令　舟过金陵

柳色白门湾，春潮带雨还。认六朝、画里江山。金碧楼台新点缀，高下出，翠微间。

日暮酿轻寒，香风动客衫。记年时、二月初三。草长莺飞花正好，人载酒，过江南。

满江红　黄天荡

两点金焦，尚锁钥、中原如故。想当日、锦衣玉节，英雄儿女。湖上吴山谁立马，梦中夫婿真如虎。望旌旗、此亦岳爷爷，同千古。

吊战垒，今何处。听断角，来荒戍。叹一鞭驴背，长歌归去。鸦影飞腾娘子阵，斜阳惨淡将军树。剩潮声、日夜走雷霆，惊桴鼓。

海天阔处　渡海

重洋吹遍春光，东风浩荡天无际。舵楼纵目，斗枢北共，扶桑东峙。蜃雾楼台，龙云宫阙，罗罗环卫。揽中原形胜，神州赤县，大无外，开王会。

谁鼓轮舟鸟翅，趁清时、海波扬未？从今压倒，元虚赋笔，陈登豪气。碧眼胡儿，红毛倭子，都供驱使。倘垂竿钓取，珊瑚一树，在吟囊里。

浪淘沙慢

将出都门，长安旧好排日饮饯，酒边絮语，相对黯然。昔周美成京师留别词云“南陌脂车待发，东门帐饮乍阕”，其景光约略相似，爰次其韵，倩旗亭风笛谱之。

风城晚，铃淋雨毂，角隐烟堞。恻恻离声忽发，弦弦碎语乍阕。看杨柳缠绵丝正结，谢吟侣、笛里亲折。不待到他年更相忆，尊前顿凄绝。

切切，望中碧海辽阔。听入夜风涛移船处，泪并琴韵咽。仍拟航海南旋。把九陌春灯，添照离别。漏声未竭，凭晓莺、啼出觚棱斜月。

云影参差鱼鳞叠，盘岐路、马蹄欲歇。看燕树、斜阳苍巘缺。但写将、两字相思，倩驿使，江南寄与梅花雪。

南浦　渡海见月寄内

惊雷到枕，揽征衣、残梦落春潮。忽见晴霄轮满，明月涌银涛。蜃市渐阑人影，看楼台、金碧镜中销。怕水晶盘里，老龙惊醒，篷底罢吹箫。

料得玉钩卷起，倚清辉、一样别愁撩。偻指行程何处，情逐岛云遥。照到两心脉脉，正青天、碧海可怜宵。待乘风归去，绛宫谁结彩虹桥？

满江红　金陵

衰柳栖鸦，何处觅、六朝金粉。还望望、孝陵秋草，寒烟欲暝。岭上梅花悲溧水，曲中玉树怜江令。剩年年、燕子舞春灯，留余韵。

兴亡事，那堪问。将军垒，从新认。奈漫天烽火，十年吹静。虎踞龙蟠形胜在，酒旗歌扇繁华更。看余皇、高挂一帆来，南风竞。

谒金门　江州访琵琶亭遗址不得，怅然倚声

空相忆，残础坏烟难觅。司马风流今寂寂，江头谁送客。

何必弦弦掩抑，早已青衫泪湿。染遍绿波春有色，断肠孤月白。

一斛珠　梅妃故里

寒葩竟折，雪痕碎点胭脂血。马嵬余馥留罗袜。一例伤心，铃雨正凄绝。

旧恩枉说明珠结，新盟输与坚钗合。寂寥莫慰花时节。今古楼东，照彻上阳月。

探芳信　题黄韵珊桃溪雪传奇

黑罡吼，正卷地惊天，摧花躏柳。纵永嘉山好，山城奈如斗。春风图画琵琶语，恨事明妃又。问前途、劫火伤心，故园回首。

春去坠楼后。叹贞木巉岩，蔓萝荒甃。蜀魄声中，寒月一丸瘦。清商谱入梅边笛，苦语工黄九。咽秋涛、并入灵胥渡口。

东风齐着力　题马守真画兰

姞梦谁圆，湘魂欲唤，婉婳年华。东风一笑，春在四娘家。着甚红心绿蕊，调金粉、写到烟霞。浑不辨，歌边根叶，情里萌芽。

飞絮影交加。趁月地、良宵酒泛银槎。湘兰尝携十五女鬟置酒飞絮园，为王百谷寿。裙题白练，艳曲按琵琶。白练裙，院本衍湘兰与百谷事。肠断一声碎玉，对菱镜、影失盘鸦。何如访，媚香余韵，扇底桃花。

人月圆

东风故故添繁艳，吹绽海棠芽。去年花下，郎偎醉颊，道是如花。

暗垂别泪，香巾轻拭，粉褪些些。掌窝贮泪，从新调粉，把泪痕遮。

八宝妆

幔卷银潢，窗萦璧月，几日乍收残暑。作尽秋声梧苑晚，便觉伤秋如许。离愁吹入，海棠红泪模糊，盈盈宛向幽阶诉。何况博山沉水，心灰残炷。

惆怅八宝妆台，五云脆管，玉颜今在何处？可曾记、酒边送滟，倚薄醉、同听疏雨。尽挑尽、银釭瘦蕊。重来谁作东风主？看门外桃花，春光一片相思路。

满江红　杨吴宫词

拥黑云都，渡袁浦、权奇跌宕。三十六、英雄草昧，蜂糖初酿。龙柱新占真主梦，鱼鳞曾咒渔人网。问当时、钱眼若为穿，争雄长。

东院立，声威壮。迎銮镇，排仙仗。奈参军苍鹘，歌声渐放。九殿璇题仙侣换，十围华烛球场扬。看李花、一树玉团枝，飞天上。

前调　南唐宫词

乌舅光中，报延了、月轮三刻。谁画出、红罗亭子，夷光独立。小洞珠明张锦地，香阶花颤提鞋夕。算从来、天子在南都，风流必。

重瞳泪，因谁滴？心经施，应成佛。唱念家山破，烧槽欲泣。春到长条何意绿，秋来天水无情碧。剩麝囊、一树尚开花，凄凉色。

前调　前蜀宫词

半面娉婷，是玉女、降神盐井。早扶上、金床兔子，混元图进。缥簇烟花搜艳曲，缯山风月罗仙景。照春池、一段圣琉璃，鸳鸯影。

回鹘队，银枪整。流星辇，香騟骋。趁十臣都在，欢娱自领。霞灿金冠环佩集，风飘皂荚炉烟烬。羡官家、解作醉时妆，痴人醒。

前调　后蜀宫词

七十屏风，梦游仙、皇明帐里。刚报道、节逢明庆，卯君生矣。夏簟携来青玉枕，春衫绣遍红栀子。趁宣华、苑启牡丹开，花如绮。

太和本，搜书史。丈人观，供游戏。更摩诃池上，夜凉似水。城郭秾华铺地锦，内家妆束朝天髻。剩一盘、好月祀张仙，胭脂泪。

前调　南汉宫词

一角薰风，吹不遍、玉堂珠殿。趁荔子、芳林初熟，红云张宴。饰翠闲盘秋苑马，耍金争买春巢燕。内三公、更有内三师，声名艳。

降王长，禺山远。安丰顶，乡风变。问苏家亭子，飘零蕉扇。大体双寒巫峡雨，小南强散花丛霰。看素馨、开向故宫斜，含幽怨。

前调 马楚宫词

出碧湘门，问可曾、留龙脚迹？剩一十六楼故址，峨峨天策。八柱连蜷荒殿闭，九州驻马歌声歇。只流杯、池上月华清，犹春色。

鸡五十，行厨设。姬五百，丹房列。便钟装七宝，佛缘空结。蹴踏银枪如雨散，模糊铜柱和烟折。奈小东、归梦洞庭西，愁云隔。

前调 吴越宫词

凤舞龙飞，顿增重、婆留声价。早妙选、三千弩手，江潮骤下。玉鲙有诗吟使宅，铜丸无梦酣清夜。向殿前、握发礼银光，描鸾画。

归国诏，天恩迓。表忠观，穹碑打。不填平十里，西湖淡冶。衣锦闲寻前代树，买灯争赛吴山社。待花开、陌上唱神弦，王归也。

前调　闽宫词

白马三郎，见丈六、金身如许。问可比、宝星宫里，大罗仙主。凤偶乍歌南浦月，燕巢又带东华雨。任参将、三昧蔓陀罗，空花舞。

何处打，桃林鼓？何处采，清人树？叹货泉铑觔，宴难买与。息圣易醒秋寺梦，倾筐不斗春瓯乳。醉如泥、流落到人间，谁堪举？

前调　荆南宫词

一夜江陵，数水面、百洲已满。试重访、渚宫遗址，迎春亭畔。茗碗罗罗高雁足，海珠的的垂龙眼。愿年年、春好唤汤神，烹新荈。

白莲放，秋容换。逢辰歇，沧桑变。纵朱弦十四，难弹哀怨。独指虚无神女曲，五花零落喧宾馆。把人间、万事竟全休，增凄惋。

前调　北汉宫词

褐笠雄姿，转瞬换、缟衣纱帽。故将军、果然自在，徒存旧号。何处神旗骑象出，当时画阁飞鸾渺。仗握君、一柄靖烽烟，禅心了。

男皇帝，刚修表。彭城郡，旋颁诏。请降王入座，齐称舞蹈。玉食尽容催彩粽，金盘不复堆青枣。告官家、休怕赤真人，春风到。

以上卷二《撷春红谱》

疏影 春影

韶华不觉。看岭松独秀，苍翠如昨。忽报春来，才过花朝，东风暗透帘幕。黄金织就纤纤柳，乍逗出、莺边眉萼。奈乍寒乍暖光阴，早晚夹衣斟酌。

遥望朱楼渌水，画裙正扬起，蝴蝶轻搦。斗草场开，油壁香车，女伴娉婷曾约。新红闹遍枝头杏，更送过、秋千墙角。记几番、花信频催，细颤彩幡铃索。

前调 秋影

凉添白夹。对远山黯黯，鱼墨重叠。桂霰飘丹，枫雨流红，黄云十里新割。明边细认江天鹭，点破了、芦汀晴雪。算俊游、九日风光，说与菊花寒蝶。

蘋末斜阳瑟瑟，嫩寒浸雁路，惊晚时节。蟹火星星，萤火星星，五夜砧声初歇。波澄匹练银河净，料濯过、如珪明月。又晓钟、一杵清霜，试向板桥重踏。

前调 月影

宜诗院落。趁露凉欲洗，云净还薄。喜不胜春，愁不胜秋，闲情领取原各。何时妙手眉痕画，宛透出、镜边菱箔。问阿侬、环佩归来，系与一弦幽魄。

转瞬华年十五，翠楼正靠定，摇漾罗幕。水样聪明，雪样精神，试绘嫦娥绰约。云鬟玉臂香闺梦，卷不上、晶帘雾阁。愿寄将、千里相思，自缺自圆如昨。

前调　云影

波光漱玉。有淡情缥缈，将断仍续。络柳穿花，风剪频裁，无心自点新绿。闲屏可被奇峰隔，又裹遍、梅边黄熟。待画帘、卷起凉飔，想见美人幽独。

谁道缠绵易解，一丝正袅袅，飞絮相触。淡欲飘烟，浓欲黏茵，妙态闲中看足。最怜梦雨巫山暗，早细縠、轻罗收束。等恁时、重觅氤氲，已入米家横幅。

前调　雪影

天光忽合。擅絮庭咏事，霏遍琼屑。雾重还飘，烟散仍凝，云边欲透寒月。帘栊不动玲珑寂，剩片片、玉龙鳞甲。望远山、尽插瑶林，点出乱鸦如叶。

空谷天寒日暮，是谁映翠袖，修竹清绝。早了梨花，迟了芦花，恰与梅花无别。画图替写春风梦，宛拓出、滕王蛱蝶。怕小窗、霁色微明，盼断夕阳时节。

前调 花影

芳魂欲活。趁午晴乍放，风韵清绝。画笔玲珑，猩色屏风，胭脂不碍浓抹。春情寂寂斜阳里，把十二、阑干凭热。劝玉人、休怨黄昏，试待翠檐明月。

谁唤真真小字，靓裳正冉冉，偎近娇靥。雾阁云窗，端的巢痕，误却飞来蜂蝶。三生倩女伤心梦，料不定、阴阳离合。似恼人、惊醒香眠，夜夜烛光烧彻。

前调 柳影

烟丝乍沐。恰柳塘水漫，新雨初足。燕燕莺莺，都放颠狂，柔枝绝不相触。眉痕淡淡凭谁画，宛见出、凌波妆束。想个侬、一搦腰肢，舞上翠茵苔褥。

春到章台旧路，陌头渐送暝，魂断难续。有约黄昏，云破月来，映过花阑曲录。交叉三径阴阴处，染俊侣、轻袍皆绿。问甚时、重照惊鸿，待扫半池萍渌。

前调 絮影

春痕隐约。讶脱绵尚早，晴雪帘幕。幂地漫天，宜日宜风，生憎雨细烟漠。儿童踏遍红桥路，也觅觅寻寻忙捉。悟是空是色禅机，漫道被泥沾却。

留住繁华片晌，正装就白玉，空际楼阁。倒映池塘，但作流云，不作浮萍飘泊。鱼儿误欲冲波唼，可瞥见、游丝高络。送半林、鸦背斜阳，点入镜边屏角。

前调　荷影

圆荷绽碧。见一轮妙相，波净澄璧。水殿风来，何处相逢，浮萍乍破还密。周遭不碍鱼吹浪，尽戏遍、东西南北。待夜来、双照鸳鸯，月下倍添颜色。

江浦何人打桨，那时正采采，环绕兰楫。涤去纤尘，悄步凌波，惯占船家花壁。裙边袖角红香满，料不怕、露丝飘湿。望镜中、玉佩玲珑，镇日并头闲立。

前调　菊影

秋容寂寞。剩数枝绕砌，幽意谁觉。月下灯前，淡淡相遭，无言静掩篱落。伶俜瘦蝶穿来惯，误欲把、晚香低掠。约醉人、款语寒畦，浸入酒波闲酌。

犹记题糕胜日，夕阳渐赴暝，回首高阁。弱不禁风，清不禁霜，待护银屏珠箔。横斜预写梅花照，早怕是、黄昏烟漠。幸伴他、陶径孤松，借取午阴犹薄。

前调　梅影

寒苞未叶。觉暗香乍动，溪水清绝。驿使初逢，开遍江南，一枝漫信能折。歌边几见催零落，任谱出、笛中明月。便踏将、满地梨花，错认淡云明灭。

遥忆珊珊缟袂，玉人正伫立，微眩晴雪。守耐天寒，鹤氅缡褷，印出春痕重叠。双双翠羽飞来晚，也绕树、夜深三匝。料不惊、晓梦迷离，点上个侬星靥。

前调　竹影

繁枝戛玉。看印成个个，绿字盈幅。画里檀栾，飞白描来，纱窗旧谱重读。争巢小小嬉春雀，径欲踏、梢头同宿。便有时、扫遍苔阶，几见损将茸蓐。

晴日新开霁色，万竿乍种活，低亚茅屋。佳士座中，左右相逢，早慰寂寥空谷。提防翠袖，闲庭倚把，翡翠屏风微触。待此君、约赴黄昏，弄月碧阑干曲。

前调　松影

清圆一笠。值午风谡谡，摇曳晴日。势欲腾空，烟霭冥蒙，髯龙乍露云隙。谁挥双管分枯菀，算只有、丹青奇笔。看夕阳、稳挂虬枝，渐渐上移岩壁。

休问盘桓久暂，怕陶令醉后，低抚无迹。带解谁量，钗落谁敲，枕遍苔茵萝石。涛声涌出梢头月，愿更伫、琴床凉夕。到夜深、老鹤归来，隐约巢痕难觅。

前调　燕影

帘栊戛玉。有翠衣冉冉，花底相逐。几日东风，春社才过，差池自傍金屋。飘然掌上夸轻俊，宛绘出、汉宫妆束。恁受风、掠雨纷纷，剪碎半阶新绿。

秋到频催去客，旧巢尚恋恋，红韵应续。有约明年，芳信天涯，队队双飞双宿。凉飔易送楼台暝，怕断尾、飘零谁属。可也同、妙舞惊鸿，不隔粉河一掬。

前调　雁影

霜踪月迹。剩九霄坠羽，无限萧瑟。败苇寒芦，飞过圆沙，秋痕蓦堕遥碧。江湖满地低徊路，定闪入、烟篷窗隙。倩暮霞、寄与相思，写出蔚蓝波磔。

红断斜阳木末，可怜倦旅夜，林暗添黑。欲往仍来，忽即旋离，总是愁边颜色。因缘处处留泥雪，问爪印、何时重觅。待谱成、筝语清商，玉柱试排凉夕。

前调　鸦影

柴门寂历。飐一湾碧晕，烟柳如织。画里春风，愁里秋风，斑斑点点朝夕。分明小幅倪迂笔，泼上了、米家颠墨。讶茜纱、槅子玲珑，忽送片云微黑。

犹记陌头镜角，阿侬对薄鬓，轻比蝉翼。谁傍朱门，谁落空山，大半飘零残客。何人更拾鬟边翠，诉不尽、闲情哑哑。怪夕阳、身世天涯，是万古伤心色。

前调 蝶影

风来绰约。算一生栩栩，花底堪托。舞遍南园，添写春光，频穿翠蕊红萼。饶渠纵有滕王笔，料惝恍、迷离难着。恁六朝、金粉调来，化作梦痕飘泊。

容易凉飔夕照，剩烟晕满径，黄菊低掠。瘦到秋心，帘卷闲庭，片叶空阶吹落。轻罗小扑浑无迹，奈玉井、梧阴寂寞。问怎生、款住柔魂，莫被画楼人觉。

前调 阑影

闲庭界画，正清宵霁月，长昼晴日。四映玲珑，压遍春痕，花身欲转还侧。楼台一角微红露，并付与、柳丝烟织。对镜中、淡冶鸥波，料得划开萍迹。

谁把琅玕误唤，趁书就卍字，飞白堪识。乍过纹窗，又绕回廊，更见周遭萝壁。竹阴满地风筛碎，奈翠袖、倚来无力。问几时、学画乌丝，妙手试量曲尺。

前调 帘影

春留玳押。看晚风荡漾，花影都活。燕子归迟，闲掠新波，呢喃待与谁说。相思泪点斑斑碎，尽化作、湘纹千叠。算别来、不隔层云，一片水晶澄澈。

犹记朱阑拂处，暖香任透出，酣梦蝴蝶。整整斜斜，密密疏疏，着眼微凹还凸。水痕堕地虾须动，恰荇藻、满庭交匝。更晚来、翡翠添寒，织就坠烟明月。

前调　帘影

轻飏乍歇。正曲尘飞遍，红杏三月。客里行沽，谁唤提壶，春声宛转啼彻。飘飘远逐鞭丝扬，对绿野、夕阳时节。任酒家、竹锁桥边，隐约一竿高挈。

寻到交叉径僻，牧童试指点，林杪微瞥。好趁梨花，罨画莺巢，错认花幡低压。柳绵吹软风俱醉，把望里、闲愁抛撇。更不须、重觅旗亭，处处泥人携榼。

前调　帆影

江天漠漠。趁翠楼乍倚，遥指帆脚。有信春潮，无恙秋风，行踪付与飘泊。参差点破波心镜，怕搅了、鸥闲鱼乐。待晚来、挂月摇空，绕树尚疑乌鹊。

循着东西细路，小篷任转侧，环遍青箬。去住随人，一笑浮生，耐尽斜阳寂寞。甚时送出垂杨岸，尽卷上、珠帘高阁。问乌边、谁理归桡，绘入远山云角。

前调 笠影

何愁脱帻。任久晴久雨，圆转终日。牧笛渔歌，鳞亩鸥乡，欹斜不耐风力。依依但觉随身惯，阅尽了、夕阳宽窄。问化身、有百东坡，得得并携轻屐。

双鬓鬅鬙似此，叹纱帽兀兀，输与闲适。故友相逢，他日乘车，到眼模糊谁识。何如饭颗山前路，任瘦骨、苦吟独立。等甚时、同理烟蓑，浸入钓矶寒碧。

前调 扇影

三生片月。料老蟾解妒，圆相无缺。淡荡宜春，寥落悲秋，郎心乍冷还热。唐宫惯约娉婷伴，怕触手、惊飞蝴蝶。盼入宵、低趁流萤，掩映火光明灭。

犹记欢场旧事，酒边送妙舞，微障娇靥。细浪鱼吹，摇向葱纤，搅碎红英歌阕。绿云冉冉逢仙子，会认作、蕉阴重叠。让放翁、图画流传，到处硬黄初拓。南汉刘𬬮赐芭蕉名“扇子仙”。

前调 帽影

关山倦客。剩恋头破帽，成可怜色。露点才滋，云絮犹披，疏林挂住斜日。参军试作龙山会，尽费尽、重阳风力。计半生、驴背鞭丝，黯淡柳桥梅驿。

搔首青天可问，指华鬓渐短，曾岸吟帻。烛底灯前，年少乌巾，往迹模糊难觅。曲江不照宫花艳，让几辈、一枝亲摘。更不妨、露顶清狂，耐得把茅寥寂。“秋风压帽露华滋”，“岭上(湿)[晴]云披絮帽”，皆东坡句。

前调　鬟影

猩屏一角。正翠鬟裹就，钗妥金雀。润透鸾篦，酥滑蚖膏，元蝉试较犹薄。青青欲狎初生草，更借与、鸦边绰约。想镜中、多少春光，尽付好风轻掠。

良夕灯光烛影，个侬乍倦倚，花朵微落。似讶新妆，何事蓬松，渐近夜阑帘幕。沉酣飏入窝云梦，待细味、枕函香蒻。怕两行、容易惊霜，点上睡余老鹤。

前调　篆影

心灰渐热。趁翠篝冉冉，檀炷初爇。几度消寒，几度添香，葱纤自拨金鸭。秋魂缥缈留应住，待放下、重帘银押。最可怜、弱不能禁，珍重晚风时节。

犹忆薰笼倦倚，绮宵剩宿火，欲明还灭。半晌温存，千种缠绵，付与烟云离合。盘中巧作回文字，尽一片、相思萦结。替九回、写出柔肠，到处情丝曲折。

前调　灯影

黄昏院落。渐五华散采，飘上帘幕。客枕添寒，遥夜沉沉，何来并蒂新萼。兰膏纵说春如海，怎自顾、徒怜寂寞。但结成、红豆相思，一点艳情空托。

回忆当场着眼，上元正令节，双照珠箔。好月谁邀，赖有银缸，也对三人春酌。玉钗剔醒深闺梦，可雾鬓云鬟如昨。最恼他、无赖飞蛾，惯把碎红低掠。

前调　烛影

良时易促。喜蜡花半吐，夜游能续。检出陈编，裁就新诗，纹窗罨画横幅。巴山最怕潇潇夜，倚镜幌、秋声听熟。忆海棠、四照添娇，梦里洞房春足。

不耐风回小苑，翠屏乍黯淡，谁慰幽独。甚事干卿，惯作盈盈，泪点飘零红玉。人间几见金莲炬，早望断、丰貂清福。剩一枝、赋笔江关，悄对庾郎瑟缩。庾子山有《对烛赋》。

以上卷三《绘影庵影语》

浪淘沙　（二首）

一别路迢迢，二月花朝。三生断梦碧天辽。四角流苏春意冷，五夜萧骚。

六六锦鳞遥，七彩灯销。八蚕茧熟手亲缫。九曲柔肠谁替写？十幅冰绡。

十载记相逢，九叠屏风。八交眉样月如弓。七夕瓜筵香雾绿，六扇窗红。

五凤佩玲珑，四座春融。三眠低放柳丝慵。二面回环鸳镜照，一点灵通。

春云怨

风幡乍掣。飐万枝红影，春魂欲活。细朵叶边低亚，冷上葱尖和露掐。颊暖匀霞，鬟欹侧翠，悄与晨葩斗颜色。香意寒温，韶光深浅，几度问蝴蝶。

闲情拨触愁丝结。怕桃花未雨，梨花先雪。莺语叮咛对谁说。箭促华年，线紧芳踪，怎生抛撇。有韵阑干，无聊庭院，又送夕阳一抹。

梦扬州　题扬州梦传奇

泛觥船，正落花轻扬茶烟。脆管乍调，宛宛重描华年。竹西歌吹东风暖，趁冶春、书记翩翩。平康里、珠帘卷，柳丝挽住香鞯。

他日分司绮筵。惊粉面齐回，尽放莺颠。奈负芳时，十载因谁俄延。深红惆怅桃花雨，倚绿阴、空拭冰弦。谁更续，扬州一梦，薄幸名传。

柳梢青

雨罥烟斜，蛛檐蟏户，瘦尽秋花。烛灺添星，灯昏敛月，杯底天涯。

凄凄玉笛谁家，更谱入、寥天断霞。絮雪三生，梨云一觉，过影非邪。

花心动

不见茶村逾十稔矣，乙亥仲春，握晤长沙，出示词集，用集中《见怀》原韵率成一阕。时茶村将游桂林，余亦有滇池之役，万里鸥波，九秋雁路，苍茫作别，何堪再阅星终邪！

暂绾离愁，倩旗亭、纤纤几丝杨柳。绿蚁乍倾，红豆频拈，笛里月痕凉透。白鸥飘荡江湖晚，数陈迹、何堪回首。问灯市，儿嬉竹马，可重携否？

一辈词场快友，剩苜蓿春肥，程雨苍任城步校官。黄花秋瘦。韩申甫客皖江。五岭瘴深，六诏云遥，恰又是分飞候。好裁锦字凭红鲤，写不尽、故人情厚。更珍重吟身，客中醉后。

蕙兰芳引　题曾茶村蕙兰芳传奇

月晕敛寒，警霜信、蔚然贞木。奈苍莽烽烟，枯菀问谁预卜。断云坠羽，剩梦绕、珠帘金屋。想旧时入画，笔底一弯新绿。

塞上春回，莲房鸳浪，又见双宿。看菱影重圆，犹说半生艳福。琼箫闲度，替传绮曲。祝蕙兰开遍，晚花幽谷。

浪淘沙　武陵暮春

湖上暮寒加，雨细风斜。夜来点点送檐牙。但有情人听不得，况在天涯。

古洞锁烟霞，寂寞渔家。洞庭西上理归槎。九十春光何处也，流水桃花。

绛都春

武陵三雅亭，曲沼萦红，荷娇欲语。庚申夏五，尝约俊侣选胜征歌，人影衣香，当花斗艳。今夏道过朗江，重寻旧迹，腥苞濯露，翠袖如烟，倚遍阑干，忽忽若失。昔梦窗往来华清池馆，伤今感昔，曾倚是调，爰用原韵，辄为继声。“旧时金缕”，难觅花奴，凄怀殆过之也。

重寻钓渚。看夹岸又开，荷花如许。醉颊泫红，昨夜新沾菰蒲雨。阑干偎熟敲诗路，记当日、携柑闲步。佩环声里，菱妆芡粉，藕丝千缕。

延伫，依稀翠舫，见罗袖、尚䙛宛嗟迟暮。梦影坠欢，十六年来几尊俎。西风暂款秋人住。听吹笛、移船将去。最怜消瘦玉容，碎烟雁户。

如梦令　五溪野泊

细雨冥迷烟树，望断湾环来处。秋影黯篷灯，剩有梦魂归去。归去归去，也被蛮山围住。

贺新郎

泊舟青溪县安矶滩，登岸眺步，闻山腹有苗乐声，趋视之，乃苗人吉期也。主人龙姓，附苗籍，学通汉语。延余上座，新郎新妇罗拜堂下，奉牛酒为寿戚串。苗女略不避，均度苗曲以侑，爰倚曼声和之。时乙亥十月二十有三日。

打起催花鼓。记前度、春场跳月，谁家儿女。茅屋棕棚花烛灿，成就双双鸳侣。问两小、齐年十五。牙慧何人新拾得，笑情关缺陷凭郎补。茸绿脆，妙香吐。苗女出嫁前夕，其母将门齿凿去少许，名打牙。犵猪婚日嚼桐树叶，满口皆绿。

登筵不辨青庐主。看化外、牵羊担酒，一般嫁娶。椎髻银环罗四座，十幅裙拖锦布。更争献、苗歌苗舞。八尺芦笙都应节，听呜呜宛作雎鸠语。红琥珀，巨瓯举。酒红且腥，不可饮，或谓沥以牛血，说恐不确。

满江红　桃花源

水复山重，尚留得、秦时郡县。休错认、葛洪炉灶，淮安鸡犬。莽莽鳞塍勤刈获，劳劳羊酒联姻眷。算此中、都与外间同，何须羡。

渊明记，随心撰。辋川咏，从头衍。更有人、梦中说梦，宫商一片。余谱有《桃花源》杂剧。词客青怜春草鬓，歌场红着桃花眼。笑渔郎、底事去来忙，东风赚。游滇不果，归自镇远，往来过此，仅两阅月，此中人得无笑匆遽特甚乎？

大酺 题江云归梦图

趁暮秋时，江波净，千里蒲帆一幅。参差渔唱起，正蘋天苇地，暗飞横玉。瘦不关诗，愁将并酒，憔悴十年独速。相思凭谁遣，更孤鸿唳月，短篷听熟。问无限悲欢，五更飘梦，断帘低烛。

游踪何处续？夕阳外、山影腾黄鹄。漫问讯、洲前芳草，笛里梅花，倚阑干、苍凉满目。倦客清狂减，容小筑、几间茅屋。试相与、邻居卜。安石知否？休近哀丝豪竹，鬓痕怕非惨绿。

甘州 灯夕感旧，用弁阳啸翁韵

又轰腾画鼓遍春城，催将放春容。正楼台雪霁，河山月满，暖入帘栊。到处燕钗鸦鬓，艳夺烛奴红。卅六鸳鸯影，香雾朦胧。

记得少年豪气，跨彪彪骏马，小市西东。趁新篘初熟，分绿浸银筒。一年年、良宵不夜，奈酒人、渐老试灯风。空惆怅、寻骑竹处，门巷愁中。

琐窗寒 检阅亡友史秋舲词草，怆然倚此

月黑添霜，烟黄欲暝，一窗秋梦。零缣到眼，顿觉宝光珍

重。点青衫、星星泪痕，乱愁按入红箫孔。自圣湖泛酒，春风词笔，韵余南宋。

三弄，清商动。记垒燕频移，候虫迭送。才华信美，太息文章何用。任泠泠、桐轸自调，海涛剩与凄夜涌。奈于今、玉笥埋云，泪迸哀弦缝。

一寸金　碧浪湖感旧

出万春门，霁色苍茫遍丛薄。望绿蒲摇曳，低翻水面；红墙高下，遥连山脚。云坠波纹络。芳洲汊、涨痕乍落。孤烟外、一带垂杨，翠缕参差映城郭。

偻指经年，软尘席帽，浮生信飘泊。记闹红烟舸，尊前款梦；踏青裙屐，莺边寻约。情景都如昨。惜吟伴、去留顿各。今犹剩、两岸渔家，细罾闲自缚。

十六字令　（二首）

秋，两掬情波一处流。团团月，双照倚妆楼。

愁，一掬情波两处流。弯弯月，分梦挂帘钩。

长亭怨慢

春日过八宝山，道旁石墓，隆然华表，剔偶语云“情根莫问三生石，艳骨先归八宝山”，乃名伎佩芬墓也。恨不相逢，谁能遣此？吊之以词。

正一路、飞花飞絮。有客伤春，春光如许。片石三生，无端错到，瘗香处。接天芳草，犹画出、眉边妩。搅碎墓门烟，叹燕子、双双空舞。

凝伫，问妆台玉镜，换了一奁尘土。棠梨寂寞，任吹瘦、东风无主。恨杜牧、载酒来迟，早容易、芳时孤负。算断尽柔肠，吟遍桃花红雨。

望仙楼

锦衾珍重叠行窝，上有双双梦贴。浅醉浓香时节，除与银釭说。

奈何花事将离，愁杀山名大别。忽见眉痕新刷，柳外初三月。

澡兰香　端午，和梦窗韵

蒲青插剑，艾绿飘旌，黍梦光阴乍觉。遨头社酒，联臂春灯，记得胜游曾约。又薰风、吹入汀兰，一般红心翠萼。去去投诗画桨，香萦菰蒻。

莫问沉湘哀怨，掩却屏山，不窥愁魄。簪榴斗艳，佩艿匀娇，簇簇雕轮纱幕。正江深、易送轻寒，称体罗衣斟酌。看到处、鬓影钗光，夕阳城角。楚俗，午日士女遍游城上。

前调　闰端午，叠前韵，时在武昌

才经竹醉，未到荷生，佳节猝逢不觉。榴裙再展，艾纛重翻，两度黍盘人约。恁匆匆、玉笛频吹，江城梅花一萼。笑看霞标几辈，船穿青蒻。

剩我乌丝载酒，试续离骚，自伤落魄。钗符眼底，鬓彩天涯，梦里澡兰帘幕。甚心情、更进流霞，亲捣菖芽独酌。只博得、万缕愁丝，牢缠眉角。按："药"韵"魄"字，他各切。梦窗原作"楚江沉魄"，应作普伯切，似觉出韵。余前阕依梦窗借叶，是阕特正之。

黄鹤引　黄鹤楼题壁

旌旗云拥，记得当年引飞鞚。可怜焦土苍茫，劫灰飘动。梅花一弄，流入秋笳霜缝。恁呜呜、惊醒鹤背仙人清梦。

十载静鲸波，百尺新翚栋。夕阳容我凭阑，江涛雪涌。酴醾玉瓮，狂饮千杯须痛。旷怀谁共？问阁笔、锦袍供奉。

满江红　吴大帝庙，用竹垞韵

如此江山，看虎踞、龙蟠犹昨。问几个、景升豚犬，敢争声价。凤玺虚无智井气，猘儿叱咤中原霸。仗后来、一炬定三分，规华夏。

沉铁锁，洪波跨。张紫盖，童谣诈。剩吴宫花草，绿迷红亚。北固烟云环古庙，东风弦管丛春社。恰疏钟、并入赤乌碑，斜阳打。

翠楼吟

武昌访安远楼遗址不得，用石帚翁原韵以志怀想，萦红飞翠，仿佛见之矣。

粉腻吹香，愁清祓酒，当年甲第新赐。层楼临汉水，听笛里梅花仙吹。屏风高峙。有舞袖翻红，词毫挥翠。春光丽，至今传唱，韵流珠细。

旧地，曾阅沧桑，付白云黄鹤，去来游戏。苍茫寻断瓦，只留得斜阳千里。吟边滋味。奈黯淡山光，萧骚秋气。空江外，雪涛犹卷，月痕宵霁。

清平乐　郎官湖泛月，用青莲韵

秋篷凉夜，荡入芦云罅。何处香风送兰麝，水榭歌阑灯灺。

鸳鸯梦稳双眠，琉璃世界三千。不让谪仙捉去，招邀明月吟边。

宴清都

张鹿仙丈出示先德《婴山小园》《抱璞亭》两世遗集，敬墨卷尾。

秀抱婴山远。叠新声、一门流韵丝管。各标化境，潮头雪涌，湖心月满。苍然鹤语烟霄，引雏凤、珍珠串串。料鲤庭、酒熟香初，花时箫谱同按。

当前突兀峨嵋，苏家遗墨，分耀箧衍。老泉玉轸，坡仙铁板，词坛传遍。翩翩过迈联芳，更簪笔、吟红朵殿。海门师、鹿仙丈均入词馆。问至今、清福梅修，春痕宛见。《婴山集》有《梅花诗话》。

念奴娇　武昌中秋

清凉旅馆，对厌厌一点，寒灯瘦蕊。多谢西风怜寂寞，几阵隔墙箫鼓。钗桂球圆，妆菱镜满，影事描儿女。酒波独夜，尊前秋意如许。

宛转翠蒂红香，雕爪斗巧，软玉鸳衾护。楚俗，中秋夕送瓜置床上，为宜男兆。依旧嬉游湘上月，又照汉阳烟树。轮指良宵，惊心残客，十载关山路。嫦娥可识，明年今夕何处？

浪淘沙　题狄汉青司马小照

玉笛倚仙楼，诗酒勾留。青衫司马例风流。枫叶荻花明月舫，路近江州。

晴翠扑巾褠，云壑回头。他年蓑笠倘从游。三十六陂烟水阔，添个闲鸥。

浣溪纱　（二首）

题张鹿仙丈《抱山楼词集》，用集中《寄宋小墅方伯》韵第二解。追念师门，早坏梁木，自嗟坠羽，亦匪盛颜，不觉商音满指也。

玉笛飞声被酒眠，梅花飘落鹤楼前，淡云微雨嫩凉天。
秋练萦窗窥皎洁，春痕吹梦堕葱芊，霓裳曾按上清篇。

桃李飞英值异乡，偏衫侧帽阻岩疆，哀筝迸泪月如霜。
黄霰姗姗怜晚桂，丙辰九月，海门师试赋晚桂冠军。红团冉冉梦扶桑，秋窗风雨话潇湘。

潇湘逢故人慢　寄韩申甫江东

斜阳天末，望芦云荡白，枫雨飞丹。玉琴试轻弹。料流水泠泠，绕指音寒。黄花旅馆，比诗人、秋意阑珊。剩多少、洞庭归梦，雁程送到湘干。

重提起，昨日事，翠生生、草痕茸遍春山。正新染吟衫。奈萍絮浮沉，鹧蟀回环。华年瞥眼，付筵前、银烛飘残。只赢得、大江明月，牢愁两地同看。

霜叶飞

武昌重九，风雨以凄，旅馆剪灯，用梦窗韵寄湖湘故人。

十年客枕，江湖梦，西风吹入霜树。半窗秋影瘦黄花，帘卷凉宵雨。听切切、寥空坠羽，芦天羁旅怜今古。奈路隔衡阳，寄不到、相思两字，泪边笺素。

弹指九日光阴，停车耐坐，晚红经岁曾赋。健怀无韵款茱萸，剩与苔蛩语。料俊侣、乌丝翠缕，登高依旧笼诗去。愿更要、闲鸥鹭，且待明年，岳云深处。

国香慢　素兰，和樊榭韵

梦远潇湘。正秋容净处，露醲花房。休嗟美人迟暮，渐警清霜。待把吟魂唤起，粉河外、瑶佩成行。谁描镜边影，玉写精神，云想衣裳。

断徽何限恨，记冰弦旧曲，孤负幽香。簪愁纫恨，遥夜诗味清凉。淡到芳心一点，问并蒂、谁赠王昌。晶帘悄无语，片月流辉，画入烟窗。

扬州慢　芍药，和樊榭韵

日暖烘妍，露轻凝晕，小阑干外寒销。数番风几度，算挽住芳韶。趁霞佩、云鬟乍整，美人名姓，应唤红绡。似盈盈，低诉阑珊，春事无聊。

酒边俊赏，记丰台、曾掐新苗。京师丰台芍药最盛。奈雨泫分娇，烟笼隔梦，别路迢迢。漫说画屏偎热，何人把、并蒂重描。倩扬州明月，年年廿四红桥。

一枝春　梨花，和樊榭韵

勾梦帘栊，甚心情、几度阑干闲凭。亭亭傍水，俊眼乍窥波镜。韶光尚浅，早丝雪、縠云低凝。应挂住、帘外斜阳，莫放酒边香冷。

轻烟一痕添暝。恁瑶台、独下新妆娇靓。重门闭了，剩有自怜纤影。黄昏对雨，料寂寞泪容相映。凭玉笛、吹散春愁，峭风未肯。

三姝媚　樱桃花，和樊榭韵

酸心深酿未。正宜晴宜阴，猩苞繁缀。细蕊新攒，乍艳酣霞颊，晕添脂泪。试卷红帘，应妒杀、东风桃李。待到珠圆，娇倩莺含，韵饶蝶戏。

赪霰当阶纷坠。记荐笋光阴，香车流水。欲唤青衣，被麦风吹梦，梦痕都碎。一曲清歌，深巷里、曾谋浓醉。漫为唐宫花宴，闲愁又起。

望梅花

迎春亭侧老梅一株，五季时高氏手植也，吊之以词。

今古寒宵明月，几度花梢圆缺。旧侣待寻仙鹤说，说与烟云起灭。电影兴亡刚一瞥，怪底冰心不热。

角　招

腊鼓声中，暂归湘上，适李慎堂自皖江、姚鬺云自资阳先后旋里。小作团沙，重理旗亭之约，追话昔年影事，莺捎蝶坐，渺若前生，言愁欲愁，凄然罢饮。倚石帚翁自度曲所谓“黄钟清角调”者，就银烛光中书之，襟上有痕，不辨其为酒为泪也。

晚寒薄，催开了，笛边万点冰萼。片帆天外落，旅雁乍联，闲鸥谁捉。游踪约略，向酒畔、交怜飘泊。梦绕孤篷青箬，苍茫万里烟波，引东西流各。

萧索，客怀最恶。题裙寄扇，往事都如昨。画楼云漠漠，细数阑干，春痕寂寞。因循风约，奈十载、江湖落魄。剩有髡枝霜络，浑不似、绾东风，闲梳掠。

倒　犯

素商应节，秋气寂寥。眷怀旧游，我心如痗。是调为清真自度腔，方三衢和词，尝谓“长安游子，鬓发云侵，古今伤心人”，同此怀抱也。

忽忽地梧叶打窗，秋声一树。鸦边寒语。斜阳里、尽情低诉。烟痕送暝，庭院苍凉帘栊暮。渐畹晚吟情，冷到敲诗处。懒重拈，断肠句。

犹记昔年，选胜征歌，骚坛容跋扈。命酒趁绮夕，对圆月，羌三五。待款约、闲鸥侣。奈春光、吹残风外絮。问只舸江湖，几日蘋花聚，剪灯篷背雨。

瑞鹤仙

荒洲夜泊，明月窥篷，促织声中，竟夕不寐，用蒋竹山

《聊城见月》韵以写我忧。是调各体，《词律》论之详矣，惟于此一体第二句第一字、第四句第三字、第八句第六字、第九句第一字、第十句第三字、第十四句第一字、第十八句第一字、第二十句第五字，均须去声结句，尤须去平去仄，漏未注出，偶有一得，附志于此。

银沙迷雁迹。正苇地蘋天，渔讴初息。烟峦荡遥碧。渐冰蟾窥破，鱼鳞云隙。虫声乍泣，一缕缕、愁丝自织。问秋来、多少闲愁，作弄乱丝端的。

何极。阑干滋味，镜屉香心，故园今夕。星枰对弈，鸳鸯谱几时觅？怪西风、多事纹窗幽怨，吹入楼头夜笛。遍江湖、有梦来寻，路应未识。

竹马儿

安南使臣裴珠江侍郎觐旋过鄂，九日偕登晴川阁，倚此志别。

愿君记晴川，阁前细雨，一尊重九。正蒲帆卸了，缁尘初浣，凤城回首。两度江上相逢，匆匆胜地，暂时携手。玉笛倍凄清，看隔江，黄鹤秋容先瘦。

聚散浑无定，圆轮乍合，断云旋皱。春风折来杨柳，又对黄花绿酒。酒畔借问茱萸，明年今日，犹健吟怀否？潇湘万里，愁绝登高候。安南亦有水名潇湘。

减字木兰花

春来人去，香雾冥蒙迷翠羽。春去人来，晓露缠绵泫翠苔。
依怜明月，幽怨平分眉子侧。明月怜依，密约虚无镜子中。

清平乐　移居禅院

一瓢一笠，耐得禅关寂。漫许闲云识踪迹，倘学游僧飞锡。
日长静对炉香，一天天又斜阳。琐碎桐阴阑角，钟声催上颓墙。

大圣乐　僧寮对雪

是调仅见弁阳啸翁《饯春》一阕，万氏《词律》谓第七句应作七字，与第十七句作对，不为无见，余因他无考证，未敢遽从，仍遵草窗旧格，俟博雅者审定焉。

虚幌笼寒，断钟摇暝，破庵日暮。渐乱鸦声噤无哗，冻合玉梅，千点碎英冰冱。阵阵朔风催起，讶庭院、杨花春解舞。黄昏后，更云破月来，梨魂无语。

法堂好寻伴侣。笑芋火、星星犹热路。对鬓丝禅榻，蒲团才稳，尘心何许。漫道夜来僧厨冷，爇枯叶茶铛翻细乳。门谁打，又雪子、沙沙如雨。

玉篁凉

枇杷门巷，柳絮年光。重理旧游，芳躅顿渺。漫题短什，痴类喁喁。昔梅溪曾倚是调寻红衔翠，留约王昌，余则芟恨剪愁，不复作蘧蘧庄梦矣。

客自悲秋。更柳外夕阳，影上妆楼。十年花下路，奈旧梦难留。苔墙茸绿未扫，剩断句、瘦到银钩。残篆袅，记一痕分暖，遥夜香篝。

闲愁。蜻蜓飐雨，蝴蝶络烟，何处碧玉搔头。风来搴水佩，早散了浮沤。呢喃梁畔细语，说翠尾、可惜飘流。情绪老，问落红、襟袖谁兜？

玲珑四犯

陈杏生薄游光固道，过武昌，小住浃旬，相对如梦。维时雪珠走瓦，风叶打窗，冬心以凄，弥用惨戚。倚石帚翁韵藉展羁愁，“文章信美知何用”，谅哉言乎！

絮雪易消，芦云添冷，江天萧瑟如许。试挥鹦鹉泪，文采空今古。骚魂漫须再赋，问芙蓉、可怜湘浦。瘦马嘶霜，冻鸦吟霰，同诉别离苦。

依依影分歧路，听商量燕燕，何处门户。旧游怜蝶梦，梦也成烟去。飘零庾信文章老，只赢得、关山行旅。谁寄与，除春到、梅边俊侣。

前 调

杳生既行之夕，雪月倍明，叠韵寄怀。

笠影雪圆，襟痕冰冱，鸥程飘泊何许。踏云怜病骑，驿堠苍烟古。登楼共谁作赋，寄乡心、雁回衡浦。烛短敲诗，篆寒偎梦，角语夜来苦。

相思待寻前路，剩昨宵霁月，孤影窗户。断愁风替续，更送萍波去。晨星渐渐伤零落，抵多少、文章羁旅。应说与，约西塞、山前钓侣。

醉太平

翩翩紫骝，沉沉翠篝。殷殷约蝶盟鸥，奈匆匆去舟。

酒边送秋，秋边送愁。愁边眼底心头，更笛边倚楼。

清平乐 暮春咏柳

飞花飞絮，无限伤春处。一片娇簧新啭雨，更为流莺少住。

秋千影隔红墙，谁怜情短情长。回过眉边滋味，平量浓淡斜阳。

高山流水 琴台

暮涛恻恻起秋风。写幽情、低应徽桐。云影幂荒台，寒霄片月冥蒙。低徊处、恨锁烟篷。谁重奏，流水高山一曲，暂驻尘踪。剩啼乌咽露，并入碎弦中。

匆匆。羌调就玉轸，应谱出、蕙性兰悰。何处觅知音，也解换羽移宫。遍人寰、寂寞琴工。钟期去，赢得蕉窗溅绿，爨火添红。恁茫茫碧海，惆怅送飞鸿。

芳草渡　鹦鹉洲

又一片，落日草萋萋，暮春洲渚。听雪涛澎湃，风来尚带余怒。荒祠丛碧树，剩残僧挝鼓。认断碣，藓篆苔文，酹酒何处。

谁语。剑沉璧碎，万古苍茫将恨铸。悔轻把、绿衣自炫，文章累鹦鹉。墓门寂寞，任诉尽、痴情儿女。处士墓与玉箫墓相近。惨淡色，看遍昏鸦乱舞。

望海潮　鲁烈侯庙

荒祠云黯，灵旗风卷，遥临却月城头。萝壁翠翻，苔衣绿拥，吴宫花草添幽。高谊独千秋。说指囷慷慨，醇味曾投。羽扇纶巾，招邀名士渡江游。

奇功赤壁谁收？借西邻犄角，搘柱荆州。玉垒共撑，铜台不锁，金陵王气犹留。棋局变寒楸。奈白衣人起，同室戈矛。他日都亭涕泪，应更为公流。

花发沁园春　陶桓公柳

万古荒鸦，半林斜日，几番风信重起。眉颦送绉，眼倦伤春，阅尽盛衰流水。丝丝叠翠。空作弄、清明天气。甚典午破碎河山，庾楼零乱歌吹。

细柳攀从战地，任江北江南，蹴踏车骑。呼卢罢局，运甓余闲，抚树自饶清致。光阴易逝。凭密缕、一分牢系。便今日、犹学旌旗，废营何处摇曳。

十月桃　郎官湖

垂杨低亚，似扶春未起，醉过清明。滟酒湖光，曲波三月初生。轻舟隔烟摇出，拼细路、占了鸥程。汀回溆曲，何处行沽，待问流莺。

忆青莲当日豪情。趁出浴冰蟾，一水盈盈。搔首青天，良宵翠杓频倾。游人古今如织，偏藉甚、迁客声名。风流欲接，闲倚篷窗，遥望长庚。

紫玉箫　玉箫墓

山曲攒簪，波圆揩镜，峭帆初系兰桡。芳洲畹晚，正大堤春草，绿遍裙腰。恁丝魂断，看柳外、线脚犹飘。荒坟畔，鹃心宛然，啼上樱桃。

三生注定鸳牒，任碧落黄泉，凤约终要。巴弦奏处，怕红妆、隔世潘鬓先凋。剩哀蝉蜕，空付与、雨画烟描。闲凭吊，犹寻墓门，波弋香烧。

扁舟寻旧约 晴川阁

枫峡鳞霞，芦天蛾雪，一江秋影冥冥。画中城郭，镜边楼阁，暮鸦点入云屏。剪波双桨骤，抵多少、渔讴棹声。暗飞残笛，梅花寄与，尘梦几时醒。

空指点、汀洲芳草路，便烟销赤壁，骇浪都平。六朝余韵，酸心啼鸟，泪痕迸付哀筝。黯然今昔感，剩无恙、阑干可凭。酒波凉浸，当杯古月依旧明。

情久长 明楚王故宫

依稀坏础，颓墙一片伤心处。甚枭枭、故宫杨柳，犹学歌舞。王孙春事歇，怎忍听、啼遍空山杜宇。更多少、呜呜残角，滚滚颓波，添万派、凄凉语。

苍莽殷墟，暮色寒禾黍。莫再问、玉鱼金碗，零乱荒墓。银枪宿卫，奈当日、锁甲先抛楚府。算谁识、帘前断梦，镜里新妆，红上了、樱桃雨。梳妆台犹存故址。

以上卷四《玉笛梅花弄》

柳梢青

茜雪帘栊，几番嫩约，暂倚徽桐。昨夜春灯，今朝别酒，明日烟篷。

传笺偷寄兰悰，料远地、应怜个侬。梦里窝云，愁中线雨，病后丝风。

莺啼序

长沙万春池，前明吉藩故宫游眺处也，用君特韵词以吊之。

寒漪正笼薄暝，锁秋烟雁户。剩茅屋、三两人家，豆篱蛩语日暮。问何处、颓墙败瓦，蝉声咽断藩宫树。恁繁华，吹入东风，一堤飞絮。

昔日嬉春，绣阁傍水，照鸦鬟软雾。可曾有、落叶流红，玉沟偷寄笺素。启菱函、新妆燕掠，料梳裹、青葱千缕。池上有梳妆楼故址。荡莲舟，摇动荷珠，怕惊鸥鹭。

霓裳乍破，锁甲先抛，乱鸦散劲旅。奈五夜、骤传霜信，画角声急，舞扇歌裙，碎英飘雨。胭脂井窄，玉钩斜冷，谁怜凝碧犹弦管，叹王孙、失路湘江渡。零香待瘗，年年惨切鹃心，泪华泻向尘土。

前朝剩水，细浪鱼吹，更遍歌白苎。沿池近多歌伎。看怪石、苔纹斑驳，瘦影纵横，石自燕京辇来，相传即艮岳遗迹。月晕猿啼，踏枝犹舞。有老猿，亦藩宫所豢者，项有金锁垂链尺许，附近居民习见之。闲中佛眼，兴亡看了，心经金字应渐淡。任华严、残偈题楹柱。总佛寺乃吉藩所建，犹存池上。伤心帝子魂归，寂寞云軿，胜游续否？

瑞龙吟

张语山别自京邸，于今五年。顷晤湘中，出示词集，用清真韵辄书卷端。

长安路，犹记破寺团烟，乱苞交树。勾留三月春华，梦痕隐约，皇州胜处。

更延伫，遥望洞庭湖上，纳云窗户。乌衣替诉离情，茸红易霰，呢喃细语。

重把汀鸥闲款，蓼霞蘋雪，回飙先舞。还怕旧时青袍，尘涴非故。升沉不问，肠断江南句。且同按、清丝脆管，飘摇香步。又送征帆去。乍疏柳月，牵残别绪，檀板歌金缕。秋信早、灯窗潇潇风雨。试斟绿酒，昔游低絮。

垂杨　本意，和陈君衡韵

莺眠乍觉。看嫩黄染出，镜中娇小。翡翠帘栊，眉痕初画冰奁悄。谁怜低衬斜阳道。锁离恨、陌头烟窈。倚楼人、掐遍阑干，压雨丝多少。

曾记红桥过了。问桃叶渡头，坠帘微袅。残月模糊，酒边几度筝篷晓。飞花飘荡何人扫。任踪迹、萍波缥缈。寒鸦惯掠西风，秋易老。

秋宵吟　贾太傅故宅

古帘抛，废阁悄，破庙承尘风渺。堪惆怅、记敬吊清波，少年凄抱。困盐车，叹凤鸟，漫说才名倾倒。看今日、剩四壁寒蛩，半庭衰草。

妙有园亭，信画出、潇湘旧稿。宅新修葺。佩兰流怨，颂橘分香，一例奉蘋藻。向合祀屈、贾二子，近奉屈子于楼上，宅中专祀贾子。霜月柑林皎。更倚危楼，晴翠遍绕。奏新声、痛哭迎神，春社秋社报赛早。

石湖仙　贾太傅石床

苔痕烟晕。任游客摩挲，谁更高枕。摇落有余悲，似栖迟、衡门日冷。何嫌卑湿，料散发、小眠应稳。堪认，看枕函、涕泪犹剩。

宵来几番转侧，最关心、积薪易烬。祢席同登，待与官家交警。夜半传宣，鬼神空问。治安空论，清梦永、输他绛灌酣寝。

惜红衣　贾太傅柑

楚雨蒙青，湘波润绿，尚余嘉植。薜荔墙荒，苍烟幂遗宅。何人作颂，应写入、黄金霜橘。寥寂，回首上林，忆传香元夕。

春鹂嘶呖，携得双双，韶光坐抛掷。寻巢野鸟，叶底任栖息。可惜玉盘新剖，不共雪桃前席。剩绽黄斜照，留住汉宫秋色。

琵琶仙　贾太傅井

残篆模糊，井阑畔、大藓幽苔班驳。先大夫云：乾隆年间井阑尚存，有篆字，不可辨，嘉庆初始失。香茗闲啜春风，清泉试新瀹。看一片、坊头夕照，料宫锦、昔年曾濯。井在濯锦坊侧。蔓草寻秋，沉湘作赋，谁惜摇落？

信功德、流遍长沙，便今日、苍生命同托。附近居民汲取者日以千计。心事玉壶澄澈，漫纤尘微着。井形如壶，水甚清洁。应历尽、沧桑不改，剩汉家、故土犹昨。拾取新割云腴，古欢如握。芝岑观察新得井砖。

玉京秋　久不得杏生洛阳消息，用草窗韵，词以讯之

云影阔，乡书倩谁达？雁声凄切。梦黏柳絮，秋先梧叶。如豆灯光渐冷，照词人、双鬓成雪。伤离别，十年落魄，旧游重说。

瘦损吟怀应怯。可关情、红稠翠缺。问玉楼、东风帘幕，零香都歇。镜里春山，画不就、眉黛青青时节。杏生尝修禊岳麓山，用西人影相法画《美人香草图》。倍呜咽，分倚愁边片月。

湘春夜月 待石园废为酒楼，重过志感

认疏林，尚留枝上斜阳。可是燕子归来，仍绕遍回廊。待把别情重诉，剩冷蛩低絮，碧藓荒墙。恁酒痕化泪，悲风恻恻，吹入银缸。

当年小筑，栽花垒石，曾费平章。槛外莲漪，听一派、闹红余韵，犹带宫商。敲诗烛短，怎奈他、尘梦苍凉。算渐次，落晨星殆尽、西州未过，先断人肠。己未年，先大夫与黄月崖、熊雨胪、陈花农、李季眉诸老有《待石园酬倡集》之刻，今无一存者矣。

解语花

倚琴梦渺，划水情牵。石阙虽衔，金玦莫解，用梦窗韵，聊惜余欢。

弓边路曲，卍字窗环，家近桃花岸。翠痕一剪。临菱镜、待问画眉深浅。娇歌唱晚，飐云外、笛声悠远。消受他、无限黄昏，悄对冰轮见。

篝火星星乍暖。恁银釭莲瘦，金扣花婉。凝云芳苑。曾密诉、多少乱愁幽怨。琼苞四面，准写入、春风词卷。偏暗中、蜂蝶衔香，寻绿阴庭馆。

前 调

制词之夕，梦作旧游。碧瓦青苔，荒寂殊甚，枕上仍依前

韵词以纪之。说与痴人，犹不胜凄断也。

香偎豆蔻，路问蘼芜，重把乌巾岸。断愁谁剪？凭浓酽、酿得醉痕深浅。帘栊渐晚，蓦银汉、一湾清远。看镜中、容易秋光，不似春边见。

何事炉烟再暖？几笼鹦娇慧，梁燕轻婉。峭风荒苑。无聊是、月冷砌虫幽怨。门前半面，可还忆、崔郎诗卷？吹梦魂、飘落谁家，除槿花庭馆。

喜朝天 咏海棠，和晁无咎韵

是调他无考证，后阕句多未谐，《词律》为补二字，不为无见。余因原作写花尚未尽致，姑从万氏说漫为继声，愿知音者订正焉。

晓云残。卷帘乍晨妆，悄对芳颜。露点微晕，正烟苗绽碧，星蕊流殷。何处零脂碎粉，漫装成花鬘斗斑斓。春恰在、绿阴院落，红韵阑干。

霞绡剪剪初着，怕欲晴还雨，新暖犹寒。便启金屋，恁年华绮丽，意态幽闲。为问瘦仙聘未，料东阁、吟香更疏顽。拼同与、良宵不睡，烛影屏间。

合欢带 桂阳州有小船名红绣鞋，戏占是解

春江脂滑初融。问谁踏、浪花中。紧系斜阳帆脚窄，看靴纹、浅翠蒙茸。船娘唤起，一钩月影，瘦到烟篷。讶盈盈、几

番却步，手提金缕玲珑。

乍敲双桨响弓弓。记芳名、风头同。小试凌波搴水佩，飐蜻蜓、弱不禁风。轻分藕覆，莲香谢瓣，采向疏丛。待停桡、玉杯行酒，更听新调唱吴侬。有小曲亦名红绣鞋。

秋 霁

陈筱斋，二十年老友也。弦诗斗酒，选胜征歌，有游必俱，无饮不醉。中间叠经离合，自戊辰作令浙中后，不复与君面矣。去秋忽以痁疾，奄息西湖，童乌早化，寡鹄何依，重可伤已！爰倚商调，用代招魂。殁前数日，犹书团扇寄湘中梅伶，故末句及之。

斜月西泠，正断雁啼乌，倍送萧瑟。恨渺江潮，梦寒吴雨，愁边许多秋色。更谁弄笛，泪丝早被风吹入。恁太息，遥掬、一双红豆吊词客。

还忆载酒，夜醉长沙，料应春衫，香雾犹湿。趁东风、连钱并辔，萋萋湖上草痕碧，重作俊游能再得。最断肠处，才寄扇底相思，玉梅花冷，怕窥圆魄。

忆旧游

甚新弯斗翠，醉颊匀红，又是花朝。待唤斜阳渡，趁三篙送绉，荡上兰桡。嫩风渐飘金缕，吹绿最长条。算艳冶光阴，江湖梦寐，一倍无聊。

魂消，旧游处，记饲了鹦笼，移了莺巢。对半帘新月，把清愁幽怨，偷按琼箫。耐得酒边滋味，曾占可怜宵。奈絮影天涯，兰膏细蕊谁共挑。

明月引 咏夜来香

是调赵白云自度曲，陈君衡尝和之。前阕与《江城梅花引》无异，后阕无叠字，且多二句少一韵，音调迥殊。或《白云犯》别调成之，故新立是名。《词律》谓即是“江城梅花引”，说恐未确。

芳心一点透玲珑。认疏丛，绽秋容。暗把灵芬，酿到十分浓。约待黄昏番信准，消受得，殢窝云、清梦中。

兰闺乍搴纱幔重。问瑶台、谁更逢。谢娘妆罢，遮团扇、纤影朦胧。送过纳凉时节，鬓边风。雾里花，花里月，相对处，似花人、怜个侬。

花犯 寄怀张语山衡州，用碧山韵

时难弟曼生甫经奄化，余亦追痛六兄，彼此同悲，无嫌苦语。

遍衡峰，苍烟瘦影，冥蒙映湘水。暮云千里，奈雁语凄凉，遥送秋思。采将豆子凭谁寄，新词应更倚。料乍卷、一帘岳翠，箫声斜照里。

天涯片帆挂西风，鸥波正莽荡，流云低委。芜韵冷，听蛩絮、共怜憔悴。伤心是、客中夜雨，把旧梦、连床重逗起。剩半枕、霜痕清绝，余温空大被。

前调　题花侍老人梅边晓梦图，叠前韵

瘦婵娟，花边唤醒，亭亭镜溪水。夕阳千里，听翠羽啁啾，低诉离思。岁华渐晚乡心寄，阑干谁并倚。料剩与、断霞残雪，蒙茸烟浪里。

江湖十年奈飘蓬，怜君泥影事，轻尘犹委。春正好，看驴背、鬓丝憔悴。红桥路、角声破晓，趁月落、鸟啼人未起。问记否、燕支颜色，香魂苏毳被。老人曾出塞。

还京乐

毛季乡编修同年、陈筱斋大令、屈舜丞秀才相继去世，旧日酒徒，零落尽矣。余亦落魄依然，浪游靡定，追怀胜侣，渺若前生，倚清真韵以抒抑抑。“画烛银盘，影摇红泪”，方三衢和词先得我心哉！

玉筝冷，漫向猩帘翠阁弦再理。记俊游前度，柳丝绾梦，黄金空费。正殢香扶醉，青衫黯淡缁尘委。奈细浪，摇暝溅入，相思红泪。

向孤灯底，算年来寥落，潇湘荔雨，情怀蘋雪况味。重寻十里春风，又何心、旧时桃李。待招魂、空九陌抟沙，季卿殁于京邸。双堤划水。筱斋、舜丞均殁浙江。纵剩晨星在，江湖今更憔悴。

玉京谣

柳絮光阴，云烟过眼。落花身世，茵溷惊心。倚梦窗自度腔，所谓“夷则商犯无射宫者”，漫制小词，泪湿青衫，要不过空中传恨耳。

碎影池萍聚，绿沁波圆，不奈风吹破。白夹飘零，年来惆怅尘涴。算十载、残梦依稀，只剩得、吟边单舸。愁无那，蒲帆细雨，薰笼余火。

嬉春记得挥鞭过。醉瞢腾，正翠茵乍堕。双织金梭，莺儿无赖颠簸。任一枝、蝴蝶偷移，问可也、花梢红妥。苍烟锁，何处柳丝低亸。

朝中措　题平山春禊图，和六一韵

江山丽日晓云空，莺滑玉箫中。谁擅一枝词笔，更来点缀春风。

红桥胜约，花捎翠袖，月浸金钟。占断绿杨城郭，十年梦稳诗翁。

塞垣春　题塞上归云图，用清真韵

瘦月低霜野。望虎帐、征鞍卸。茫茫白草，雁边秋早，风景谁画。信十年壮气英英也。料别泪、何曾洒。更诗才、惊奇绝，玉关哀怨重写。

铙吹锦衣还，耽吟事、依旧风雅。剑匣吐寒芒，听长啸遥夜。更披图、尚带乡梦，低徊向、雪花天山下。一鹗纵云表，劲弓浑欲把。

风光好

唱杨枝，折杨枝。三月东风万缕丝，断肠时。

蘼芜绿遍长亭道，春光老。晴日初长夜漏迟，耐相思。

陌上花　潇湘夜雨

江山唾绿斜阳，阅遍倦邮荒棹。玉箭频催，灯影扬红低照。入宵更送潇潇响，一滴一声人老。怕愁痕、溅上旧时斑竹，万竿青袅。

遍藤萝薜荔、吟边楚客，惯倚篷窗听饱。雁语零星，待谱素徽新调。鸡鸣飐入相思梦，渐看湿云侵晓。倩荆关、点缀屏风苍翠，画图传稿。

玲珑四犯　烟寺晚钟

湘月朦胧，望树影参差，云气如绣。料得僧楼，红晕废龛灯瘦。浓翠净洗芙蓉，待唤醒、睡余岩岫。更泪边啸遍猿狖，催趁夜阑时候。

渐听余韵留鲸吼。度疏林、乍停还又。拥衾顿觉尘心寂，何况新醒后。深夜倦客梦回，记呗语、寒山曾扣。待曙光，欲破应自勘，浮生透。

凤池吟　山市晴岚

叠巘丛峦，绿阴阴处，昨夜宿雨初晴。望参差屋瓦，檐霞未亘，铿火方生。翠杪红梢，飘摇化作水云轻。空蒙一片，山容骀宕，晓睡才醒。

飞桥隐隐何处，看晕痕欲活，溅入泠泠。认依稀人影，堤回草合，径曲花深。漾碧纹纱，倚窗鸥语隔烟听。吟眸豁，写有声、画里诗情。

定风波慢　渔村夕照

趁清湘、欸乃声中，晴光敛滟绿净。水泛桃花，篷轻箬叶，小艇垂杨荫。断霞明，峭风定，一抹峰腰夕阳影。交映，看青山翠涨，酡颜霜鬓。

晚烟渐暝，晒新罾、破网柴扉冷。待蓑衣收拾，行沽柳岸，闲约邻翁饮。醉瞢腾，钓舷枕。渔唱参差忽远近，宵静，笛声催上，月轮如镜。

大有　平沙落雁

关塞年华，稻粱身世，恁秋来、无奈消瘦。莽天涯、苍烟落照依旧。西风扬入洞庭早，遍荒洲、潮痕消后。趁暮色上凉花，芦边雪浪犹绉。

听烟语，怜旅堠。两字寄相思，远人知否？休隔衡峰，又早暮云回首。却待把冰弦奏，宛啄宿、飞鸣时候。怕前汀、素月轻笼，新寒夜陡。

燕山亭 洞庭秋月

缥缈仙楼，霞影乍收，有客阑干方倚。何处雁声，唳入遥天，望断暮云千里。出浴冰蟾，澈上下、织尘都洗。谁似，看一片空明，尽饶诗意。

遥指银海苍茫，正岸帻寻秋，举杯相对。铁笛夜吹，莽荡鱼龙，深宵顿惊清睡。如此湖山，算供得、朗吟游戏。同醉，应挽住、圆轮休坠。

金菊对芙蓉 远浦归帆

梦里关山，吟边烟雨，谁怜断梗飘流。正马当风起，才买归舟。蘅芜漫为嗟零落，趁骚情、采遍芳洲。春光依旧，绿波碧草，销尽离愁。

渐觉路近潭州，倩帆梢夕照，为我迟留。料天涯盼断，曾卜刀头。鸟边送到连云影，怕垂杨、遮了妆楼。待看今夕，绕船明月，一倍圆不？

玉蝴蝶 江天暮雪

一抹波光摇暝，霞残鸦背，云凝鱼鳞。剪剪风飘，花边点入春痕。尚留得、湖堤芦泛，才苏了、江上梅魂。暮烟横，借来素月，忘却黄昏。

双清。谁携短棹，湘湾卅六，宛泛山阴。低唱尊前，阳春新调待重赓。飞笛中、高楼有韵，听画里、流水无声。证吟情，长天纵目，若个聪明。

月下笛　寄家商农新化，用乐笑翁韵

万里征鸿，湘烟渐隔，夕阳何处。纤纤柳、犹记旗亭踏歌路。铜荷尚注星星泪，何日再、清尊话雨。奈西风吹暝，凄迷断雁，乱愁谁语。商农去秋丧弟。

离绪，萸江暮。是一样伤春，瘦怜鸥鹭。谓黄炳溪，时客商农署中。关心倦旅，客中吟事犹苦。廿年前寄相思句，问碎墨零章记否？庚申有诗寄怀炳溪，未答。望不尽，碧云天，遥夜冰蟾挂树。

渡江云　坦园寓目，用玉田韵

时余将作滇游，花鸟有情，顿觉俱含别意也。

新萍春在水，小池送绉，风软午晴初。短篱交蔓影，界画花畦，柳外试鸦锄。针头簇簇，泛鱼苗、乐到江湖。何日更、芙蓉秋露，红濯锦千株。时新插芙蓉。

嗟余，愁凭酒祓，兴逐云颓，又飘零何处。空负却、莺憨语碎，蟾瘦轮孤。离情写入芭蕉绿，卷红心、应替传书。频属付、好风催放文无。

以上卷五《桐轸双声》

海棠春　邻舟歌饮达旦，感而拈此

轻风飐梦流云腻。待挽住、月轮西坠。料得酒痕多，泥入梅花吹。

昔年曾作轰腾醉，尽领略、檀槽滋味。客里逗乡心，更比弦弦碎。

梦横塘

舟泊武陵，旧游零落，程雨苍秉铎此间同发长沙，先三日抵郡受篆，过访留赠。

断尘消酒，坠梦黏茵，漫寻前度游迹。一舸鸣榔，早负了、武陵春色。愁并江浓，病和诗瘦，旅情寥寂。偏微飔飐雨，阵阵吹寒，先飘碎、篷窗笛。

天涯又作抟沙，看征驹乍解，过雁旋集。烛蕊星星，重照到、故乡良夕。望前路、蛮云万里，算与骡铃诉飘泊。待寄相思，月明无恙，问梅花消息。

尾　犯

淡月破黄昏，何处画楼，遥弄长笛。万顷鸥波，又苍茫凉夕。惊雁外、霜踪渐晚，忆莺边、烟丝细织。翠衾犹展，可奈双鸾，分照离人色。

芳尊曾话别，襟上酒雾还湿。泪迸银筝，认冰弦端的。问番信、封家准否，怕归期、王孙未必。更怜憔悴，瘦到菊花秋一搦。

并蒂芙蓉

登芙蓉楼，新涨欲满，旧侣已非，独客重游，惘惘兮冰心一片也。

一舸烟波，正半篙水涨，平明寒雨。潭影泻芙蓉，信风景如故。楼头昔年送客，雪壁犹留旧题句。踏云暂住。任阑干、倚遍斜阳无语。

龙标漫嗟谪宦，看求诗络绎，银镮蛮女。沅芷吊骚魂，擅文采今古。鸦鬟可还解唱，待向旗亭歌重赌。玉壶买与。酹村醪、瘴云深处。楼下即少伯祠。

扫花游　沅州舟次寄怀王壬秋成都，用清真韵

接天碧草，记饯送旗亭，别情凄楚。绿杨万缕，任东风作弄，欲停还舞。绛蜡飘烟，扬入巴山夜雨。踏歌去，趁春暖锦城，丝管浓处。

分襟才几许。便荡漾萍波，瘴云前路。玉尊翠俎，问何年再展，酒边笺素。只雁寥天，唳出离声最苦。正延伫，莽斜阳、又传津鼓。

临江仙 杨林旅店，和壁间韵

杨柳渐惊秋信早，离痕吹上丝丝。邮亭近接晚烟低。行行犹去路，草草负花期。

不信蛮山能隔梦，如何归梦都非。客程更逐瘦蟾西。烛边添别泪，并入碎红啼。

向湖边

张伯琴同客昆明，诗酒正怡，忽作归计。濒行，出词集属题，倚此志别。计到家山，春光正好，真“陌上花开缓缓归”也。

陇雪梅花，羌风杨柳，笛里客心吹碎。万里飘梭，又苍茫滇海。趁酒边、艳语欺花，狂杯飞雨，依旧昔年无赖。醉觑仓山，甚烟云变态。

归兴无端，忽动鲈鱼脍。芳草正碧色，衬斜阳天外。洱月窥窗，问何时圆再。遍芙蓉一任骚魂采。饶余韵、摇入画船新欸乃。点缀吟毫，斗春三眉黛。

满江红

接叶交柯，费芹泥、香巢才定。记几番、回灯送酒，余醒犹剩。舞态搀将杨柳活，艳情写入桃花晕。渐一枝、红影上帘栊，斜阳冷。

花廿四，迷芳信。鳞卅六，沉芳讯。料彩云揾断，模糊难认。丽句鹦哥浑欲忘，行踪燕子凭谁问。遍春城、吹暝入离痕，东风恁。

曲游春

寒食日，偕同人款步菜海，醵饮少白楼。用草窗韵，以志胜赏。

菜海东风软，趁柳烟低互，游骑如织。试卷帘栊，望红楼一角，翠萦檐隙。镜里波光隔。送几处、参差渔笛。泛乡心、宛到潇湘，勾起芷兰离色。

绮陌，苔茵凝碧。看槛曲红嫣，春晚寒勒。弹指芳韶，怕梨窠雪冷，楝巢风幂。珍重酬寒食。破半晌、酒边寥寂。漫信输与王孙，欲归未得。

江城子

柳丝亭馆杏花风。卷帘栊，月玲珑。何处歌声，飘荡水西东。料得画楼寒有韵，吹梦入，露华浓。

湖阴曾记泛烟篷。引杯筒，醉惺忪。绮丽风光，约略此宵同。一曲歌残人万里，空缱绻，暮云中。

小重山

断雁西风秋信遥。客窗残醉醒，倍无聊。自偎清影伴兰膏。

相思味，耐得可怜宵。

别泪为谁抛。新痕添上了、旧冰绡。无情疏雨更飘萧。一点点，卷梦入芭蕉。

金明池

吴三桂踞滇时，筑野园于菜海上，穷极亭馆之盛，为陈圆圆藏娇处也。今已废为菜圃，有山茶花一树，乃圆圆所手植。玉屧一双，藏尽忠僧寺。秋日往游，怅然倚此。

游鹿空廊，残萤废苑，绿绣荒苔满路。偏飒飒、西风送暝，更飘到廉纤细雨。剩瓜棚、豆架纵横，辨不出、玉辇香车游处。料蛩语青繁，鹃心红溅，宛把兴亡低诉。

记得吴宫花有主。尽燕燕莺莺，教成歌舞。拚双照、昆池月镜，隔万里、蓟门烟树。怎无端、坐热蒲团，可慧性莲胎，前因兰悟。看凤舄留香，鲛珠摇艳，问否春光留住。

多丽　陈圆圆玉屧

颤娉婷，当时却步盈盈。记翻成、凤头新样，舞从掌上还轻。听弓弓、乍辞汉殿，偏款款、又按秦筝。蹀躞吴宫，蹁跹蛮地，红罗几踏故山青。趁良夜、手提金缕，衩影腻银屏。何堪是，娇添尼子，吹下飞琼。

算马嵬、佛堂罗袜，古今一例伤情。印芳踪、落花有泪，寻芜苑、响屧无声。六诏埋香，双趺结梦，可怜莲瓣谢西清。问曾否、铜台春锁，卖履忆深盟。空留得，弯弯月子，瘦影仃傳。

满朝欢

柳屯田追忆昔游，自度此调，客窗展读，顿触离悰，率尔继声，并踵原韵。

红语怜莺，翠痕飘燕，帘栊梦逗春晓。一角斜阳送暝，瞥上林杪。韶光畹晚，又桃霰闭门，萍星萦沼。料得个人，天涯望断，连云芳草。

犹记悬灯唤酒，款月敲诗，博得花魂嫣笑。坠欢莫续，胜地何心重到。横玉凄凉，画楼风冷，但觉阑干静悄。纵有锦字偷传，难写年来怀抱。

南歌子

酒醒孤灯灺，风凄四月秋。客窗不耐雨声稠，况是三分病凑七分愁。

偎梦怜红蒻，勾香记翠篝。离情待寄水东流，无奈滇池倒向海西头。

凄凉犯

明季妙法庵女尼超乘闻国变，与其徒十七人举火自焚，时甲申四月八日也。滇人哀之，更名曰火烧庵。庵在五华山侧，秋日往游，用石帚翁韵词以吊之。

夕阳巷陌。垂阳外、西风无限萧索。破庵正对，纵横败垒，断笳荒角。客怀最恶，况蛩语烟芜淡薄。剩龛灯、琉璃冷焰，梵语度尘漠。

犹记翻经处，指月通禅，咒花行乐。沧桑梦幻，莽罡风、天边吹落。笑问如来，恁色相空空漫着。会龙华、肯负四月八日约。

绣停针　菜海吊沐氏废园

崇祯癸未，沙定洲所毁。

仗剑起，趁万里风云，信英雄也。带砺河山，边徼建牙，海上革囊应跨。运筹余暇。更点缀、筠廊花榭。大功赐第中山，一时共增声价。

烽烟遍四野。恁沸起狂澜，石鲸秋夜。梦幻侯王，何处故墟，付与夕阳西下。坏墙荒瓦。辨不出、菰洲芦汊。漫嫌寂寞，棹歌尚从渔舍。

虞美人　寄怀陈杏生

年年花事春如绣，只有愁依旧。愁边记否送君时，正是武昌杨柳雨丝丝。

行踪待约池萍定，不奈风吹恁。离愁漫道似春潮，但恐春潮雨后有时消。

八六子

蛮酒滟碧，猩苞濯红，小集依园，盘桓竟日。棖触旧游，不觉酒波化泪也。

趁东风，如烟芳草，平原齐试黄骢。正细雨初拭阑干，薄日微烘画幌，莺边乍捎乱红。

花魂漫隔帘栊。俏影临波欲颤，余香沁酒犹浓。暗自计芳期，故乡吟侣，梦痕如醉，几度相逢。天涯外、纵写缠绵露蕊，谁怜缥缈云踪。问芙蓉，何时又描镜中。

步　月

绵恨生同客滇海，云有湖伎名满者，甫至湘中，冷落殊甚。为营金屋，始负艳名，外舍双栖，誓同生死。一日往访，则尽室行矣，继乃知归莫孝廉为篷室，絮谈往事，若不胜惋惘者。余谅其情而病其痴也，词以广之。

寄迹湖云，小名圆月，问年刚合鸡筹。蝶帏鸳毾，翠缕锁妆楼。正花外、暗飞玉笛，更酒边、偷写银钩。猩帘下、红霙欲堕，扶梦上枝头。

飕飕，枫叶暗，四弦恁掩抑，弹到邻舟。破衫尘黯，珍重唾痕留。奈流水、萍星易散，况客窗、蕉雨先秋。愁无睡，盈盈剩与待牵牛。

秋宵吟

长春花瓣，略似梅花，红嫣可爱，一月一花，滇中遍地皆是，词以赏之。是调乃石帚翁自度腔也，注曰越调。原词“古帘空”至“箭壶催晓”，与下“引凉飔”至“暮帆烟草”，句法既同，诸去声字无一不合，万红友疑是双拽头，不为无见，应分二段，下作一段，为三叠，且原词叶韵皆上声，亦宜遵守，戈顺卿论之最详，较万氏之说尤确。

海霞浓，瘴雾暝，阵阵东风催紧。黄昏候、又淡月朦胧，替描梅影。

吭繁香，傅茜粉，绣出蛮天云锦。闲庭院、算未老韶光，四时芳景。

艳冶情怀，趁笑倚、阑干昼永。唤莺萦翠，倩蝶捎红，俊味共谁领。番信经年准。漫许霜华，飘到画省。任骚人、遍舞花鬘，春日秋日半醉醒。

满庭芳　鸡枞菌

香荐朱樱，芽抽翠笋，醉边春色阑珊。戏擎珠伞，新味更加餐。认取红丁簇簇，蛮烟外、薄晕斑斓。看仙子，霓裳绀袖，影颤羽衣单。

园官，持赠处，圆分玉粒，艳夺银团。似匙滑莼丝，羹脆梅丸。谁与齐芳六诏，撑虎掌、晓露初干。何年又，红尘飞骑，一笑进金盘。滇中虎掌菌味亦佳，明熹宗嗜鸡枞菌，每年驰驿以贡。

昼夜乐

蕉窗隐红，苹溆萦翠，客愁潮涌，别痗云连。用柳七韵以写我忧，原作后阕第五句漏未叶韵，爰为补之。

相思翻悔曾相遇。忒匆匆、轻离聚。柳丝漫敌愁丝，输与千端万绪。绿遍池塘春又暮。更添了、一天晴絮。怪底小金铃，任红霙飞去。

云情缥缈谁堪诉。算无端、芳期误。落花竟放春归，燕燕衔将留住。卷却芭蕉心上雨，悄阑干、更无人处。容易作秋光，怕流萤偷度。

春(光)[风]袅娜

大理段功以援昆明功，梁王以女阿禚妻之。后有谮功者，王欲以孔雀胆酖功，阿禚愿与同饮，遂不果。旋射杀于官外。阿禚作歌曰："吾家住在雁门深，一片闲云到滇海。心悬明月照青天，青天不语今三载。黄蒿历乱仓山秋，误我一生踏里彩。华言锦被也。云片波潾不见人，押不芦花颜色改。肉屏华言骆驼也。独坐细思量，西山铁立华言松林也风潇洒。"不食，以殉葬滇海上，词以吊之。

又芦花如雪，瘦到深秋。朝汐落，晚烟稠。墓门前、恻恻纸钱风起，岁时儿女，犹拜荒丘。风闼飘芬，鸳帏偎篆，恨泻波潾和泪流。绿绣苔碑尚无恙，黄零槐国可还留。

当日珠奁翠帐，银鞍乍解，按箫谱、引上秦楼。踏里彩，爇香篝。谁怜孔雀，双宿绸缪。铁立飞涛，冷吟鸦雨，肉屏驮梦，远趁鸡筹。歌声呜咽，剩青天明月，年年一片，悬向坟头。

个侬　题杨升庵祠壁

《词律》谓是调即是《六丑》，升庵以名不雅，驯取首句"恨个侬无赖"，故换此名。按《六丑》，乃美成自度腔，升庵和韵既多脱误，句法平仄，尤极参差，《词律》逐句辨论异同，可谓详矣。然必指为即是《六丑》，深诋《图谱》另立一体之非，是则未免失之武断。夫以升庵之才大心细，岂有和周韵而或讹脱者？且句法平仄互异至十七句之多，虽俗手亦不应鹘突至此，况天才卓绝如升庵乎？升庵精于音律，如《落灯风》《款残红》《误佳期》诸调皆其自度腔，安知此调非犯《六丑》而成，其叶韵又多与美成相合耶？不然方三衢、吴梦窗俱有和美成之作，升庵竟未之订正，何也？率仿升庵体并和原韵，与《六丑》无涉，知音者幸教我焉。

剩破庵斜日，疏柳外、寒鸦飞掷。池漪摇漾，锦袍曾照影，可渍吟迹。箐雨暗秋边，望秦树蜀山，梦遥乡国。琼林犹记新承泽。红杏东风，春浓芳陌。奇才何人解惜。几赦下金鸡，君门终隔。

行窝待觅，又乱烽腾碧。锦织闺房，浮沉信息。荷戈竟老词客。奈严武难逢，累臣愁极。只博得、戴花骑象、浪醉足写遍蛮姬。裓鸦鬟、尽倾侧。听芦笙、尚警深夕。奏迎神、大理新腔曲，魂兮得得。

六　丑

余既审定《个侬》非《六丑》矣。《词律》一书，人苦其严，辄加诋毁，而好为高论者又讥其不解宫调，不知自元以后，宫调要眇久已沦亡。红友遍考宋词，凡四声相合者指为词中要领，人苟循而守之，自不与宫调大相剌谬，不得谓非两宋功臣也。余年十八，即学倚声。亡友方剑潭选曾茶村、程雨苍、程辅熙、韩申甫、傅章灿暨余为《湘中六逸词钞》，将付剞劂。咸丰乙卯始见《词律》，深悔少作之误，急索原稿毁之。自是渐就范围，兢兢墨守，虽偶参臆说，不无异同，究未敢昧瓣香所在也。用清真韵率题卷端，遥赠红友，并寄昔年倡和诸子。

笑春蚕乍吐，渐悔把、丝牵梭掷。脆箫共吹，连翩翔凤翼，自计陈迹。少小曾骑竹，浪吟狂醉，遍芷兰骚国。流传俊句搴香泽，六逸乌巾，三生绮陌。韶光酒边堪惜。奈星源别脉，尘梦犹隔。

新声寥寂，任鸲函沁碧。乐府寻宫调，空太息。知音幸遇词客，料红帘订谱，古欢何极。停尊处、露渍吟帻。谁人更、赌向旗亭画壁，翠欹欹侧。荆溪外、远溯秋汐。似少陵、老去论诗细，金绳诧得。

应天长

帘月筛花，甃露濯酒，宛然八年前蔓花室景光，用清真韵以绘昔游。夜深忽梦少年事，正不仅商妇啼红也。

虫吟絮暖，花韵弄寒，闲庭乍倚晴色。尚记俊游前度，樱厨试新食。排丝管，频泥客。尽破了、醉边寥寂。倩明月、剪碎帘波，绿蹂红籍。

无奈遍天涯，到眼风光，今夕又蓬壁。燕燕最怜飘泊，迷离认烟宅。凭归梦，寻翠陌。可剩与、坠香莲迹。问浓淡、画里春山，滋味应识。

探芳信

三月二十六日旗亭对酒，回忆己卯闰春将作滇游，二三故人亦于是日对花作饯。年光易逝，归约难谐。用玉田韵，命渝童引芦笙度之。

又清昼，正燕外寻诗，鸥边款酒。剩客情云乱，飘零尚依旧。东风尽送荼蘼艳，不奈春心瘦。任芳时、碧晕阑干，翠迷庭甃。

驹隙信驰骤。记檀板猩帘，笋篮猿岫。银烛留烟，还扬晚风否？波痕料比当年绿，南浦频回首。遍离愁、搅碎丝丝细柳。

喜迁莺　初夏，和樊榭韵

钱荷新叠，待买住艳春，春波无尽。绿溅烟篷，红翻云縠，梅雨尚留余润。几番冰纨轻试，茉莉风回香鬓。瞥槛外、对双鸳翠盖，勾人离恨。

花信怜廿四，年又一年，待掐荼蘼问。桐乳分茶，樱唇滟酒，犹剩葱尖纹印。梦回澡兰帘幕，闲倚屏山人近。怕轮指、又星期到了，秋风催紧。

薄幸　自谋归计，秋以为期，用吕圣求韵寄内

虫声催晚。又绕遍、阑干梦懒。看云外、盈盈横练，摇漾秋心何限。记当年、闲凭吟肩，屏山宛转红衣见。况笛里敲诗，酒边款月，韵写海棠庭院。

忽忽地、三年也，孤负却、花浓香满。几番凭锦字，缄愁织艳，东风乡信梅梢展。尽吹琼管。恁相思、谱出离声，泪迸筝前雁。重阳过了，为报归期未远。

浪淘沙

去滇有日，忽遇夏葆生大令，二十年前旧雨也，拈此见贻，次韵留别。

蕉雨碎秋声，冷到银筝。旧游絮与砌虫鸣。一片小桃源里月，曾照前生。小桃源，君湘中旧居也。

词笔老兰成，憔悴生平。滇山万里暮烟横。驿路西风凭雁字，写出离情。

以上卷六《滇池渔唱》

一萼红

石帚老仙人日定王台探梅，尝倚斯调。壬午人日，夏芝岑观察招集台上，喜继游踪，踵韵有作。

醉花阴。趁玉梅未老，胜侣对瑶簪。石帚风流，贤王故迹，阅遍今古升沉。又付与、词人点缀，听脆语、酒边斗鸣禽。燕簇春盘，竹骑灯市，眉月初临。

回数边徼时序，剩滇云黏鬓，海雨惊心。去年人日泛舟草海，适遇大雨。峰雁刚回，沼鸥乍捉，台榭遗址堪寻。问无恙、王孙归未，遍草痕、黄绽一钩金。更待投诗汨罗，荔软萝深。时约为屈子作生日。

前　调

定王台荒废有年，粮储夏公葺而新之，叠用白石韵以志欣赏。

女墙阴。望建章宫树，何处绿如簪。土辇长安，基开贫国，不信陆地都沉。迸苔缝、断砖初拭，供砚谱、佳帖写来禽。观察于台基得汉砖数片，制砚甚佳。袖展贤王，襟题仙吏，胜境重临。

为问当年帝子，剩萋萋荒草，荏苒春心。隔水悬灯，因梅叠石，试登杰阁千寻。忆前度、菜花风里，莽斜阳、黄映满畦金。台下曾废作菜园。更听慈乌一双，啼入烟深。

前　调

白石人日定王台探梅，曾谱是调。芝岑粮储既重葺此台，复补种红梅数株，每逢人日招同人修探梅故事，绘图征词，爰叠石帚韵并仿其体作此，为梅花问。

立苔阴。问东风吹艳，几日逗霞簪。早染桃绯，迟飘杏带，更觉香送檀沉。又续了、词人断梦，待说与、枝上翠衣禽。买就燕支，织成云锦，粉本重临。

同是西江宗派，乍调匀茜雪，绘入诗心。醉倚酡颜，烟分绛蜡，今古胜侣追寻。不孤负、年年人日，信春宵、论价直千金。试较芙蓉苑中，若个花深。

夜飞鹊

郭子净出使东瀛，濒行，出旧藏《读书秋树根图》索题，拈此赠别。

蘋花绽凉处，先借秋清，残月远挂旗亭。湘屏无限画中路，海波遥浸东瀛。行行待拈水调，听风前鼍鼓，岛畔鸾笙。离情浩荡，莽斜阳、万里鸥程。

回首故山烟树，灯影飐吟窗，挑碎秋声。良夜重寻余味，囊边剩与，曾照流萤。藓痕瘦尽，遍青苍、绣向闲庭。料春来归梦，池塘草长，书带青青。

高阳台　题桃花燕子图

旧梦黏花，新痕堕水，几番小社相逢。待觅香巢，轻波剪碎帘栊。柔情婉转凭谁诉，尽喁喁、絮与茸红。恁东风、吹遍江南，消息愁中。

纤纤惯弄迷离绿，剩湖堤十里，何处烟笼。门巷重来，可怜缥缈云踪。缠绵露蕊刚春晓，瞥斜阳、送冷芳丛。问离悰、柳外襟边，线脚谁缝？

丁香结　寄怀王壬秋成都，用吴梦窗韵

是调《词律》辨论梦窗原作“陡觉晴动，偷花春意”句，“晴”字当是“暗”字之讹，后半阕第二句当以一字领四字。说俱可从。惟周美成、方千里诸作，篇中去声字无一不与梦窗相合。红友漏未指出，恐学者偶不经意，以上、入两声字囫囵填之，仍是毫厘千里耳。

花韵搀红，月波衔碧，曾记俊游扶醉。正曲尘吹腻，又燕语、诉与香巢茸砌。晚风团絮雪，都飘上、鬓边镜里。黏天芳草，画出一抹斜阳诗意。

谁似，望耸翠峨眉，唤醒云容乍睡。乳渍衫痕，薰流衩晕，泥人灯背。姬人新得一女。织就蓉苑碎锦，细雨寻秋地。衡峰回梦远，应寄相思雁字。

花心动

曾茶村作令粤西，御抚苗酋，大府上其功，得优擢，以积劳遽殁。哲嗣出遗照索题，倚乙亥唱和韵，率书帧首。

黯淡斜阳，剩穷边、秋风几行衰柳。角语诉寒，旗影飘愁，琐甲警霜凉透。粤山千叠蛮云掩，倚南斗、夜来翘首。问吹到，衡阳雁阵，有书传否？庚寅秋曾寄书，未达。

梦断词场故友。恁一倍离情，酒边吹瘦。榕雨泫青，鹃月啼红，可是游仙醒候？年年寒食天涯路，访片碣、苔花堆厚。

料岘首、魂归社弦散后。

以上卷七《归云簃琴雅》

以上《坦园全集·坦园词录》，光绪年间长沙杨氏刻本。

张祖同

张祖同（1835—1905），字雨珊，号词缘，晚号狷叟，长沙人。同治元年（1862）举人，后屡试不第。戊戌维新期间，与陈宝箴、王先谦等颇有交往，并曾参与创办实业。有《湘雨楼词》五卷、《湘雨楼词话》一卷（未梓行）。

庆春泽

题王壬秋《桃花燕子图》。图为壬秋游豫章作，今越三十年矣，重装征题，为赋此解。

绿款他乡，红停小社，翠襟飞也翩翩。前度花开，胜游多少缠绵。斜阳门巷应依旧，早东风、换了流年。最凄然、别后遥寻，花底余欢。

歌云近在高楼上，尽重帘隔断，如雨如烟。画里潇湘，香痕不似从前。定巢休话春愁重，便愁多、只有春怜。寄翎笺、心事芳菲，一半难传。

武陵春

信手琵琶弹旧谱，唱断念奴娇。苦苦催人双画桡，云水眼前遥。

风尘万一重相见，歧路记今朝。不及寻常江上潮，来往谢家桥。

水龙吟　游丝

小栏花韵晴初，悠扬上下随风转。略无头绪，浑无气力，漾成凄眷。网断怜蛛，衣残补蝶，缕斜迎燕。只玉人心上，丝丝牢系，等闲是，愁难剪。

休说游踪已倦，尚缠绵、宝钗低颤。撩将画鬟，拈凭纤指，误他双眼。香篆才萦，梁尘轻度，帘阴微见。算青春此际，千般荡冶，在斜阳院。

绿意　新绿

东风旧识，又枝枝叶叶，渲染芳陌。花路条条，都绣残春，随意草痕疏密。屏山烟雨浑如梦，剩几片、落红狼藉。怪唤人、阑畔笼鹦，撩乱午阴难觅。

多事三眠细柳，为谁一寸寸，眉黛凝碧。依约鬟云，便卷重帘，也误绿笺消息。寻常衣袂夸年少，略记忆、者般颜色。问别来、南浦波流，魂是几时消得？

探芳信　拟别词，用草窗西泠春感韵

正长昼，为就蝶移花，闻鹃罢酒。便新愁吹起，东风不依旧。催归难怨春江水，只是人消瘦。故情多、月小钩帘，雨斜飘毵。

双燕送行骤。更忍泪看波，学眉颦岫。画桨分飞，重来尚能否？道侬家住青溪尾，后日频延首。待相寻、只向长亭问柳。

阮郎归

横江几曲碎余霞，楼头坠落花。青山一角是天涯，片云来又遮。

宽绣带，掩纹纱，慵梳双鬓鸦。燕归犹趁日西斜，韦郎不忆家。

人月圆

停杯欲语心中事，低首泪双垂。不分不晓，不情不绪，没个人知。

向花嘱付，千千万万，休负私期。天应怜惜，东风未老，还画双眉。

相见欢

无端一笛斜阳，泪浪浪。何处竹枝哀怨唱潇湘。

空怀旧，歌沉后，晚花凉。亲与宝钗头上整鸳鸯。

望江南　（二首）

今夜月，照见几人闲。却忆玉儿箫管地，梨花如雪满西栏，罗袜不禁寒。

春去也，离恨一重重。昨日萧娘门巷过，杨花飞在夕阳中，清怨抵飘蓬。

谒金门

蝴蝶子，飞去飞来何意。傍着罗裙风细细，落花吹又起。

池上晚妆慵理，明日玉郎行矣。约定归期千万记，不归如此水。

夜飞鹊

“秋来见月思归切，自起开笼放白鹇”，雍陶诗也。吴青田因其意为图，索予题词，为赋此解。

西风甚无赖，吹下梧桐。偷换客里光阴。花间斜月隔帘上，满庭凉露沉沉。幽鹇未成梦，似相怜羁滞，似惜飘零。吴头楚尾，拟凭伊、远寄芳音。

闻说故山迢递，千里共婵娟，还计归程。休道文章无用，江湖博得，年少才名。萍踪莫诉，莽秋云、看即飞腾。只江南句好，方回老去，肠断谁听。

桂枝香

徐叔鸿属题唐开元“信简”拓本，简范铜，为之文曰：“大唐开元神武皇帝李隆基，本命乙酉八月五日降诞，夙好道，真愿蒙神仙长生之法，谨依上清灵文投刺紫盖仙洞，位忝君临，不获朝拜，谨令道士孙智凉赍信简以闻。惟金龙驿传，太岁戊寅六月戊戌朔，二十七日甲子告文。”道光末，衡山民人掘土得之，今不知落何所，叔鸿于长沙得拓本也。

芙蓉别径，有尺简流传，古质斑凝。遗制开元绿字，数行堪认。迢迢龙驿风尘道，秘灵文、上清仙境。暮云苍洞，沧桑重见，土花苔晕。

只旧殿、长生莫问。早钗钿成双，零落都尽。金碗人间凄绝，杜陵愁咏。名山一片风流在，尽收藏拓余完本。物犹如此，供人吟玩，替歌长恨。

丑奴儿 （二首）

当时罨碧堂前月，来照凄清。别有闲情，听我花间倚玉笙。幽蛩不解因何事，絮尽三更。隔个窗棂，乱叶斜阶学雨声。

荷花荷叶都无语，却意当年。只爱团圆，亲折花枝上画船。自从子夜闻歌后，心事谁传？如雨如烟，便是鸳鸯记不全。

锦堂春　胡氏园林

走遍回栏石畔，又过浅水桥边。玉扉自守葳蕤锁，南院第三间。

莺踏桃花小侧，燕随杨柳才眠。碧桃偏爱残春雨，冉冉上秋千。

柳梢青

此处亭台，晚凉时节，曾见伊来。消得团圆，爱他纨扇，倚入人怀。

随风重过西斋，又红白、荷花正开。一对鸳鸯，不知何梦，独立闲猜。

水龙吟　秋荷，用草窗韵

洛神仙步凌波，袜罗不染珠尘碎。银河小影，玉奁娇语，未应无意。解佩褰裳，相思只在，美人秋水。卅六陂重到，亭亭青盖，嗟迟暮，西风起。

还问花间幽会，忍看伊、粉松香坠。鸳鸯唤起，疑云疑雨，都教回避。记得江南，梦中清夜，素娥千里。任凉秋露冷，冰容何事，湿盈盈泪。

朝中措 草

短长堤外尽斜阳，匀碧画潇湘。盼断天涯信息，销魂不止江郎。

裙腰一道，踏青时节，莫上平冈。闻道鸳鸯冢上，东风最断人肠。

一痕沙

人在画楼中住，春在落花中去。想望几多时，自家知。

想了又还重想，望了又还重望。愁比去年多，奈他何。

点绛唇

水阔云平，小舟低泊芦花浦。满汀飞絮，征雁依人语。

远远荒城，隐隐三通鼓。斜阳暮，隔江红树，闪出西风路。

捣练子

杨柳叶，黛眉愁，帘外丝丝莫便秋。昨夜月明风定后，倩他扶梦下高楼。

点绛唇　（二首）

风雨连朝，一篙新涨迷南浦。画船柔橹，摇过红桥路。

可惜离人，犹在长干住。伤情处，草痕春暮，绿到天边去。

行到红栏，杏花已是飘零尽。小莺啼恨，只说东风狠。

去岁春游，一对青溪影。今年病，误人闲等，没个归来信。

好事近

斜照也多情，来照旧家池阁。曾是下阶时节，听玉钗声落。

粉衣蝴蝶两三飞，香腰瘦如削。只在红蔷低处，学杨花飘泊。

长亭怨

“树若有情时，不会得、青青如此”，白石《长亭怨》词也。周偶僧以其意写图，既伤离别，复寄摇落之感，属为题词，并成凄调。

是谁画、天涯愁思。一片魂销，树犹如此。恁地凄迷，数重烟雨，碧无际。送人离别，还衬个、旗亭子。暮色可怜生，便欲问、干卿何事？

应记，记江南旧梦，正似者番天气。年年二月，写无赖、六朝山水。料燕莺、不解伤心，更谁识、吴娘情意。莫怅惘青春，还胜西风憔悴。

霜天晓角　（二首）

酒醒时节，眼底征鞍发。只有一株杨柳，高楼畔、莫攀折。

欲说，又难说，江南风景别。曾到莫愁湖上，春已去、两三月。

别酒休辞，紫骝门外嘶。此去阳关迢递，莫便怨、寄书迟。

花飞，絮也飞，晚风吹满溪。却怕今宵来梦，分不出、路东西。

阮郎归

为花憔悴一凄然，年年三月天。拟书心事寄云笺，知他怜不怜。

春睡起，海棠妍，晚寒犹薄棉。沉思香梦记难全，恹恹还欲眠。

鹧鸪天

苦恨轻狂是柳丝，又牵春色出楼西。新来紫燕无归意，旧日青鸾有梦思。

无一语，替徘徊，小阑如昔艳情非。东风自送桃花落，分付啼鹃却怨谁。

西江月 （二首）

一角小楼临水，深林如待归鸦。晚云接雨过山涯，多半今宵还下。

借问败垣颓瓦，当时歌舞人家。桃花荒尽又杨花，留得道旁闲话。

为问海棠开后，几时飘尽杨花。倘随流水到天涯，应过宝钗楼下。

一片绿阴如画，几层帘幕重遮。春心只在那人家，昨日今朝明夜。

大酺 将之都门，倚装有述

正岁将阑，天将暮，城外疏峰愁寂。长安何处是，怕蓬山依旧，一波微隔。莫倚阑干，梅花送我，寒月朦胧吹笛。重重千山水，定瘦驴残雪，乱鸦斜日。况孤戍笳声，听来呜咽，夜深荒驿。

漂零常作客。怎忘却、高唱旗亭壁。此去问、双鬟翠袖，歧路难逢，便相逢、断无颜色。旧泪青衫在，自送与、缁尘堆积。羁旅思、黯萧瑟。回首千里，春雁归来天北，故乡定传信息。

西江月　桥口

两岸柴门临水，人家卅六湾头。片云无意觅行舟，偏在斜阳渡口。

笛韵横飘渔浦，钟声敲落僧楼。暮鸦斜带一行秋，啼入西风杨柳。

酷相思　汉口晚泊

两岸高城寒角起。又风雨、孤舟系。只楼阁平分江七里。大别也、蒙蒙里。小别也、蒙蒙里。

雁过烦将乡信寄。写不及、匆匆字。只言我天涯重叠思。汉水也、情如此。襄水也、情如此。

湘春夜月　送谢麟伯之长安

唤孤鸿，晚来休带离声。奈是瑟瑟残杨，偏种在旗亭。会合本无多日，怎洞庭风色，便促行旌。念苦词慰藉，欢场赠答，随事伤情。

秦关望极，秋来信息，犹未休兵。执手匆匆，都只念、一家流寓，孤陇长征。单车落叶，看马头、残照分明。到灞岸，定梅花折寄、还愁乱后，荒驿难凭。

蝶恋花　忆麟伯道中

汉上题襟襟上雨。我向淮西，君向江东去。亭短亭长芳草渡，送人一样斜阳暮。

水驿山程心暗数。君到徐州，我到夷门住。今夜梦中都识路，相思中道应相遇。

永遇乐　桃花夫人庙

灵气留烟，沉阴怨日，汉滨祠宇。帐袅灯斜，鬟低钿仄，恍惚空坛步。桃花开后，玉容依约，春色年年来去。算芳华、犹存遗迹，故宫寂寂何处？

无情江水，残碑啮断，只荡郢云终古。倘学凌波，洛妃相见，定有伤心语。大别山头，尘昏香冷，怅望明珰翠羽。迎神曲、三章奏罢、楚风更补。

翠楼吟　大梁重九，偕曹镜初登城

望里中原，秋边晚角，黄河直下如带。登临非故国，只风卷沙迷叶败。樊楼前代。怅入夜灯寒，清游谁再。愁无奈，菊花何处，数枝堪采。

却怪，箫管无声，访吹台遗址，故王安在。战旗飘一角，更还说鏖兵云塞。天涯同慨。怕酒后青衫，芳痕都改。高城外，夕阳西下，又添商籁。

长亭怨慢 送曹镜初之皖

怅同是、天涯羁旅。恨别伤离，黯然难赋。满目烽烟，忍堪飘泊，不归去。侧身东望，指点点、金堤树。树外是斜阳，只不见、皖公山暮。

无语，奈萧萧落叶，未把玉骢留住。家山梦里，怎知我、客程还阻。更休说、绝代才华，也一例、琵琶酸楚。怕后夜思量，淮水都无情绪。

瑞龙吟 汴城访艮岳遗址

城东路，惟有几缕残杨，夕阳天暮。荒凉三两人家，路旁借问，前朝故处。

暗凝伫，闻说昔年冈阜，杂花生树。平明辇道无尘，漏声点点，琼津报曙。

题遍椒崖丁障，翠华临幸，炉烟春驻。愁入绛霄，楼前声动鼙鼓。黄沙北徙，胡骑翻歌舞。浑谁问、宫中环佩，飘零无数。寂寞寒鸦语。乱芜没了，荒砖断础。呜咽河流去。凭吊意，茫茫兴亡今古。旧时夜月，曲终凄苦。

秋霁 邺中吊石赵故宫

城堞阴阴，又隐约遥山，四野萧瑟。宝屑吹尘，酒香黏雨，胡儿邺下遗迹。画帘影隔，佩环风动高楼侧。事寂寂，都付牧童，牛背数声笛。

行客几辈，立马斜阳，北原高低，无限秋色。说当年、残碑沁血。沙沉还有断金戟，磷火夜深青未灭。倚啸何处？休问旧时铜驼，上东门外，几多荆棘。

摸鱼儿　漳河吊铜雀台

问斜阳、雀台何处，东风吹老人世。漳河一带伤心色，绿遍往时烟水。歌舞地，只寂寂、荒堆蔓草依稀是。裙腰扇底。已过了春深，鸦来凤去，旧梦醒难记。

垂杨柳，西北枝枝旖旎，新眉争妒宫妓。分香莫问当年恨，云幌乱尘飘起。多少事，君不见、英难儿女都如此。凄凉故址。剩片瓦遗留，供人凭吊，古砚洗寒翠。

浪淘沙　寄内

乡信燕飞还，万水千山。红梅已是隔年看。今夜月明人独倚，那处阑干。

别恨各相关，怀抱须宽。镜波楼上整云鬟。第一落花三月尽，莫念长安。

倦寻芳

唐斐泉约游丰台，闻芍药开尽矣，遂不果行，怅然赋此。

艳情化雨，佳约成烟，春送婪尾。旧说丰台西畔，钿车如水。围带还生迟暮感，舞衣多是凄凉意。怅相思，便香丝赠与，也都无几。

莫更说、长安走马，金漆阑干，难系青辔。后日将离，无语落花风里。前度开迟今又晚，芳名空□刘郎记。更何心，觅残林，曼殊碑字。

摸鱼儿

南下洼有女郎坟一，短碑三尺，艳名香冢。红颜未识，绿草犹芳，春梦徘徊，怃焉成调。

是何时、路旁香冢，碑阴重认题字。美人不为留名姓，只与玉钩同例。芳草地，有远远、西山浅浅南洼水。番风第几？荡旧日芳尘，粉衣蝴蝶，又趁落花起。

朝还暮，梦影红深绿腻，多应飞燕能记。三生杜牧今谁在，直甚钟情如此。春徙倚，便未听、琵琶也带伤春意。斜阳下矣。认一片蘼芜，鞭丝隐隐，人在画图里。

玉漏迟　夜过张叔平，偕登平台望月

玉蟾凉尚浅，归鸦散了，钟声送晚。台畔流云，又向画楼行缓。花影婷婷写照，隐约见、疏烟凄眷。零露染，罗衣淡碧，冷痕微浣。

莫道落拓长安，且共惜婵娟，翠尊须满。千里音尘，惆怅谢家吟倦。故国潇湘甚处，指南斗、横斜天远。宵漏短，银河渐看西转。

浪淘沙

偕叔平过增寿寺别院，叔平指其姬人瘗处，为赋一解。

幽磬隔花闻，清梵如尘。愔愔别院悄无人。燕子不来春又去，立尽黄昏。

芳草最愁君，埋了罗裙。可怜眉黛已无痕。曾是旧时帘底月，如此销魂。

惜余春慢　寄家书

细雨闻鹃，斜阳系马，只有离悰难寄。邮亭坏壁，锁阁垂帘，春在两边愁里。花外弯环，画栏红袖单寒，倦时休倚。想高楼风急，垂杨无定，树犹如此。

还自叹、生小聪明，年年羁旅，始识封侯无计。空江阻梦，废堞销魂，引我客中归思。珍重心情万千，丝鬓绿云，莫教憔悴。待商量偕隐，西山深处，玉梅栽未?

玉漏迟　中秋出都，夜过芦沟

雁儿无意绪。傍云斜度，夜分凄苦。落叶征车，回首凤城天暮。一片秦时古月，已照遍、关山羁旅。凝望处，芦沟西北，数行烟树。

自怜草草天涯，怅负了家园，桂花尊俎。牢落青衫，暗染几痕凉露。今夕未知何夕，甚易水、荒寒如许。愁欲赋，三声两声更鼓。

玉烛新 宿九里关，雨中不寐

宵分天漠漠。又雨雨风风，客程偏恶。故山杜若，添新涨、定有寻芳佳约。琴心瘦却，奈燕羽音书难托。料此际、无数飞红，春人正愁帘箔。

匆匆一夜萍踪，便酒冷关亭，响流林壑。戍楼画角，还添起、五点四更残柝。灯花未落，乍恁地声声萧索。无奈是、归梦安排，休思睡着。

齐天乐 北河早发

玉骢无奈催人起，登车一灯低照。乱辙随尘，重衾卷梦，扶入幨帷寒峭。看看渐晓。认点点疏星，数来还少。望不分明，几枝春树北河道。

回思无限影事，惜花曾早起，花外啼鸟。漏响拖帘，香痕想帐，都是芳时情抱。浮名误了。便如此天涯，一鞭霜草。没见风来，小旗偏自袅。

扫花游

由曲沟至商家林，时遇风雨，因绕小道而行，车中偶写其景。

问天甚事，作客里阴晴，总无凭据。又风又雨，便双轮涴碧，夹罗凉素。别径弯环，十里村庄四五。小凝伫，有人在隔林，闲采香杜。

芳草迷断浦。问送别残春，更谁愁赋。乱蝉四语，指杨枝蘸水，枣花迷路。没个莺啼，冷落天涯倦羽。旧京侣，定相思、暮烟孤戍。

惜红衣　雨中至赵北口赋

晚色停车，凉声在水，鄚城烟雨。贳酒虚楼，青帘出高树。莲花古泊，低系着、渔舠三五。羁旅，如在故乡，唤西津官渡。

燕歌赵舞，往事成尘，苍波自来去。垂杨寸叶，尚学旧眉妩。十二画桥行迹，多半暗沙荒础。问胜游风景，还向野塘鸥语。

青玉案

细雨廉纤，颇似南中风景，偶成小令，言愁欲愁。

帘丝织就愁如许，又一阵、廉纤雨。此际故山啼杜宇。杏花飘尽，东园休问，总是凄凉处。

芳辰十二频番数，昨日春归未天暮。南北东西离别路。莺儿无语，燕儿无影，寻向何方去?

蝶恋花

山东道中，见吴门女史题壁诗词特凄惋，书后。

山上蘼芜山下路。飘泊如花，没过相逢处。小字银钩书缕缕，署名薄命吴门女。

应向苏台台畔住。莫是蛾眉，又被秋娘妒。欲种相思千万树，天涯何处无飞絮。

蓦山溪

停车杜家庙，小憩树下，幽景如画，词以写之。

盘陀径曲，三五人家住。一杵寺门钟，已带着、白云飞去。涓涓流水，宛转小桥横，鸥与鹭。各西东，谁是清溪主?

无情自碧，都说前朝树。送尽远行人，也不记、何年风雨。残碑半段，苔迹字糊模，千岁鹤，不归来，只有凉蝉语。

解连环 王怀卿久滞山左，词以讯之

旅游谁念？怕无憀万种，俊才都减。说近来、不肯疏狂，只斜日，登楼冷霜看剑。九岫鬟青，料衣染、齐烟零点。总无人会得，旧曲猗兰，客路凄感。

年华已经荏苒，便长门赋出，难遇宫监。算第一、惟有归来，趁蘅杜犹芳，楚江堪泛。绿鬓丝丝，莫更被、西风侵暗。渺愁予、暮天怅远，片云又黯。

琵琶仙

别刘保吾十年矣，陈子荫书来，始知其作客皖中，怅然有寄。

千里书来，说公干、异地频年消息。残角吹满荒城，斜阳送行客。临画稿、龙眠黛笔，料无复、旧时山色。瑟瑟秋江，芙蓉怨起，孤咏岑寂。

黯回首、梨院春溶，待凉月、帘阴夜吹笛。花下玉尊香满，染衫罗痕碧。刚一阵、西风暮响，似断鸿、各自南北。换了多少羁愁，几曾销得。

西湖月　中秋岳阳楼望月

纤阿步上遥空，照一色湖天，素轮端正。露横宵霁，云沉夜气，碧波千顷。乘槎休憾远，定别有琼宫、仙路径。便欲问、今夕何年，咫尺桂华秋影。

依稀木叶微飘，又白雁声来，倚楼孤听。羽衣歌倦，玉绳斜转，四更风定。阑干人正倚，莫此际、云鬟憔悴损。且珍惜、后日流光，片帆归近。

一萼红　湘夫人祠

认君山，画屏风小障，祠宇碧阴寒。蕙冷绡帷，椒荒宝殿，香影浓护仙班。更容与、湖波无际，但传闻、环佩下珊珊。一片灵旗，遥空月下，鸾鹤宵还。

休把九歌低唱，奈荃桡曾系，仍隔虚坛。瑟怨声希，峰横黛浅，春色疑有无间。便回望、苍梧云黯，恨当年、龙去未能攀。留得阑干泪痕，竹上斑斑。

东风第一枝　君山九江楼，和余芷丞韵

笛韵湖沉，楼阴路转，长空紫凤疑啸。桂旗才下湘君，望极乱云又渺。波声四绕，似宝瑟、重翻新调。数峰鬟、点点烟螺，楚客俊游曾到。

重访问、二妃故庙。青黯黯、败林蔓草。倚阑愁隔苍梧，断陇尚栽翠筱。登临莫倦，倩画作、蓬山春晓。向软尘、重泛归舠，冷被露汀鸥笑。

金缕曲　题陈守如麓云仙馆图

一幅晴云展。写春山、香屏数叠，黛痕深浅。日夜湘江流不尽，知到蓬莱不远。人正在、瑶华仙馆。半角斜阳阑干影，盼伊人天际轻帆转。三两桁，画帘卷。

残松偃蹇空愁断。莫高歌、苍茫吊古，六朝凄惋。但采幽兰纫作佩，应识孤芳未晚。况已是、才名传遍。二十五弦湘灵瑟，向蘅皋别有离骚怨。谁会得，意深款。

瑞鹤仙　（二首）

曲阑三四转，淡黄柳、一丝两丝残线。西风绣帘卷，记帘阴倚笑，玉笋云剪。天涯近远，怅眉棱、重山隔断。唤千林、落叶飘完，露出画楼人面。

不见小塘方阁，依约黄昏，数枫新染。寻春旧怨，非关是，

燕来晚。奈灯前商意，琴边别调，又把年华暗换。只孤鸿信渺，瞢天误人望眼。

画楼人暂住，倚阑干、日暮有何情绪？愁风又愁雨，只遥山犹学，旧时眉妩。垂杨漫舞，攀折后、无多翠缕。恁萧寒、难系青骢，剪剪寸波空注。

前度悲歌谁诉，锦瑟装弦，那堪重赋。天涯信阻，浑不管，玉颜误。奈伤春池馆，为伊惆怅，怎料秋深更苦。想宵分惟有，凄凉背灯自语。

谒金门

帘影动，一桁玉钩低控。今夜东风花外送，月斜寒较重。

懒把吴弦清弄，云髻独眠偏拥。绣被半床笼着梦，半床仍是空。

摸鱼儿　（二首）

怅重重、楚峰十二，行云还未成雨。双塘生长相思草，欲采自怜春暮。春未去，指落照明边，有个销魂处。红楼第五。认几叶枇杷，数枝杨柳，一颗小桃树。

花如绣，曾是青溪暂住，而今休唱金缕。紫姑乩畔猊烟瘦，仙梦总无凭据。愁欲赋，略记得些些，闲事闲情绪。番风暗数。算燕肯思量，莺将惆怅，都入断肠句。

是清狂、未妨惆怅，香痕襟上曾涴。十三桥畔春犹在，隐隐一层青琐。花影卧，记月在帘边，人在帘边坐。沉沉意可。正银字盘心，粉函亲面，依约玉钗堕。

瑶琴柱，艳曲无人续和，年来情事都左。当时琼姊分明语，准拟两眉愁锁。重误我，已二月花朝，三月清明过。芳音未妥。恁昨夜星辰，今宵风雨，天气也无那。

谒金门

心一寸，刚着十分愁闷。翠黛恹恹慵傅粉，一春长是病。

天外碧云无影，渺渺东风音信。欲倩杨花飞去问，杨花无定准。

霜天晓角 送人之陕西

阳关声里，一笛斜阳倚。何处柳条堪折，长亭子、短亭子。

春水绿波起，数重离别意。望望长安西北，从古是、销魂地。

虞美人

星星红吐疏灯穗，照见相思字。玉笙吹破嫩寒天，特地教人今夜不成眠。

几年不向横塘去，都为春愁误。如今莫问宝钗楼，只有一重花片一重愁。

西子妆　钗影

雕叶临池，安花倚镜，正置帷开清晓。刘孝绰诗："帷开见钗影。"似看青凤宿双枝，恁纤纤、颤魂娇小。秋风尚早。错疑是、枯松未扫。隔帘窥，赚玉台幺蝶，欲栖还绕。

春灯照，碎朵花簪，只没微香到。有时斜顾水晶屏，又行行、半边低袅。凭肩语悄。便移上、檀郎绒帽。蓦难寻，帐里娇鬟溜了。

三姝媚　花影

银笙花外语。恁春魂迷离，隔帘如雾。上了阑干，似黄荃重试，写生新谱。贴地香钿，蹴不损、弓弓鸳步。小蝶寻来，枝叶分明，几回难驻。

前院蔷薇红处。正架底微昏，月儿当午。欲讯朝云，奈愁他千片，折来都误。画鬓斜簪，识镜里、秋娘眉妩。去把芳情低问，朦胧是否？

疏帘淡月　竹影

千竿碧筱，写密密疏疏，一片残照。枝叶玲珑三径，误人低扫。佳人翠袖愁难倚，怅天寒、盈盈催老。满庭凉印，湘妃宝屧，步虚重到。

问南溪、双门闭了。错认是筼筜，织成扉小。似墨无痕与可，又翻新稿。琅玕不许人轻折，赠相思顿成空渺。夜深留客，月华摇碎，画衫青袅。

湘江静 帆影

整整斜斜青草渡。隐还明、惯穿芳树。才低一水，旋高半岭，东风无主。幅幅有斜阳，只篷背、阴晴难据。冥蒙片席，销魂黯然，依前认、月中误。

峭远湾，欹断浦。更沙堤、半身遮住。鱼庄映黑，鸥邻罩碧，又无声虚度。掩了玉人楼，人初醒、错疑天暮。看看到也，霎时不见，春江细雨。

玲珑四犯 阑影

凉月西斜，拓卍字疏疏，飞白低认。半掩回廊，何似晓来平正。刚是侧倚春人，只里外、两边谁省。靠粉墙、送得灯来，端的玉钩愁损。

矮枝红药疑飘尽。渐周遮、翠桐移近。重重不碍弓鞋步，无奈玲珑难凭。围着水上虹桥，浸入双行凄冷。问碧城多远，应一样，朦胧影。

真珠帘 帘影

斜阳挂在闲庭院。下湘帘、写入花枝零乱。悄拂茜罗裙，映碧波都满。月里纤纤亲手揭，便一线、纹销茵毯。重掩，纵春人不隔，也愁凄黯。

刚把犀钩半上，只依他绣榻，铺成清簟。额上片云来，蓦丝丝都黯。才报内层红烛过，又几桁、玉阶还见。齐卷，怕房栊朱翠，画成消减。

疏影　絮影

蒙蒙似雪，又阴晴不定，随着明灭。柳为招魂，花替窥愁，总赖夕阳迎接。词人也自生怜惜，倒浸入、砚池犹活。乍梦醒、斜顾晶屏，认作一团幺蝶。

还拟迷楼月夜，绛仙怨、薄命微步凄绝。点点飘来，江上湔裙，认是斑痕重叠。前宵捉向灯窗畔，便误了、玉纤轻擫。倚绣帘、忽地销沉，已是化萍时节。

徵招　菊影

黄花点缀斜阳里，迷茫晚香如许。便觉有西风，认凉痕摇处。秋容描老圃，两三点、冷萤低捕。欲荐寒泉，井阑窥见，满头簪住。

寒月散金钿，萧萧径、还疑落英无数。渐上短篱东，又墙阴收去。灯屏新画谱，是窗畔、霜枝零贮。纵消瘦、怎学离魂，向卷帘人语。

垂杨 柳影

春人可似，似黛眉隐语，镜中犹殢。暮色千条，只愁难把花骢系。楼窗无缝深深闭，又还见、腰儿眠起。更无聊、和月迷离，写汉宫人字。

还向长亭旖旎，又青眼细窥，别筵杯底。也学销魂，渡头摇得斜阳腻。孤帆才近隋堤尾，便遮抹、缕丝痕翠。添些□、落絮疏烟，如梦里。

瑞鹤仙影 梅影

影儿瘦极，高楼畔、凭他午夜吹笛。绮窗淡伫，前身恍见，者番寒寂。春人悄立，替伊点宫妆粉额。认南枝、新巢睡鹤，衬得恁昏黑。

清浅横斜处，自遇逋仙，便多踪迹。石湖制曲，又姜家、暗香同拍。渐觉模糊，料林下幺蟾小侧。怅痕疏、水墨几笔，画不出。

以上卷一

八声甘州 夕阳（二首）

送黄昏飞燕隔花回，丝丝透帘栊。被虚岚衬起，轻霞接去，返照楼东。薄暝旧家亭榭，人影去匆匆。画舫晴江暮，歌管应慵。

客路一鞭愁晚，映渡头帘小，村口山重。只烟中绿树，树里寺门钟。下来时、胭脂颜色，怕明朝、便有雨和风。遥峰外，月娟娟上，渐隐残红。

界青天高柳恋斜红，哀蝉乱残阳。只边城画角，邮亭怨笛，替写微茫。莫问吴宫晋苑，林树暮苍苍。无限寒烟色，立马相望。

傍晚空江愁远，又村鸦闪只，水鸟飞双。爱疏林叶尽，秋意画昏黄。想阑干、情人悄倚，正移时、抹到茜罗裳。歌声歇、盼归帆影，楼上凝妆。

解连环 孤雁，继玉田韵，即用其体

塞云征晚，奈西风一阵，霎时飞散。乍避得、矰缴天边，已南北东西，各愁辽远。断浦惊魂，只整整、班行难点。正玉人犹想，书中尾语，望穿双眼。

秋声漫愁苒苒，有幺弦剩谱，冷砧孤怨。算只影、片月相随，恁黄叶关河，独怜飘转。故侣平沙，料准备、隔宵还见。奈单寒、才宿芦汀，乱潮又卷。

探春 新月

镜露新痕，弓弯曲样，娟娟知向谁照？试柳梳横，捻花钩细，恰过黄昏时了。恍惚开元夜，乍谱出、羽衣仙调。素娥才拂香奁，淡云鬟翠微扫。

还似婵嫣待字，正绮阁初开，芳年娇小。略放纤眉，将肥浅额，初七嬉春情抱。后日琼楼信，定许我、十分圆到。浅浅金波，相思情贮多少。

探春 残月

萤眼窥凉，蟾心恨缺，广寒消息谁省？晚桂攀余，枯松横处，斜在那家幽径。断岸垂杨柳，酒醒也、别词难听。误人还拜团圞，翠衣遍带凄冷。

惆怅姮娥嫁了，已错卜芳期，玉台妆镜。漫道如新，仍怜太瘦，愁到四更风定。旧日琼梳样，莫更照、香鬟颓影。犹自深宵，忆他三五光景。

满庭芳 燕泥

系缕重来，穿帘微重，翠烟芳草生齐。旧巢痕满，商略语依依。润罢千丝社雨，频来往、双啄双栖。斜阳外，衔将一点，还带落花飞。

弓弓，鸳屧印，余芳试觅，堕絮长堤。胜六朝门巷，金粉都迷。莫似空梁再落，防污了、画蝶罗衣。雕檐下，香窝砌稳，春梦海棠知。

满庭芳 蛛网

肖月斜盘，团烟细织，等闲又见低垂。苎萝歌罢，轻渡海棠枝。粘住残红几片，青榲曲、不怕风吹。才无意，鸣虫网住，犹颤雨声微。

鸾钗，方罥也，缠绵此意，定卜郎归。数唐宫韵事，金盒曾携。莫碍春人粉面，防当户、纤指撩时。愁他绾，斑筠细扫，空剩一丝丝。

暗香　落花二首，用白石韵

画阑无色，按落梅旧谱，花阴横笛。燕子不来，独倚柔枝怨空摘。何事东风未准，再难寄、朝云诗笔。只一树、瘦尽相思，稀影拂琴席。

香国，更岑寂。怅碎锦乱飘，数叠愁积。露零似泣，金谷迢迢忍追忆。还为伊人写照，应褪了、铢衣残碧。便梦去、低问也，几曾到得？

疏　影

风前碎玉，听隔帘细响，冷雨经宿。几片飘零，飞入人家，残歌已罢丝竹。翻随柳絮和烟去，望不见、高楼西北。又怎知、昨夜魂销，有个倚阑人独。

还惜流光逝水，一枝纵未老，阴渐成绿。解佩空期，只怨东皇，忘了当初梅屋。寻春不是无花折，竟唱断、杜秋娘曲。见一双、翠蝶飞来，便忆那时裙幅。

红 情

《暗香》《疏影》，玉田易名曰《红情》《绿意》，再赋落花二首，即用其韵。

旧时颜色，映画帘似水，湘纹疏密。杜宇薄情，不是东风不相识。绛雪如今落尽，只金缕、纤裳堪忆。便化作、溪畔香云，红浸一楼湿。

独立，倚阑侧。问豆蔻细梢，但掩斜日。翠茵坠液，蝴蝶重来帐空碧。才数芳华廿四，便浅黛、眉痕非昔。怕后夜、杨柳曲，并成怨笛。

绿 意

层台镜洁，照离魂一片，花事愁绝。棠睡香亭，待与催妆，高烛昨宵犹热。残红划断相思路，只此恨、莺儿能说。帐碧虚、未有人还，那识怨云重叠。

曾探芳音未晚，合欢续旧谱，翻了还折。信渺瑶华，无赖东风，自送粉零如雪。将离本是春娄尾，抵陌路、一枝难折。到夜阑、槛曲吹笙，瘦了淡黄斜月。

眉妩 画眉

正初弦描月，小管匀烟，蛾绿卧红粉。爱学鸳鸯谱，微弯处，晓妆春色成晕。镜尘未隐，向汉家、曾照宫印。忆前度、暗递花前语，敛多少离恨。

深浅而今休问。叹入时新样，颦笑无准。慰贴双峰翠，遥山晚、何人传与芳讯？卫娘瘦损，只旧年、螺黛销尽。怎才画纤棱，杨柳叶也成寸。

春云怨　理鬓

芳云约素，只背人梳掠，花阴无绪。镜里一星惆怅，晓夜问春春不语。欲拢还慵，轻扶旋乱，也似颓鬟醉中舞。别后飞琼，香灯风畔，怅望旧时侣。

仙蝉巧制犹如故。问深宫粉黛，凄凉烟雨。莫使双蓬失歧路。只怕残秋，点上新霜，玉颜空误。画阁恹恹，半偏新觉，认是怨丝恨缕。

拜星月慢　拜月

宝篆无尘，瑶阶似水，独拜娟娟娥月。玉佩声移，叠留仙裙褶。念今夕，一样、空闺远塞凄绝，诉尽当时离别。过了初三，到而今时节。

又深深、又是喁喁说。同心愿、莫掩芙蓉匣。瘦影自起徘徊，冷双钩罗袜。悄沾襟、忍恨芳音阔。羞宽被、怕任兰香歇。盼后日、千里人归，照欢情无缺。

疏影　礼星

云屏未晓，数阑干北斗，庭院人悄。密密疏疏，银汉微波，三五彩痕纤小。芙蓉裙衩低宽处，怕暗里、星娥偷笑。只夜深、敛袂含情，独看月边眉扫。

还问黄姑织女，去年相见后，欢意多少。一箭光阴，又是秋期，飞过楼西天杪。前宵几点芳芜没，料塞外、雁儿曾到。待信音、再觅仙槎，莫更玉绳沉了。

汉宫春　薰香

沉水添香，便春葱初试，斜日兰窗。依稀倩魂暗返，袅袅花幢。重帘不卷，袅游丝、一缕微长。云乍起、阳台近也，回风兀自难防。

待篆寸缄情字，恨方山未达，远道迷茫。珠槊半寒半暖，密誓犹藏。蘅芜梦醒，只温柔、惆怅离乡。春未去、应须怜惜，故衣犹待余芳。

金菊对芙蓉　刺绣

丝柳风来，刺桐雨过，隔帘金剪双声。画鸳鸯新稿，歌舞衣轻。秋波细认纤纤粉，绾缠绵、金缕盘成。折枝才缀，芳心怎肖，纤手还停。

仙阁翠羽飘零。便连烟旧谱，难觅星星。奈虫娘嫁后，谁念伶俜。绣床容易交三九，费工夫、玉指寒生。年年压线，不应赚我，锦段幽盟。

庆春宫　挡筝

委曲调弦，回旋应节，镜儿翠妩袀匀。急雨凄蝉，惊风断雁，慢声如此销魂。教坊休去，已无复、开元旧人。想夫哀响，除却琼娘，此曲难闻。

回思十四芳春。银甲知名，往事重论。泣下沾襟，歌长促柱，几曾一遇殷勤。小鬟娇盼，便催酒、花前数巡。不如归也，独按凉州，忍恋风尘。

琵琶仙　拂扇

罗袖轻挥，只撩乱、瘦蝶流萤踪迹。明月长是团圆，香怀记曾入。曾半掩、花阴粉面，肯憔悴、为郎愁寂。绮梦兜来，频年冷暖，情事堪忆。

写佳句、木叶亭皋，又添画、江南晚凉色。应访渡头桃叶，是何时归得。在那树、秦淮柳外，忍中道、旧情抛掷。莫问清簟西风，故宫消息。

国香慢　对镜

试问飞鸾，见红绡甚日，旧约方圆。当时玉台颜色，眉叶依然。十载红尘涴尽，便重磨、不似从前。芳容渐消瘦，翠匣慵开，闷也天天。

一轮秦代月，莫寒宵独照，纤胆须怜。宝钗同寄，道远知在谁边？步向花阴悄听，卜良期、仍是空言。铭词两行字，只有相思，金背难镌。

高阳台　浣纱

濯锦坊空，湔裙节近，浣纱人正娟娟。一角青溪，难忘旧日裳褰。纤腰半折禁风柳，又柔荑、低浸春寒。泪痕多、万一相思，流到天边。

西施老去吴宫冷，只双颦眉黛，憔悴如烟。锦样归帆，信音隔断年年。侬心欲化江干石，便丝丝、黏上缠绵。怕郎心、却是伊顽，不解相怜。

湘春夜月　织素

字行行，寄情新络回文。怕是密密纹丝，空历乱难分。暗忆十三年纪，任月回烟罥，不解眉颦。甚一灯影畔，今宵促织，如此销魂。

蘼芜未老，遥山隔断，风雨愁人。子夜歌残，偏艳说、舞衣宫样，花满朱门。羞颜倦腕，又怎知、机上辛勤。忍束素，把金刀剪断、云裳巧制，还乞天孙。

忆旧游　题红

正闲情搦管，试手簪花，刻月摹风。一色桃花腻，缀真珠小字，香墨痕浓。怎生称伊心里，颠倒怕题封。把艳锦重书，平生托汝，暗语潜通。

匆匆，梦中事，待写上蛮笺，强半朦胧。片叶飘流去，觅良媒知在，沟水西东。记取一联心事，私约玉楼踪。倘再入君怀，相怜读曲休洗红。

花犯　折花

步娉婷，花丛路转，芳心又摇曳。玉葱纤腻。攀数朵娇红，眠燕惊起。鬓云半亸簪连理，阑干还自倚。欲更拣、一枝清供，浓香知第几。

当时折柳怨斜阳，斜阳尚在眼，行人迢递。春未老，相思道、合欢难寄。凭谁问、杜娘去后，尚梦冷、风尘何处是。便念我、旧衣金缕，弦歌今倦矣。

三姝媚　斗草

藏钩才罢了，正群莺飞来，一庭新草。斗碧筹红，问局中谁是，旧裾年少。转蕙香风，便屈指、春归还早。赢得忘忧，输却相思，暗中情抱。

休怨吴宫成沼。只韵事长留，绣裙人到。陌上花开，莫翠茎轻负，寸心空恼。胜似残秋，怕又博、芊愁难扫。趁把幽兰争取，瑶芳未老。

陌上花　待燕

珠帘半卷乌衣，归未望穿双眼。软语东风，香约盼伊重践。莫应也似江南路，误入卢家庭院。记飘零、尽了六朝金粉，梦儿寻遍。

向歌楼舞榭，春愁悄话，杏雨丝丝零乱。帐暖惆寒，要识主人情眷。待传芳信天涯去，忍怯花程辽远。到清明、莫负阿娇金屋，料应心愿。

满庭芳　调鹦

琐阁听歌，雕笼戢影，翠衿时下阑干。唤人提挈，曾避晓风寒。便漏寻芳信息，还留恋、香稻红残。纤魂转，何因忘了，秦陇万重山。

珊枝，横一角，帘衣堕也，好梦私瞒。更问人安否，慧语花前。为诵多心一卷，欲替汝、忏尽烦冤。谁知我，青春悄住，杨柳画楼间。

右词和孙公符宗锡之作，芳草美人，哀感善怨，亦楚骚之遗也。原唱八首，又增其半，俟同志者和焉。词缘附记。

真珠帘　帘波

翠塘环着红楼径。画帘垂、浅色波文交映。一桁隐生潮，便一层春冷。珠箔行行风不定，似雨点潇湘光景。人静。误燕子归来，蘸痕飞暝。

犹记，碧汉绳低，向银钩半挂，凉纹宵净。窣地尽留香，讶碧云天迥。微步凌虚成间隔，隐约见袜罗纤影。端正。又秋水双流，倚栊妆靓。

解连环　香篆

画帘垂地，试薰香宫印，博山春腻。认宝篆、密密疏疏，拨檀屑轻芬，玉纤徐理。意绪连环，也比作、盘中诗字。镂回文旧谱，十二芳辰，小炷沉水。

幽情缀来旖旎，看炉烟直上，风又摇曳。有细影、写入晶屏，似仙诰成行，袅袅空际。便见成灰，已钩出、相思难讳。更重添、翠炉界格，线云自起。

高阳台　阑干

红药围烟，苍苔隔雨，装成卍字玲珑。屈曲横斜，花枝低亚香丛。回文十二重帘下，想碧城、烟路空蒙。记春深、小步仍扶，独倚还慵。

闻歌悄傍金钩侧，便微敲约指，□□□□。偷系罗裙，屧声还绕廊东。别来应是朱颜改，上危楼、莫凭西风。怕惊秋、井畔啼蛄，月上梧桐。

声声慢 屏风

月掩山平，风横路转，香围六曲连环。记写花名，折枝猩色犹寒。轻盈听歌背倚，约来时、微响弓弯。闲心绪，已钗头瞥见，眼角偷看。

旧日亲题诗字，认斜行、小草檀槅仍安。十二巫峰，如何隔断情天。芙蓉艳情数叠，怅秋分、银烛光残。双翡翠，夜凉时、眠也未眠。

琐窗寒 咏铃

梵塔遗音，梁台旧韵，听来如许。红丝九子，历乱庭阴才午。恁零星、东风画檐，替谁絮尽喁喁语。似彩楼半角，凌虚声送，佩环仙步。

愁绪，遥闻处。认碎佩郎归，玉骢晚路。啼莺踏响，更把花梢低护。怕凄清、灯影未眠，断肠又是深夜雨。怎知人、一样心悬，总说春迟暮。

玲珑四犯 帐

斗帐同心，记旧日丁娘，歌曲风韵。可散春愁，遗制故宫难问。明月也觉朦胧，卸宝髻、玉颜娇困。带醉痕、自放双钩，摇荡紫云成晕。

睡容不许人窥隐。任新寒、外层风紧。芙蓉定续前宵梦，门掩银床才稳。低隔小影灯红，絮语听来微近。时晓天亲揭，闻半角，余香粉。

桂枝香　枕

盈盈欲倦，就绣角芙蓉，便低星眼。刺锦成方最好，杨花装软。晚春不羡游仙梦，愿鸳鸯、总无分散。睡容偎倚，颓鬟一把，任他不绾。

已溜了、鸾钗半段。又茉莉抛残，粉香侵面。醒恋红蕤犹自，爱支斜腕。旧时携向东厢畔，语缠绵凉夜嫌短。两头颠倒，相思别后，泪痕黏满。

夜合花　被

满覆文裀，堆成绣折，合欢还织双鸳。风寻没缝，翠窝紧护新寒。莫辜负，早春天。带余温、素腕斜宽。满池红浪，和衣睡醒，犹恋朝眠。

熏笼宝屑重然。时辫芙蓉一角，绣榻青边。浑无气力，怯他絮压香肩。梅花梦，甚时圆？费纤葱、密绽轻棉。觅些情话，银床夜坐，闲拥灯前。

扬州慢　簟

筠粉流黄，水纹浮绿，早秋顿觉凉生。织湘妃旧泪，是汗点香盈。玩斜月、屏阴乍展，翠翘花朵，轻坠无声。问风漪、深浅冰肌，新印分明。

玉尘拂拭，隔疏帘、曾看棋枰。爱小雨初收，银床半幅，留待残更。只得一方青玉，偏窥见、冷暖心情。怕抛来团扇，霜寒同卷芳藤。

绮罗香　衣

舞倦重添，眠醒自揽，检点绮兰丝藕。粉颈微低，紧贴内重香透。拂轻尘、锦衩斜宽，缀圆领、纽门徐扣。最怜他、弱不胜风，玉肌出落恁销瘦。

商量颜色不定，长短身裁稳称，纤纤齐袖。几榻芳痕，犹记翠襟行酒。更背人、偷解帘阴，又昵语、试熏花绣。寄萧郎、针线亲缝，嫩寒呵素手。

汉宫春　裙

六幅潇湘，画藕丝花样，飞燕留仙。腰身是肥是瘦，翠带双拴。低头约略，引纤葱、平系翩翩。抬小步、香围乍展，门边时露双鸳。

检点女儿箱里，认香斑酒污，花底春湔。相思绣堤碧草，学舞风前。宵阑卸裲，背疏灯、无语羞颜。还掠向、方床左畔，簇金蝶子都眠。

满庭芳　带

芍药金痕，芙蓉绣色，手挼还界铢衣。惺松似旧，轻约玉腰肢。曾把箜篌自系，繁霜曲、听断清溪。何因得，双花画就，重结鬓云丝。

蔷薇，钩半股，量松试引，倚竹新围。愿化作轻禽，红绶同栖。闻道东阳瘦眼，从别后、宽至春时。香囊解，青罗日暖，前度悔分携。

醉蓬莱　帕

正腕阑飘处，歌袖笼时，艳思春冶。才拂衣尘，裹珠英盈把。粉脸佯遮，误他同伴，在彩帘旌下。忆别萧郎，香罗替覆，银鞍骢马。

旧事花前，玉纤亲赠，串叠同心，折绫红砑。去后题诗，怅轻绡难写。点点啼痕，一方微晕，掠蔷薇花架。片影云来，依稀可是，杜兰香也。

凤凰台上忆吹箫　绣绷

雕槛闲移，绯纹平束，稳支瘦木丫叉。看眼穿疏密，红线攲斜。补上一层方空，微松处、翠竹还加。何时下，工夫屈指，爱趁韶华。

描花，入时样子，曾记细数丝丝，几孔新纱。素腕春深横倦，残绒缕、云鬓拖些。提防是，珠尘暗侵，粉纸轻遮。

二郎神 巾帽

郁青凤翼，应仿到、紫纶遗制。称面额圆匀，眉心端正，还垫螺茸贴耳。晓色新妆寒天气，便熨帖、轻眠鬓翠。爱缕玉半镶，装棉微厚，采珠低缀。

谁记何时唤取，昭君名字。看绣角尖尖，镜边低首，亲搦双绦稳系。春暖晴花，香沾粉汗，略把指纤揎起。刚卸了，自倚银床，挂在帐门钩底。

玉漏迟 针线帖

素书新仿制。纤装密钉，银光生纸。钿尺声遥，粉面几层纨绮。次第翻寻画样，藏线缕、各分红翠。闲料理。欲翻折叶，金针斜缀。

晚春绣出鞋帮，便夹叠中间，层层堆起。折角香痕，压剪海棠风里。为问鸳鸯帖子，莫更也、毫无题字。人倦矣，闲抛镜边奁底。

西子妆 脂粉匣

文锦装绯，缕金饰翠，颜色两般分贮。方圆艳格一层层，镜台边、嫁时奁具。霞飞露湑。别香界、春房无数。爱时新，仿簇花蝴蝶，翅儿犹舞。

何心绪，闭了还开，莫被流尘污。指尖微点水余温，便更番、掌中匀注。赪铅绛缕。近芗泽、芳颜才傅。又嫌伊，淡扫蛾眉更妩。

浪淘沙 梳

一片玉云凉，瘦齿行行。栴檀远遗美人乡。初七月儿新样子，低挂垂杨。

理发试携将，素手微黄。晓春斜拢鬓边香。闲剔紫油明镜侧，短短衣裳。

又 锁

何事未开心？鸳老春深。金蟾凉啮篆香侵。终日双眉牢不展，扃了楼阴。

银钥倚罗襟，却累人寻。连环微响夜阑音。拴着中堂门两扇，消息沉沉。

少年游 熨斗

金涂遗制两三枚，圆柄暖香偎。绣帕平铺，罗襟半湿，玉腕自轻回。

含情欲寄春衣去，兽炭又添□。一晌寒温，萧郎心性，只愿莫成灰。

少年游　箕帚

平明亲执净纤埃，花片拂瑶阶。莲步轻移，柳腰微折，低颤鬓边钗。

依身欲化青鸾尾，随地不分开。托意当时，拥愁今日，扫去又还来。

采桑子　（二首）

《饮水词》韵调高逸，哀感善怨，小令尤工。午窗披吟，辄效其作，首句即集中语也。

而今才道当时错，悔也无端，恨也无端，此事真成误万千。
流光已是匆匆过，锦瑟空弹，月缺花残，只当佳人薄命看。

何曾未解当初事，略道前因，翠叶眉颦，强作朦胧只怨人。
花前但说新来恨，泪染罗巾，断送青春，索性今生不当真。

昭君怨

相见无须回避，并坐翠围屏背。只拂茜罗裙，不抬身。
浅醉薄嗔时候，略带一痕眉绉。生性说多愁，是温柔。

武陵春

六博弹棋人倦后，收拾晚妆残。点点更更清漏阑，剪烛画屏山。

闲事爱谈妆阁记，书叶手亲翻。帘外东风吹小寒，忘却绣衣单。

虞美人

工愁善怨低低语，略把心情诉。后堂声响有人来，佯问玉阶红叶几枝开。

明知春色都迟暮，此意难分付。不成薄命是桃花，只怪东风生世定先差。

点绛唇

瀹茗添香，缠绵只在闲情事。玉纤针指，一路千金意。

红了樱桃，音信莺将至。人何似？近来心里，酸过青梅子。

醉花阴

渐渐生疏非昨日，难问愁消息。帘月是当初，燕子秋来，唤作西风客。

有时也傍阑干立，阑影方塘直。镜里白荷花，不肯重开，开也无颜色。

减 兰

自从分别，满镜昏昏愁里月。歌板分明，一曲琵琶出塞声。

年年春病，见说而今成瘦损。只有相思，小影心头是旧时。

水调歌头 寄李星甫武昌

七载与君别，再拜上君书。豪情似昔年否，近状复何如？话到承平耆旧，君为申耆先生从子。望极乱离乡国，清泪满襟裾。携酒问黄鹤，楼上有诗无？

黯回首，歧路语，暮春初。琅玕折赠路远，莫致倚踟蹰。当日石阑题句，只有青青杨柳，依旧两三株。之子不相见，兰蕙渐成芜。

又 报谭荔仙，兼索其画

东望武昌树，迢递暮云间。高楼试横玉笛，黄鹤可曾还？甫也诸侯宾客，多少忧时涕泪，老矣鬓毛斑。战垒听残角，江水去潺潺。

挂帆来，题风去，洞庭边。蒹葭忽然萧瑟，征雁下遥天。闻道莼湖风起，都把一襟秋思，载入木兰船。更寄越溪绢，烦写米家山。

双双燕 秋风凉甚，燕子将归，词以送之

素秋落莫，正催汝西风，绣帘凉透。心情顿冷，恨煞断丝残柳。还见春人带瘦，正系缕、霜寒纤手。明知故侣都稀，别语雕梁愁守。

归又，江南旅堠。算只有斜阳，画堂非旧。尘生乡国，先向海东回首。安稳云轩到后，记雁足、传书能否？明岁杏雨梨云，约在玉阑等候。

露华 玉簪花，继蜕崖韵

汉宫碎玉，早种就花阴，巧样新劚。溜雨磨烟，三两碧签横矗。掠鬓悄下云翘，约略瘦腰如束。斜又整，轻盈小窗，未展心曲。

徘徊月夜人独。讶淡贮冰磁，似起寒粟。袅袅翠笄初试，幽想频触。一自季女妆残，香梦粉痕难续。空忆昨，春纤掐他嫩绿。

惜秋华 牵牛花，用梦窗七夕词体

问讯黄姑，满篱根冷艳，西风多少？几点翠钿，螺鬟淡浓如扫。柔丝挂上筠竿，怕还卷、深秋残照。盈盈，隔银湾脉脉，桥阴开了。

零乱曲阑小。正玉腕梭停，谢娘行到。记花下私语，夜露

凉烟袅。芳心又眷佳期，怎碧绡、泪痕偏蘸。愁老。傍幽丛、一蛩吟悄。第五句原作七字，万红友氏谓误，多刻一字。从之。

又　秋海棠，用梦窗木芙蓉词体

绛帊笼寒，向西风睡醒，红妆重绾。倦倚画墙，枝枝夕阴凉眷。朱丝待续残春，奈已是、生来肠断。娟娟，怕微霜晕入，猩红深浅。

烧烛小亭畔。怎丛丛梦影，砌蛩啼怨。暮雨泪痕，还似那人娇面。无端掠鬓匆匆，便冷到、韩郎心眼。帘卷。佐黄花、赋情难遣。

又　茉莉，用梦窗重九词体

素韵亭亭，似飞琼、小魄飘成零点。碎朵半开，香阶众芳都掩。珠英缀上鸾钗，倚鬓侧、丝云清艳。雕篮，贮玲珑、又费春纤亲检。

帘外晚妆淡。认鬘华小立，西风凉占。怅翠袖、人去后，旧家阑槛。穿花绣线无凭，怕丽容、也成消减。愁暗。露浓时、泪痕疑染。

又　剪秋罗，用梦窗登高词体

瘦蝶凉飞，向芳丛、比试绯衣深浅。瑟瑟茜罗，西风又裁零片。天孙为织云裳，剪绣角抛来历乱。秋晚。衬斜阳、淡黄香纹舒卷。

疏密绮阶畔。作吟蛩宵被，数枝开遍。花似旧、欲问讯，汉宫幽怨。昭君自嫁胡天，料舞衫、褪红尘满。凄惋。摘轻绡、露痕新泫。

三姝媚 樱桃，用碧山韵

金铃盈绣葆。问朱颜而今，瘦来多少？曲苑衔残，怅风流零粉，旧莺愁老。总是相思，采红豆、十分犹小。消息沉沉，憔悴樊娘，髻云丝袅。

三月春归偏早。甚远日无情，故庭犹照。立久青衣，记旧家门内，数株红了。乐府休翻，已换了、西园情抱。恍想帘阴相送，花时较好。

夜合花 水仙花

簪冻无声，裙拖有影，玉冠妆称初笄。娉婷欲语，凌波罗袜来迟。明月下，立多时。问弓桥、怎唤长□。露寒姑射，衣边惆怅，终隔天涯。

开元旧事都迷。曾说娇红十二，赠与阿姨。风鬟半面，盈盈一水相思。瑶台梦已全非，奈春深、解佩人归。幺弦重理，不成声调，清怨谁知？

高阳台　梦窗、篔房均以此调赋落梅，谱此继之

解佩音沉，携琴意懒，青春暗忆当初。留槛萧条，未知踪迹何如。天寒不怨霜媒晚，怨黄昏、月影生疏。最恹恹、翠羽飞还，梦也都无。

彩云已过楼西去，怅遗钿难拾，还问香橱。总是飘零，天涯休再传书。孤山便算销魂路，隔空江、只见平芜。怕重寻、绿叶阴边，野树成株。

桂枝香　八月十一夜，偕谭厚之、王伯平、杨六樵琴韵轩赏桂

青琴写韵，正晚月亭延，软风帘引。香意霏霏金粟，前身重认。嫦娥也带三分瘦，报年年、琼宫音信。剪秋成碎，瑶华欲寄，一缄愁损。

只齐苑、凄凉莫问。早金粉同销，纤条都尽。此处西风各有，芳情堪信。尊前苦忆山中树，待何时幽磴招隐。夜深重按，淮南词曲，露凉双鬓。

古香慢　留芬阁与友人看桂，用梦窗韵

雁音棹返，蟾意枝留，香动衡浦。缓缓西风，正值广寒薄暮。还问木樨禅，是何日、仙岩化羽？结秋旗翠影路阻，怨遥楚些词苦。

想后日、淹留何处？今夕迎尊，明月为主。旧迹东堂，只恐折来犹误。汉殿早飘零，剩多少、甘泉冷露。惜流光，怕明夜、小山微雨。

过秦楼　木芙蓉花

薜径宜霜，菊篱分雨，颜色数枝深浅。西风冷落，却为谁容，不管旧人愁惋。春去再续花期，曾涉秋江，艳妆催晚。奈横波信阻，红衣空缉，翠翘凄怨。

偏次第、画井犹开，香亭重到，总觉夕阳看倦。当时隐语，应是生疏，莫问过来孤雁。闻道仙城路遥，何处阑干，绣裙低展。只含情脉脉，摹上银屏几扇。

国香慢　画兰，为罗小垣赋

一帧帘阴，看疏疏几笔，翠叶春深。幽香别无人处，瘦石萧森。不信寒霜摧折，小延伫、长结同心。灵均旧相识，采佩曾贻，直到而今。

众芳摇落后，只孤根自托，空谷谁寻？乱芜芟尽，清怨付与秋琴。昨夜湘湄梦冷，念伊人、还觅遗簪。平皋往时路，淡墨微痕，月影沉沉。

金缕曲　隔水海棠一枝，为风雨所败，感赋

又到横波路。黯愁人、残红片片，晚寒凄雨。一例飘零桃

花命，不是无根狂絮。总难乞、春阴怜护。我正恹恹香梦倦，对柔枝也自伤迟暮。歌锦瑟，恁虚度。

韶时愿结连枝缕。被东风、昏昏断送，已成尘土。惆怅因缘东流水，略把芳心细数。奈仍是、问花无语。老了林莺犹带恨，尽情啼只说良期误。空替写，断肠句。

霜花腴　菊花，同孙涵若赋

翠帘试卷，问晚花，曾经几度新霜？篱暗藏蛩，径幽延蝶，诗心淡入秋香。浅深嫩黄。见数枝、分派斜阳。画轻容、瘦极西风，紫萸还衬一茎芳。

莫问落英骚些，便回阑度曲，也带清商。当日南山，早应招隐，休教陇断畦荒。更飞玉觞。到岁寒、高会休忘。采金钿、插帽归来，鬓丝今夜凉。

虞美人

梦回仍是天涯路，风雨听难驻。湿云围着小红楼，料得落花帘底有人愁。

鸳鸯自向屏间睡，瘦影摇灯穗。夜香烧罢淡妆残，只恐夹罗衫子不禁寒。

江城子

回阑衣角晚风微。卷帘丝，下阶墀。潮晕依然，红上小桃枝。镜里玉容原带瘦，应不似，别来时。

翠峰相对扫新眉。送春归，送人归。料得杨花，门巷剩余晖。惆怅不如双燕子，犹傍着，旧巢飞。

减兰 （二首）

年年此恨，除却东风都不省。说与伊知，花落花开又一时。

明知无益，只要玉人都识得。杨柳高楼，冷雨秋来各自愁。

要知人意，但听闲言前后事。一事成乖，花已飘零百事非。

当时断绝，鹦母前头无可说。便说萍因，落絮黏泥荡作尘。

齐天乐 蔡与恂久滞都门，情景可念，以词寄问，且促言归

去年相见□□道，尊前翠襟重整。杜曲寻芳，蓬山感遇，只恨浮云无定。东华梦醒。怅晓色闻钟，九门霜冷。短鬓西风，别来应换镜中影。

流光如水去了，叹韦娘老大，香约空证。絮冷难狂，花闲不语，别是伤春心径。飘零未肯。奈掩瑟长安，怨歌谁省？故国啼鹃，唤君愁路迥。

石州慢 陈雪航游杭州，八载不得消息，词以忆之

水远山重，千叠乱愁，鸿断鳞杳。平生落拓青衫，冷泪素琴凄调。垂杨老矣，肯问笛里旗亭，西风曾画销魂稿。一别已如烟，怨天涯芳草。

凭吊，西湖剩迹，瘦极诗心，已非年少。料得清尊，只酹钱塘苏小。依人何处，未识清眼高歌，登楼几度春深了。便欲寄兰缄，怅浮云残照。

河 传

风雨，春去。夜寒天，山后山前杜鹃。小窗一灯人未眠。谁边？玉箫声可怜。

翠烛红衫歌舞地，花憔悴。香阁应重闲，杜秋娘，莫思量。思量，梦中还断肠。

一萼红 定王台怀古

楚山晴。访春风台榭，卷幔听江声。竹径重穿，蓼园荒寂，芳草依旧青青。自题句、词仙去后，问官梅、一树已漂零。槛绕啼乌，坪幽系马，残照凄清。

闻道昔时此处，见金支翠羽，夹路曾经。鸟篆残碑，蜗涎坏壁，寥落怀古心情。更休道、长沙地小，尚千年、遗构倚东

城。太息铜仙泪流，汉殿榛荆。

月华清 王仲宣故宅

咏史多才，依人何计，我来凭吊遗宅。离乱京城，更是出门荒寂。野鹰来、台影呼秋，飞鸟下、楼阴连夕。相忆。怅萧条异代，西风愁立。

当日应刘宾客。已墓草如烟，何处寻觅。怀古心情，说与路人谁识。问无恙、孤井寒青，奈渐见、重林深黑。今昔。只横枝低按，铜鞮坊侧。

东风第一枝

茶村谱“忆兰”词，秀婉有致，依韵和之。妍调古音，别有怀抱，不必强同意旨也。

翠畹连根，红茎媚叶，相思尽在遥浦。梦回不隔，春波韵事，去年记取。除非绿绮，替写出、东风幽绪。怅平皋、寂寞无人，忍作众芳看汝。

香未断、嫩房晓露，声乍歇、暗汀夜雨。寄情终托湘累，问讯杜蘅旧侣。瑶华意结，悄未觉、良期迟暮。怕后来、空委秋霜，点点断肠相遇。

高阳台 送济生之江南

暝色推篷，秋心眷笛，临波别意凄然。落叶旗亭，送君才到江边。离心先到江南岸，识故人、居近长干。黯分襟、今日河桥，明日关山。

骊歌已恨相逢晚，况西风满眼，吹老华年。怨隔重云，楚天原是吴天。垂杨也算多情树，怎缠绵、不系归船。唤征鸿、去伴轻帆，早寄鸰笺。

六州歌头 常宁九日登城作

孤城□□，风雨一时收。红叶乱，黄花瘦，野情幽，且登楼。衡岳千峰暗，寒林寺，钟声动，斜阳下，昏鸦阵，落汀洲。乌帽青衫，此会人谁健，汗漫曾游。问东篱陶令，遗事渺悠悠。三径荒不？早归休。

念关河远，音书断，青玉案，美人愁。如何向，荒山麓，苦淹留，思绸缪。何处无飘泊，霜前雁，莫轻投。怀古意，苍茫里，日西头。闻道台荒戏马，英雄泪、襟上须流。且长歌起舞，知我有吴钩，独立高秋。

绛都春 题少庚罗浮春晓图

芳春旧约。正人在晓色，蒙蒙村落。宝屧步尘，缟袂薰香新梳掠。枝头翠鸟知何语，莫太息单寒红萼。石阑苔印，当时艳曲，几曾忘却。

离索，知君寄问，奈帘外、雁杳音书难托。冻雪渐消，残月低沉轻云暮，空山踪迹无波隔。恨只恨、邮亭吹角。别来重写花颜，怕成瘦削。

庆春宫

丙寅客岳州，与杨六樵订交，君山洞庭，极一时游宴之乐。别十年矣，丙子复聚于常宁，旧雨重逢，古欢未坠。抚今思昔，不能无言。

隔浦呼鸥，登楼数雁，倚阑多少峰青。月小窥觞，云低恋笛，重湖画楫初停。断肠分手，似风打、江东乱萍。杜蘅秋老，凝望天涯，叠岁离情。

湘山客路逢迎。丝雨连宵，共剪寒灯。琴剑关河，别来无恙，故人但语平生。不须惆怅，听筝柱、参差数声。酒痕襟上，一曲当歌，还胜飘零。

百字令　衡山舟中作，示少庚

小舟如叶，载羁人两个，转蓬无定。我是江湖游欲倦，都没少年心性。画舫听歌，明灯照语，盼断吴娘信。遥情如水，落花漂荡千顷。

休更倚笛中流，烟波渺渺，此曲谁重省。七十二峰青不断，作出客边风景。乍暖还寒，才晴又雨，天也无凭准。闲鸥旧识，往来踪迹休问。

玉漏迟

衡州南郊天香阁，倚回雁峰，前临湘江，东洲在江之中，云树幽瑟。往与吕小香、李星甫、郑耕午、石小南游宴于此。才十余年耳，小香、耕午相继徂谢，小南、星甫皆远宦千里外。余重游蒸阳，小香之弟荫五与少庚招饮阁中，鸿爪雪泥，死生契阔，感不绝于予心也。

玉骢犹识路。绣坪凉色，空江欲暮。老桂香残，只见冷枫红舞。莫听弹筝丽曲，奈锦字、飞鸿难付。重觅处、蛛尘粉壁，往时题句。

可怜俊侣漂零，已半哭秋坟，半怀春树。闲话尊前，惨绿衣裳非故。依旧一洲斜日，尚照过、苍波兰浦。长笛谱、声声替吹愁绪。

渡江云 回雁峰

翠螺江上影，悬崖古树，树树有西风。一行征雁字，带着秋阴，嘹唳度孤峰。登高写望，踏残云、支稳孤筇。空眼前、冷红飞舞，城郭晚烟中。

游踪。僧楼瀹茗，石磴题诗，便回头如梦，还寄问、天涯消息，水远山重。思量又近黄花节，怅年年、孤负金钟。愁独立、催人几杵疏钟。

庆清朝 偕少庚登晴江亭写望

岳色通帘，涛声上树，访秋秋在孤亭。江流槛外，未知何恨难平。萧瑟浅汀芦絮，闲鸥睡了不曾醒。凉枫外，笛□谁奏？斜日凄清。

休话半生落拓，记寻花燕约，折柳骖停。登临倦旅，西风今已无情。还怕小舟帆叶，有人客里怨漂零。哀鸿唳，便无多感，已是难听。

如此江山 衡州重晤余梅村，作此奉赠，即送粤行

廿年情事浑如梦，征鸿历历能语。岳倚襟边，洲迎阁外，分手数重烟树。重逢最苦。只赢得飘零，青衫尘土。清怨分明，玉筝弹到十三柱。

萧萧丝鬓千缕。向西风落叶，重感羁旅。断墨题词，残缣作画，莫写销魂南浦。罗浮翠羽。料此去寻春，未应迟暮。只恐今宵，断篷愁听雨。

瑶华 麓樵属题其尊人所绘花神图

螺鬟扫黛，羽帔凌虚，满筠篮清露。平章风信，曾数遍、二十四番朝暮。绿章亲奏，乞东苑、片幡阴护。想佩环、骑凤归来，尚带瑶池香雨。

休疑小谪班行，早省识花天，图画如许。风流韵事，替写出、迢递碧城春路。装池小影，怅笠屐、坡翁何处？好一龛、长伴游仙，续订群芳新谱。

花心动　小桃新开，嫣然若笑，谱此写生

猩色梢头，有啼莺、依稀道人消瘦。幽恨未销，妍笑新含，香粉试妆时候。莫言红萼开无主，东风畔、微词难扣。怕春尽，留伊不住，乱尘僝僽。

更向中庭坐久。数第五绯株，鲍家诗就。溪涨暗生，短楫分飞，又别画桥门口。绛云原在深山驻，便去燕、也应回首。问重到、花容尚依旧否？

满庭芳　罗茳女史蔷薇蝴蝶画册，为郭筠潭题

雨袭疏屏，云支瘦格，娟娟猩色芳丛。朱房重叠，只约玉奴踪。才醒江南短梦，余金粉、花外惺忪。繁香路，罗浮石畔，围个小阑红。

湘鬟，簪数朵，商量画稿，晓露研浓。怕断魂零落，留住芳容。本是绯裙旧样，青苔点、疑印纤弓。还应属，东风槛外，春信莫匆匆。

绿　意

常德德山乾明寺，唐咸通时建，毁于兵火，仅存僧寮数椽。宝墨亭后，万竹成围，杨海琴丈新葺一亭，颜曰“梦绿”。秋日邀范芰园诸君雅集于此，觉此君潇洒，亦足以畅叙幽情也。

霜钟缥缈。下几林落叶，幽径谁扫。如来清梵无声，云垂

一塔低峭。孤亭竹里藏禅梦，有曲折、寒烟寻到。料午阴、老鹤醒余，错认绿天清晓。

重问清风记否？故人似、昨日消瘦多少。倚遍阑干，敲罢琴弦，湿翠丝丝犹袅。秋吟莫便伤摇落，好咏入、晚唐风调。只断碑、一碧无痕，欲怨洞门香草。

齐天乐　出澧州西门，憩一叶庵，与周林樵同作

出城寻着钟声去，湖天摇荡成暝。雁被摊芦，鸥篷借荻，堤外孤帆归迥。残阳树影。有小小禅庵，梵音才静。晚蝶双飞，瘦芙花下觅幽磬。

虚亭还绕画槛，有凉漪曲涧，修竹斜径。磴碧支云，灯青迟雨，只是秋声难听。罗衫共整。恁落叶萧萧，鬓丝都冷。野岸归来，淡烟犹自等。

高阳台

澧州城外水竹居，唐李文山读书处，集中所云“为爱沙洲水竹居”是也。秋凉晚步，弥望平芜，访寻遗址，凄然有作。

马啮残芜，鸦分悴柳，斜阳犹照凄清。花屿幽栖，当年诗卷分明。岁华也自伤摇落，记游程、离憾漂萍。早归休、修竹楼藏，浅水洲平。

萧条异代人谁识？便吟魂难觅，草暗烟横。瑟瑟寒江，依然流过前汀。城西一例荒台圮，近黄昏、碎点飘萤。怅涔阳、极浦云遥，怨阻香蘅。

一枝春　戊寅花朝（二首）

刻意伤春，最恹恹、二月花朝时分。东风太忍，未许探花重问。双塘涨满，晓莺报、钿车音信。闻道是、挑菜人回，奈已玉梅飘尽。

愁听雁筝零韵。数弦丝、廿五华年空引。零烟断雨，旧扇旧衫成恨。文箫唤醒，散幽蝶梦中余粉。休再忆、新岁芳颜，定成瘦损。

最小桃花，怅孤飞、陌路如今无分。抛春未忍，倦倚画阑犹问。灯期过了，只辜负、雁翎传信。知此际、谁管东风，忘了故情都尽。

堪怜瘦枝丰韵。被浮云、线柳高楼轻引。寒蟾瘦影，旧坞照人幽恨。斜簪鬓朵，空自有断脂零粉。书本事、重检词笺，寸缄半损。

露　华

春色阑珊，碧桃将谢，偶读碧山“碧桃花”词，依韵继声。词律失载之调尚多，不独此词也。

晓风唤起，正盈盈倩女，一笑离魂。落红似雨，当年清泪无痕。晚嫁正怜碧玉，奈轻妆、低舞香裙。天上影，亭亭露种，本是同根。

依稀武陵迷路，只洞口春深，休叩重门。仙人缟袂，再来月淡烟昏。零粉翠钿何处，怕相寻、流水芳村。还误了，梨花梦中冷云。

玉蝴蝶　绣球花

费尽东风，纤爪琼英五瓣，打结匀圆。叠叠重重如绣，碎碧轻纨。掷芳华、番风剪削，浮香晕、密雨丝穿。玉连环，抛他不起，宛转心间。

娟娟。彩场低簇，还愁历乱，难上钗鬟。粉蝶深围，几回犹误当花看。似捎却、缃梅包络，更斗将、茉莉成团。莫飞残，拟随明月，长系阑干。

卜算子　舟行

暮色挂征帆，帆外云罗剪。芦荻萧萧乍感秋，便把西风恋。

旧约负闲鸥，作客天涯惯。才是离家第一程，别意荒江满。

甘州　枕上闻江声不寐

隔楼扉滚滚大江流，孤枕不堪听。想峨眉涨处，渔矶搅月，船火摇星。应是翠螭低舞，湖外桂旗横。但有风波处，飘泊伤情。

不把旧愁淘尽，又新愁并入，万叠千层。莫酿成秋雨，吹起打窗声。寄音书、征鸿夜宿，怕荒洲，迷了字如丁。思寻梦，采香茎处，梦也难成。

大江东去 鹦鹉洲吊祢正平墓

乱烟斜日，与暮鸦来吊，正平之墓。七十二坟都划尽，试问阿瞒何处。莽莽平原，回翔一鹗，世乱才无主。千年碧血，染成芳草如许。

当日蹀躞来前，岑牟更着，悲壮渔阳鼓。底事一章成死荐，应怨大儿文举。断碣重寻，荒洲凭眺，辞采悲鹦鹉。愁云昏黑，并随江水东去。

大江东去 赤壁怀古，用坡翁韵

鹤飞来也，说匆匆、换了当年风物。玉局先生归去后，谁更题名绝壁。苍碣烟荒，黄楼云在，不见孤堂雪。料应识我，举杯遥问词杰。

愁望新垒西边，吹箫声断，笳鼓戈船发。江畔一州寒堞影，夕照战旗明灭。隔岸山来，临流石古，冷冷青苔发。承平光景，此时惟有明月。

好事近 武昌晚泊，登城眺远，归舟有作

一缆系残阳，照入溪山幽绝。为问西门杨柳，只孤鸿能说。

归来篷背听江流，离思一千折。寂寞庾公楼上，挂娟娟斜月。

曲游春 彭泽

溢浦斜阳影，照横波孤舫，柔橹双划。画郭参差，绕苍苍峰麓，四围天碧。云树荒城隔，定卷入、涛声萧瑟。想过江、几笏晴岚，都挂旧家帘额。

忆昔，陶家遗迹。为松菊归来，三径重葺。独客飘萍，奈青山酒冷，翠篷尘积。水驿和山驿，总不是、故乡春色。输与浅苇沙汀，闲鸥一只。

长相思 湖口

大姑山，小姑山。一样仙云堆翠鬟，梳妆楼两间。

问湖边，问江边。几许诗心秋可怜，西风人系船。

风入松 晓过道士洑，舟中望山色赋

数峰迎面数峰斜，晚色片帆遮。悬崖乱碛孤云宿，寒流曲、层绿生花。江势青罗一束，山颜翠髻双丫。

吴头楚尾水程赊，羁客正思家。凄凉乱后疏林尽，知何处、安稳栖鸦。落月已无痕迹，想随梦堕天涯。

金缕曲 送葛芰池之扬州

又听西风起。怅离旌、匆匆行色，留君无计。楼上孤云楼下雨，忍把阑干独倚。销魂者、别而已矣。一幅残秋旗亭照，在雁声人影斜阳里。将进酒，莫辞醉。

芜城我亦曾游地。最萧条、绿杨花尽，兰舟暂系。君去雷塘山下路，莫访红桥廿四。问眉黛、绛仙谁是？冷月波心扬州慢，定新词写入乌丝纸。路迢递，也须寄。

天香　龙涎香

云护槎还，霜浓杵碎，香酥采自瑶岛。爇去环回，困余珠唾，拨火玉葱纤小。心含豆蔻，还记得、隔花春袅。罗帐相思半醉，琼楼那番曾到。

而今断烟意窅，怅熏笼、舞衣残了。冷落画帘韩椽，已非年少，何况仙山缥渺。苦恨是、蘅芜梦魂杳。欲寄兰缄，灯昏夜悄。

以上卷二

步月　偕谢梦渔丈、谢麟伯、杨雪沧妙光阁夜坐

禁夜钟遥，寺阴扉掩，素屏红烛光寒。玉階如水，斜月浸娟娟。莫清泪、忧时暗溅，正梵音、虚呗初完。春才去、池台露响，随意绕花前。

堪怜，歌舞地，绮灯照梦里，香树成烟。玉颜谁惜，何以赋游仙。认小谪、方壶簇盖，又别愁、湖海归船。雪沧拟返闽中，余亦将归里。苍松语，他时莫忘白云间。

孤　鸾

慈仁寺小黄蝶一，寺僧梦为其方丈所化，上下云阶，四时不去，谱此咏之。

太常幺翅，正禅界初回，散花天远。羽蜕前身，袅袅彩衣新换。风边数声玉磬，早飞来、佛台前面。堪叹光阴弹指，更繁华重见。

只玉阶、佳树频留恋。恁几步南园，寻芳都懒。一帧袈裟，怎被粉黏香涴。情根可能谶尽，问仙程、碧城深浅。才得枝头梦醒，又梵钟催晚。

金明池

万柳堂为元廉野云相国别墅，在今丰台侧。本朝冯益都相公复于城东植柳为堂，以宴鸿博诸君，亦名万柳，极承平文宴之盛，今更为拈花禅寺矣。春日偕谢麟白、冯春农、吴嘉甫、张香林、叔弟野秋游历其间，满目荒凉，绿杨荒尽，倚歌成曲，渺渺兮予怀也。

林暮鸦翻，钟沉鹤倦，古意胸中横起。斜阳下、城东半角，剩无恙小山流水。想年时、万柳丝长，把一片、春色悄悄低系。问酒畔红牙，衣边青眼，旧日风流谁继？

绿影和烟都化矣。只画意吟魂，向人摇曳。僧归去、尘封梵净，浑描入、无声诗里。查声山学士访讷公诗一帧在壁。镇拈花、瘦佛龛前，似道我重来，昔游应记。恁平野寻碑，空堂听笛，片月窥人天际。

卷珠帘

偕瞿子玖、曹咏芝、从兄绍恒、叔弟野秋游慈仁寺再来亭小坐。

窗外花光城外寺。寺外孤云，云外西山雨。灯火小龛闻佛语，再来亭下来时路。

憔悴双松随鹤去。景物承平，不见新城句。只有丁香开一树，风来飘落苔阴处。

宴清都

王壬秋、黄翰仙、曹镜初、徐叔鸿、叔弟野秋同饮酒楼，时余将归里，谱此兼志别怀。

春已匆匆去。青帘角、晚风犹带残雨。都门故事，名园胜迹，盛流尊俎。如今莫再看花，早闲煞、樱桃一树。问登楼、谁惜幽忧，客中情事难赋。

金台复见斜阳，骄骢碎佩，尘陌如雾。何心吊古，殊乡倦眼，倚阑愁绪。征车独恨飞蓬，又共说、羁留意苦。怕来宵、听到琵琶，并成怨语。

摸鱼儿

重五后一日出都，谢麟伯、方恬成、叔弟野秋送至南苑，时闻故山兵警，又将迂道江南，按拍成歌，如唱“晓风残月”也。

蓦鞭丝、唤人离别，临歧珍重相语。尊前只莫言憔悴，都向柳枝分付。浑欲诉，奈执手匆匆，不尽愁中绪。攀条怨缕。正南苑生凉，西山作暝，争忍别君去。

长安道，约定归期又误。天涯人倦羁旅。湖云湘月家山影，并入吹笳声暮。情更苦，说有个方回，等我江南路。凭君记取。待津舶归来，诗筒寄到，定写断肠句。

长亭怨 天津

已春过、大沽烟水。杨柳青青，落花风里。隐隐潮来，小帆如叶树如荠。酒帘三五，嗟逆旅、无情思。结客少年场，漫击筑、浩歌燕市。

遥指，慨津门旧日，一片连营烽燧。京城未远，又愁见、浮云征骑。道至今、玉垒防秋，厌重说、鏖兵时事。只海色千重，都向层楼飘起。

望海潮 海上

风来无地，云横有岸，中边一碧浮沉。方丈去遥，连翘舞倦，波涛终古难平。车马半空行。问枯查羽客，几度曾经。暮色苍苍，拟将心曲托孤琴。

沧洲何处伤情？怕重闻水浅，还见尘生。青海故军，乌湖异域，唐家遗迹堪惊。西北是神京。幸中原无事，人道休兵。忽近燕台乱鸦，斜日大旗横。

绛都春　沪上

中原此地。问甚日换了，西风人世。树顶画楼，花角幽亭斜阳里。春申浦外秋无际，更休剪吴淞江水。海舟才泊，红桥翠港，暮潮来矣。

佳丽，钿车绮袖，恁骢辔、去远略无尘起。雨过路晴，月让灯繁逍遥市，江南旧景知何似。料莺燕、都难重记。不知弦管谁家，夜阑未已。

玉京秋　望焦山

天漠漠。青山淡相对，野云闲着。海门浩渺，禅关摇落。何日仙真再到，倘勾留、依旧林壑。空怀昨，可怜京口，废营荒郭。

客里扁舟重泊。叹匆匆、登临负约。听过江、声声铃语，都成萧索。北固南徐，剩太息、徒负深林孤酌。晚风作，应返危崖瘦鹤。

朝中措　舟泊扬州

小舟何日出秦淮，低泊水城隈。借问堤边杨柳，今朝可有船开？

凭高试望，隔江烟起，没见楼台。一色残碉碧草，斜阳嘶骑归来。

扬州慢

白石道人至淮扬城，感慨今昔，因自度此曲。余亦二次过此矣，兵燹之后，风景萧条，舟中依韵谱《中吕宫》一阕。原词尚云“二十四桥仍在”，今之视昔，尤觉凄清，扣舷而歌，黯然欲绝。

柳尽鸦来，苑荒萤去，水云黯黯行程。怅题襟旧迹，剩劫后山青。傍江岸、寒碉十里，马嘶残烧，曾此屯兵。只斜阳、无语凄凉，仍下芜城。

客舟暂系，见□旗、犹自心惊。问廿四红桥，无人更识，怀古伤情。寂寞夜潮瓜步，风回也、带起愁声。把樊川催醒，何须重说三生。

桂枝香　萤苑怀古

凄凄惨惨，任草满故堤，何处隋苑。三两明边曾是，画帘低卷。芳魂闪闪西风里，悄难禁、树根残焰。可怜遗憾，旧时断趁，舞裙歌扇。

莫更怅、烟销雨断。只野花飘落，清泪如泫。萧寺钟声休认，景华天晚。零星几个黄昏近，到秋来照谁心眼？至今深夜，青青惟有，乱磷千点。

瑶 华

璚花观焚毁殆尽，仅佛楼三层，亦将倾圮矣，怆然赋之。

群芳信史。烈女琼妃，冠无双名字。尘飞骑影，忍一死、报了东风情意。花应姓许，是天上、云班仙子。想夜深、玉骨珊珊，雪样衣裳飘起。

几番禅观飘零，说旧日繁华，清梦如水。香魂去也，更莫问、人在迷楼醒未。三层佛阁，奈劫火、而今重记。比土花祠冷无人，一倍伤心词里。“土花祠冷无人”，宋李莱老琼花观词中句也。

浪淘沙 仪征道中

曲曲水之涯，净碧如揩。两枝兰桨趁潮回。翠鸟一双前渡起，知有船开。

芦荻几时栽，水送清淮。更无人住小扉柴。添阵西风声瑟瑟，只怕秋来。

女冠子 露筋祠

乘鸾此地，来问米家碑字。彩云飞，甓社莲千朵，高邮柳四围。

秋灯词客舫，劫火女郎祠。冷月空江堕，夜乌啼。

高阳台　咏玉钩斜

碎玉埋香，荒碑化劫，无情衰草斜封。艳冢香名，双乔生小如弓。故堤垂柳荒凉尽，有寒潮、流过城东。恨匆匆、凋谢琼花，娇梦成空。

当年最昵君恩重，道青春易短，还蹙眉峰。夜月魂归，只应长傍离宫。自从没了迷楼影，怕重来、也误芳踪。乱愁中、废陇啼鸦，残照西风。

定风波　薄暮泛舟至桃叶渡

柔橹双枝古渡滨，闲寻桃叶问桃根。莫道当年离恨重，如梦，小桥惟有晚烟痕。

歌板殷勤愁不见，团扇，西风销尽美人魂。淮水尚传春意思，多事，赚他相忆是黄昏。

莺啼序　金陵

王家谢家燕子，话闲愁万绪。指形胜、白下雄城，蒋山依旧终古。听云外、东流滚滚，分明诉出伤心语。只秦淮，仍荡春波，绝无残树。

太息神州，望里浩渺，认西边幕府。想当日、流涕新亭，过江名士何处？叹繁华、从来似梦，金粉坠、销沉歌舞。翠华空，凭吊兴亡，故宫禾黍。

东南半壁，慷慨悲歌，又十年战鼓。有列阵、大旗飘出，画角呜咽，骨化青磷，血飞红缕。金戈铁马，长江天堑，垂虹惨惨无颜色，莽烽烟、遍起秋陵路。铙歌唱罢，横吹四野腥风，午余鬼啸阴雨。

孤篷倦旅，对此茫茫，说艳游顿阻。黯剩迹、鸦啼壕断，凤去台空，一炬华林，乱芜桃渡。凄凉欲问，人间何世，萧萧芦荻寒故垒，尽挑灯、重续兰成赋。筝船纵拍红牙，怨曲难终，暮潮更苦。

南乡子　莫愁湖

闲步石城西，借问卢家旧路迷。帘外春风堂下月，都非，一片湖阴荡落晖。

艇子莫相催，歌板无声梦也稀。才说莫愁愁便起，凄凄，双燕于今没处栖。

摸鱼儿

偕左溪竹、沈子谷秦淮夜泛，叙谈次及兵乱事，悲欢异景，扣舷成歌。

小阑干、稳装青雀，随波双桨容与。绮灯千点春星乱，茉莉晚香无数。行且住，见隔舫娉婷，摇过桃根渡。双眉似语。更转个湾头，中停又遇，却向别桥去。

吴娘曲，唱到江南总误。何心歌席频顾。玲珑琐阁都无影，两岸乱蜚如雨。君莫诉，要省识繁华，梦境无千古。当年战鼓。休再问回潮，美人名士，飘泊可怜处。

百字令　登清凉山

六朝金粉，已飘零尽了，风流名士。步上清凉山上去，寂寞翠微亭子。天下英雄，腹中人物，终古滔滔是。云沉玉垒，荻芦萧瑟如此。

今日幕府参军，能令公喜，不洒新亭泪。回首可怜歌舞地，难问承平遗事。浩劫繁华，中年哀乐，独客登临意。西风秋色，季鹰明日归矣。

满江红

燕子飞来，曾说尔、旧时门巷。只一曲、念家山破，乱烽云莽。桃叶尚留明月影，柳条不作春风样。望江南、何日赋归来，空怀想。

断梦也，秦淮桨。泛宅也，湘江舫。□□□□□，□□□□。异地层楼迁客赋，当筵小海何人唱？只凭君、青眼一高歌，休惆怅。

百字令　随园遗址

野花零落，恁荒凉满目，斜阳如水。约略随园遗址在，一片冷清清地。才子风流，寓公诗酒，春梦销沉矣。不堪清夜，剩他孤月来此。

何况孙楚楼高，谢公墩小，一例荒榛里。纵有仓山无恙也，消尽雨红晴翠。柳畔鸣骀，帘阴语燕，莫话当年事。料应凄绝，主人骑鹤归未？

木兰花慢 游济生招饮舟中，即事有作

柳边停画舫，千万缕，学缠绵。看酒面通潮，窗心恋影，相对文鸾。眉湾，暗中递语，算微波只隔一层烟。才得朱樱小破，行云也自飞还。

尊前，半醉溜金，蝉密意，几多般。正荔枝裁锦，桃根打桨，无限深怜。江干，暮春渐晚，唤东风留住木兰船。不管明朝要别，向人尚说幽欢。

声声慢 录别，为济生作

蛾藏剩语，燕订行期，东风即是春程。才得相逢，如何便说漂零。前宵淡妆乍扫，拨檀槽、红烛传情。重按拍，怎么丝都慢，恁地难听。

为恐华年易老，莫向人轻诉，沦落平生。对面天涯，只争一步旗亭。他时翠笺寄与，怕芳踪、如絮如萍。今夜里，系兰舟、何处月明？

霓裳中序第一　江上闻笛

何人悄弄笛，鹤去西楼愁路隔。高柳长堤数尺，正月上淡黄，云飘残碧。孤篷听得，盼不来江上消息。西风外，晚阴入破，隐隐渐昏黑。

堪忆，舞场歌席，曾受过燕怜莺惜。温柔何似旧日，奈客里衫罗，更无颜色。玉阑情脉脉，便影也都难画出。梅花落，梦儿知未，倚烛怨遥夕。

凄凉犯　江口感怀

几重水驿。东风大、孤舟尚挂帆席。故山近也，斜阳影里，正愁羁客。江波怨极，料蘅杜幽香未息。怕归时、深秋撷佩，换了旧颜色。

前事休回首，约访青春，木兰双楫。少年俊侣，怅如今、各分南北。欲寄翎笺，奈多是云天迴隔。只昏鸦、树外隐隐，数点墨。

南浦　大风，泊东流县，登城楼有作

横流乱起，莽长风、天半撼孤城。山色非烟非雨，吹落九峰青。瑟瑟浅汀芦荻，系扁舟、独上菊江亭。剩草□残堞，树根遗镞，无数晚鸦鸣。

见说野芜断垅，到宵来、磷火小于星。为问黄花官驿，怀古意凄清。塔上一铃愁语，似逢人、欲诉昔年情。又角声呜咽，战旗飘处暮云平。

月华清　湖口阻风雨，闻江声有作

散雨围舟，流云过树，客程犹滞江曲。轻薄东风，折了数层帆幅。记去时、霜柳深黄，恁此际、露条凄绿。萦目，又天低送暝，乱峰眉蹙。

长恨哀丝豪竹，陶写到中年，春梦难续。未是秋来，偏恁夜声重复。乍疑作、水浸红楼，奈不似、帘敲碧玉。愁独，问荒洲燕子，那边投宿？

兰陵王　重访琵琶亭遗址

暮云阔，都没枫林败叶。扁舟畔，萧瑟荻花，搅作黄昏满篷雪。清笳动数叠。寒咽，溢江片月。城鸦落，欹侧女墙，遑问孤亭断碑碣。

开元旧时节。便泪湿青衫，无此凄切。四弦错杂低眉拨。问翠袖销尽，素尊倾满，何人重解奏半阕，但愁思千折。

重叠，思难达。怅曲误轮袍，尘涴琴箧。京城回望音书绝。似楚塞春去，汉宫声彻。凭谁还又，按断谱，听未歇。

徵招　武昌县西山

孤鸿带出寒山色，斜阳渐看西下。似唤浪游人，正轻帆低卸。苍崖藤乱挂，怅题壁、古情难写。曲折清溪，客踪重到，野梅开谢。

茅舍两三家，层峰绕、泉声流向横汉。不见昔年人，并荒凉亭榭。江波愁暗惹，又催晚、寺楼钟打。怕孤舫、夜半闻笳，正酒醒时也。

水龙吟 登晴川阁

汉南风景依然，凭阑历历晴川树。钟摇画栋，笳沉绣堞，重阴欲暮。卷幔山来，连樯岸窄，雁声频度。问兴衰遗事，双流日夜，滔滔也，如相语。

此际凌霄空赋，怅登临、倦怀羁旅。琴台在否，萧条异代，知音难遇。张俭题诗，杨云识字，乱愁无数。并悲哉秋气，和雨向，潇湘去。

八 归

“夜深吹笛移船去，三十六湾秋月明”，白石道人集中诗也。秋夕过此，望古成吟，词客有灵，定应识我。

香蘅落涨，疏林凄响，湖外顿满夜色。秋怀莫向西风语，还是曲堤然火，短篷飘笛。卅六湾头无恙月，总照见凉波痕白。奈听到、一阵哀音，过雁怨遥夕。

怀古心情未已，沧桑依旧，只忆当时词客。冷云迷浦，淡烟移棹，水驿灯昏谁识。也漂零诉久，苦调何曾异今昔。思归意、画桡知得，后日寒溪，荷衣还带葺。

思佳客

已是横江白露初，芦花稠密蓼花疏。寻鸿隔浦思盟会，托雁谁家寄羽书。

山远近，水萦纡，秋声无数客愁孤。一船满载潇湘月，系在垂杨第五株。

梦横塘

款红亭雨，淡碧阑烟，访春时节还记。浅笑桃花，识旧燕、无须回避。罗袜飘尘，画帘停绣，静愔愔地。怅银塘短楫，别后思量，如今在、销魂里。

芳情化作秋云，又云成短梦、梦也憔悴。陌上钿车，应已过、柳桥十二。更难问、明珰信息，已隔层层万山水。雁断西风，一缄曾误，再休排人字。

唐多令

一角小楼东，春晴三月中。倚阑干、曾话东风。记得罗裙花样子，绣几朵，水芙蓉。

春去忒匆匆，花浓愁更浓。只瑶阶、依旧苔封。阶下香泥休作践，曾印着，绣罗弓。

朝中措

晓妆慵掠任春酣，花朵不曾簪。芍药几枝分了，今朝三月初三。

经年间阻，劳劳亭畔，不见兰缄。若道传书路远，草痕偏到江南。

陌上花　新柳

春声昨夜丝丝，零雨染成新翠。弱柳才拖，便解拂烟笼水。不知后有攀条日，那得伤离情意。看疏帘、淡碧一般颜色，隔层飘起。

浅眉痕未满，生来本瘦，十二蛮娘年纪。渐欲藏莺，也带嫩黄微腻。画楼半掩斜阳影，初见玉人斜倚。絮飞时、再到永丰坊角，阿谁还记。

清平乐　送春

蒙蒙飞絮，燕子忙何处。纤指频将花历数，春到明朝归去。

东风百五芬芳，来年重与商量。今日又将天暮，如何不怨斜阳。

满庭芳 柳絮

春尽犹霜，天晴尚雪，恁般飘泊芳时。□□□□，□□□□□。刚是回身欲倦，东风里、萦着游丝。桥边落，亭前又起，舞过短长堤。

依依，千万缕，愁偏绾客，恨莫留伊。惹落花影瘦，流水声稀。莫悬萧娘玉镜，怜渐渐、青鬓都非。才抛得，春心琐碎，□□□□□。

无闷 花魂

新燕迷宵，幺蝶觅春，归□啼鹃□唤。护一树青幡，柳边□转。直道相思无益，总未肯、飘摇随伊断。可知别后，江郎笔底，也成销黯。

亭馆，又将晚。爇宝鼎沉香，隔帘应返。奈杏雨梨云，绿阴迷遍。环佩空枝月夜，瘦缕缕、轻离红阑畔。倘梦去、招汝柔乡，万一倩娘相见。

又 花梦

春睡棠酣，寒意柳眠，踪迹南柯暗度。可识得相思，旧时烟路。只怕罗浮再到，问翠鸟、双双无寻处。一年一觉，游仙未准，有何情绪。

愁伫，夜当午。况已是空占，燕梁孤负。奈断了柔枝，续来偏误。香界蒙蒙近也，最恨是、东风惊他去。料不解、芳事阑珊，肯怨暮云朝雨。

绿意　荷叶，用玉田韵

田田雅洁。记凉筒小饮，香韵都绝。荡着轻桡，移向银塘，罗盖暗消烦热。娇柔生小青溪上，只解事、鸳鸯能说。恁绿云、低按歌声，化作艳情重叠。

团扇盈盈可似，浣纱人、独立清上衣褶。碧玉于今，嫁与西风，只剩藕丝如雪。东西南北愁难问，怅旧梦、斜簪空折。莫等闲、喧到深宵，留住一奁圆月。

红情　荷花，用玉田韵

夕阳红色，映舞衣数顷，亭亭疏密。一棹横塘，翡翠双飞尚能识。何日移根玉井，问仙界、花应相忆。今远道、折赠明珰，芳袖带香湿。

重立，小桥侧。记子夜艳歌，晚游前日。露房散液，秋至西风下帘碧。休道银湾旧事，愁瑟瑟绡裳非昔。负后约、何意绪，画船听笛。

醉蓬莱　白燕

对梨花一树，淡淡春阴，斜飞双剪。扉板依然，认去年亭馆。絮影蒙蒙，水晶帘下，恁差池难见。细语商量，朱门羞傍，红襟偷换。

记得归时，蘋洲作客，秋社霜前，正逢来雁。粉迹香泥，把旧巢寻遍。月冷烟疏，盼娘楼上，比纻衣深浅。最爱纤魂，双栖脂玉、钗头微颤。

声声慢　送陶菊溪之蜀

鸥边客瘦，燕外春归，眼前芳草无情。一尺江波，如何作得愁深。昨宵听风听雨，料天公、替阻行程。甚此际、便送君南浦，残照分明。

未肯临岐垂泪，说他乡有约，不算漂零。西去云帆，峨眉山下须行。还应素书寄远，莫相忘、今日旗亭。将进酒，古阳关、刚唱四声。

清波引　钱寿芝夫人白云红树图

叶疏红舞，正煊染、夕阳几树。客来何处，杳然水流去。七十二峰尾，指点凉云斜度。草堂只两三间，料弹罢、翠琴柱。

湘帘画谱，缀脂粉、还带秀句。古音谁语，写浓淡情绪。寒林晚秋信，缥缈西风来路。莫认日暮春天，杜陵愁赋。

法曲献仙音　经旧游处

窥影方塘，觅踪香阁，记得青春朝暮。痴燕曾怜，病莺犹识，垂杨尚描眉妩。忆二十年前事，依依耿无语。

黯延伫，奈重来、草痕如梦，消几许、三月绿阴风雨。曲折小红楼，认依然、东角门路。片片残花，换伤春伤别情绪。怅莓苔满壁，肯问碧纱题句。

摸鱼儿　澧州重游一叶庵

甚萧萧、半黄残缕，垂杨今也如此。天低笠影围荒寺，不见竹边亭子。残照里，有一杵疏钟，小荡孤云翠。阑干更倚。认坏础阴沉，香龛响寂，冷冷带秋意。

僧归去，鸿爪依稀尚记。前汀无恙流水。枯禅已是伤寥落，何况晚风尘世。多少事，怅卅载春游，俊侣都无几。诗心唤起。只堤外青青，一峰平远，依旧拥螺髻。

倦寻芳　游桃源

去津未远，还掉扁舟，三月春晚。树树桃花，开过隔溪沿岸。山寺云生飞缥缈，洞门烟锁疑深浅。小桥西，只方田数亩，草痕青遍。

有一道、流虹垂下，青嶂回环，偏导游衍。避地何如，谁识旧时乡县。三两渔翁邀问讯，此中消息茫茫断。拟随缘，奈沧桑，近来都变。

买陂塘　舟中闻弦歌声

趁行云、片帆东去，行云孤雁还住。繁弦急管高楼上，楼下绿杨低舞。歌一缕，并不是阳关，不是蘋洲谱。移宫换羽。想记拍声迟，垂鬟力倦，多少断肠处。

浮萍惯，我已青琴屡误。江湖曾没人顾。潇潇暮雨江南曲，犹忆画船箫鼓。何意绪，□□□愁风，愁雨天涯路。移船过浦。又烟雨蒙蒙，遥峰黛色，装点翠眉妩。

金菊对芙蓉 题郑二嵩云桐阴图

石峭沿途，径凉生竹，一衿新翠还飘。料商量词赋，天末情遥。知君别有悲秋意，只梧桐、替写萧骚。丝丝绿鬓，莫因惆怅，暗里霜凋。

犹记燕约莺招。认两家杨柳，隔水红桥。自春云散了，旧梦都消。重逢莫话当年事，怕西风、惯送无憀。今宵酒醒，思量惟有，月底吹箫。

金缕曲 （二首）

鸳梦回深院。静愔愔、炉香篆冷，画帘春晚。芳草天涯无消息，空有归来双燕。渐镜里、玉容清减。天色黄昏眉月上，倚阑干十二沉思遍。肠九曲，九回转。

当年欢意还重恋。到而今、香襟粉帕，泪痕红溅。自谱新词凄凉犯，试把银筝弹怨。奈掩抑、闲愁难遣。惆怅西楼花落尽，只垂杨依旧千丝绾。浑似我，翠鬟乱。

南浦东风信。怅春深、沧波绿遍，送愁流恨。无奈兰舟匆匆别，望去斜阳隐隐。况风雨、连朝无准。迢递王孙重山水，算深宵有梦天涯近。分翠袖，泪偷揾。

长安旧事休重问。最销魂、灞桥西畔，暮云难认。愁杀青青垂杨柳，落絮飘零都尽。料念我、纤腰瘦损。寄到相思知何日，只罗巾怕脱红香粉。持此意，怎生稳。

阮郎归　村景

芳原不觉已春分，燕儿应记真。霏霏微雨小于尘，桃花红一村。

弯路口，傍山根，涧声何处闻。草痕青过绿杨津，东风吹到门。

锦堂春

小阁垂杨一树，依依绿遍烟痕。东风不皱方塘水，留与照春人。

蝴蝶粉衣新换，飞飞只趁黄昏。花边认得红楼径，斜月未关门。

忆旧游　（四首）

忆飞梅艳晓，斗草赢春，双结明珰。忽地怜迟暮，便歌纨舞袖，事事都妨。蹇修倘许为理，兰佩有余香。任媚蝶花轻，藏鸦柳荡，自惜孤芳。

当场，琵琶语，记历历重山，瑟瑟寒江。漫奏无愁曲，引王孙归后，虚阁思量。旧时燕子相识，栖稳谢家堂。问幕上香巢，西风阵阵凉未凉。

记偎窗学字，擪笛传声，寸草心长。一自春归后，纵啼鹃不唤，也自凄凉。三更四更风雨，花落玉阑旁。奈炉鸭宽灰，灯虫照梦，清泪沾裳。

横塘，昔时住，又如絮如萍，无定飘扬。擪线双纤倦，恁鸳鸯偷绣，羞见成双。暗思十年前事，欢意最难忘。甚此夜吟蛩，凄凄戚戚听断肠。

想评眉岫近，执手阑温，钗舞双鸾。寂寂东楼雨，叹娇花易谢，稚柳须怜。素琴怆不终曲，尘网美人弦。奈碧玉歌中，清溪寄问，断谱难填。

绵绵，万千绪，只独自温柔，遑似从前。待种双红豆，怅相思连理，消息虚传。旧时惜香亭院，情景判悲欢。欲再觅夭桃，春风翠洞何处边。

正鸳心暗转，燕翼飞回，信息初传。也没盈盈意，恁无聊数语，遑说幽欢。拟将翠笺重寄，何日到天边。便诉与殷勤，思来薄幸，下笔都难。

谁怜，近来意，只拜月沉吟，替雨缠绵。未肯添憔悴，尚眉峰安顿，还惜芳颜。一行定情词稿，奁镜卜团圆。愿蝶约莺期，东风不出新画阑。

绮罗香 废园

蝶避凄清，莺来放诞，几处荒台零甃。三面围墙，随意野花如绣。除残照、悄地相寻，只冷月、觉来都瘦。碎莓苔、上了纱窗，隔窗两处水杨柳。

销沉金碧似梦，闻道鞶歌艳舞，芳春前后。红粉青衫，料也一般非旧。怅沿阶、难觅遗钗，想题壁、定欹吟袖。问分明、隔巷人家，胜游曾见否？

应天长 张子敬寄山水画幅属题，谱此答之

隔江秋色山重叠，兰蕙幽香应未歇。碧波深，双画楫，却忆去年湘上别。

别君时，花似雪，容易柳凋残叶。寄问故人天末，待和征雁说。

蝶恋花 （四首）

洛浦通辞重托付。一水盈盈，日望凌波步。音信空回何意绪，桃花落尽风和雨。

宛转但闻双燕语。春事阑珊，绿到无情树。画楫青溪芳草路，于今都是销魂处。

依约玉楼凝望眼。渺渺青芜，人也和天远。闻道钿车归去

缓，春愁一夜空江满。

罨画高堂鹦鹉唤。旧梦何心，难说新来怨。时节黄昏斜照短，昔年亭院重游懒。

二十五弦愁历乱。此曲凄清，旧谱难重展。离别忍将珠柱换，尘昏只怨参差雁。

似水流年春已晚。芳意全灰，一缕游丝断。袅袅忽从帘下见，暗思前事生微叹。

惆怅已过三月后。宝扇钿筝，抛弃而今久。飞絮漂流常似旧，思量但恨桥东柳。

重检泪痕双翠袖。玉镜台边，往事空回首。忍道红楼拚独守，谁知总是愁时候。

买陂塘　过陆家坝故居感赋

认依然、两重门路，弯环依约能记。门前一带苍烟色，历历树犹如此。愁徙倚，只小阁三间，坏了阑干子。帘儿似水。荡半角斜阳，蛛尘影里，觅我旧题字。

当时忆，人与青春旖旎。春归人渐憔悴。流莺絮尽缠绵语，都是廿年前事。知也未，早换了而今，多少无聊意。香风又起。问两嶂东西，双塘左右，花柳近何似？

临江仙　山村春暮（五首）

雨后嫩波三四尺，染成芳草如茵。随风绿到古方津。野芹鸥鹭舍，苦竹鹧鸪村。

孤艇短篙随处拢，垂杨阅尽行人。渡头飞絮近残春。碧藤悬岸侧，黄菜别畦匀。

蝴蝶四山人上冢，杜鹃啼得魂销。笋舆归路一条条。紫泥山屐印，青堰水衣飘。

小店荒寥随意歇，炊烟横过溪桥。野农闲话发萧萧。今晨寒食节，古事道光朝。

流水自随村口去，沙湾路转东西。浅秧方罫翠成漪。竹围眠鸭地，莎拥钓鱼矶。

华屋尽知谁姓氏，玉骢缓缓人归。倚山临水小园扉。熟梅枝渐亚，古树叶犹稀。

隔水小亭人卖酒，雨前来试新茶。问津谁驻独轮车。一行乌柏树，三尺马缨花。

浅涨方塘支瘦石，轻盈低浣春纱。柴门半掩夕阳斜。晒晴鸡上屋，傍晚犊还家。

社鼓神旗春赛了，平畴暝色连天。一行归鸟下孤烟。黑林山径里，白塔寺门前。

屋角短墙沿蔓刺，小棚新辟瓜田。半开半落野花妍。蝶穿篱眼月，犬吠港头烟。

渡江云

王壬秋、陈程初招饮碧浪湖，会者十九人，壬秋诗先成，余赋是词。

野亭团暝色，湖阴净碧，荡漾小帘开。晚风都在树，才下芦汀，便送雨声来。新秋未到，觉襟边、凉意先催。停画船、待招明月，终是隔天涯。

关怀，清时裙屐，故国江山，共今宵高会，休太息、荒园断碣，霸业成灰。滔滔湘水东流去，待千秋、谁问骚才。纫楚佩、荃兰芳讯应回。

湘　月

“杨柳岸，晓风残月”，柳郎中别词也。张铭吾、周雨生先后以此卷属题，为演词中意赋之。

梦无寻处，更愁无重数，秋无层次。断岸孤舟，但满眼、瑟瑟垂杨而已。瘦缕禁风，下弦弯月，晓色寒于水。酒痕襟上，别离光景犹记。

偏是此树依依，干卿何事，作凄凉情意。路断长亭望不见，昨日阑干人倚。去去烟波，茫茫泪眼，独客霜篷底。楚天辽阔，系船明夜何地？

渡江云 湖窗秋夜，听雨不寐

潇潇声不住，星桥浪起，疑是泻银河。几声云外雁，总诉漂流，江上越风多。寒更碎响，听空阶、梧叶辞柯。秋夜长、小灯红穗，绮梦恨蹉跎。

曾歌，秦筝旧曲，涨满菰塘，隐相思青琐，只一角、眉山湿翠，定蹙双蛾。黄花又减今宵瘦，想近来、人瘦如何。山共水、通词怨阻横波。

宴清都 春日偕友人重游君山，饮九江楼有作

十二螺鬟小。东风外、春云还自笼晓。湖山胜处，楼台画里，四围波绕。蓬瀛本在人间，认仙路、依稀再到。怅年时、想望夫君，镜中眉黛新扫。

堪叹古往今来，洞庭遗迹，无限凭眺。筠斑刻露，茶香过雨，又闻啼鸟。持杯但说前欢，莫更问、闲愁潦倒。倚危阑、孤鹤遥归，夕阳下了。

百字令 渡洞庭，用于湖韵

朗吟飞渡，便西风、飘出十分秋色，留得君山残照影，低傍小舟帆叶。笠卧天圆，屏开岸远，镜里晴霞澈。几时书到，柳家遗事堪说。

犹记昨夜姮娥，回波起舞，涛卷千层雪。仙乐仍闻湘瑟调，

隐隐玉京空阔。雁信重逢，鸥程无际，萍梗年年客。木兰归未，美人遥怨今夕。

又　三闾大夫庙，用东坡体

孤吟楚泽，最无奈、山鬼凄然欲语。旌盖南征，随一片、飒飒冥冥风雨。君不行兮，魂归来些，待唤巫阳去。美人含睇，至今还怨迟暮。

愁听廿五离骚，长沙迁谪地，灵修何处。只有婵娟，三太息、渺渺沾襟延伫。遗庙云阴，故都天际，秋老山中树。众芳摇落，蕙兰依旧江渚。

清平乐　题绿杨城郭图

绿杨城郭，往事思量着。解道玉人前度约，惟有碧箫能托。

昨宵梦到迷楼，绛仙眉黛含愁。十里烟痕销尽，如今莫说扬州。

疏　影

偕黄小鲁、易实甫、王惠棠、席沅生游琴台。琴台原在嘉兴，此盖鄂人为故国先贤所建也。

斜阳暮色，又西风满径，台影摇碧。浅浅湖漪，曲曲山屏，疏林一片萧瑟。寒云雁落平沙远，尚仿佛、遗音堪觅。访断碑、重问瑶徽，立尽翠阴苔壁。

都是萧条意绪，古人去已远，心事谁识。残霸荒城，旧隐流传，忍问晚周陈迹。登临各有哀时感，总莫忘、楚中乡国。忆水仙、雅操移情，休道海滨消息。

扬州慢

乙巳六月，客游武昌，与实甫同寓崇府山霭园，朝夕聚叙，欢若平原。顷归长沙，实甫赠词，依韵和之。

聚散匆匆，山川怀抱，新词赋自中仙。认荒园废邸，剩劫后桑田。更休问、风流人物，江流槛外，残照如烟。写游踪、一幅丹青，还倩龙眠。

少年俊侣，记金台、联骑当年。怅别后情怀，池台吊鹤，乡国闻鹃。客里坠欢重拾，难忘是、北渚蘅荃。待白云招隐，新诗常咏斜川。

买陂塘　实甫自言前身为张孟晋，以张画属题，因倚此调

问山塘、旧时明月，何心圆到如此。高楼莫话清歌夜，今日人间何世。图画里，对残雪、疏林多少凄清意。双魂唤起。奈落尽桃花，冷云元墓，都是可怜地。

相思路，曾到红桥第几，东风还道遗事。红颜未必于今少，只少怜才知己。情未已，又漂泊、扁舟一叶来重倚。寒溪故址。休更忆前生，伤心尘劫，消得几行泪。

上林春慢 继廉畦廉访以词见赠，依韵奉和

粉署鸣珂，英簜绣衣，落落知名何早。待漏晓朝，簪毫小暇，犹传旧年新稿。感时哀曲，向玉宇、望中云渺。快相逢，更素轸未希，翠尊同倒。

问官梅、数枝渐老。问题句、几行乌丝环绕。杜蘅自芳，瑶华枉赠，芊芊涉江香草。楚波画舸，唱残月晓风人少。待从君，重倚拍、管清弦巧。

贺新凉 送金瑶甫之江南

一片长安月。只昨夜、琼箫声里，伴人愁绝。容易天涯同作客，挨过深秋时节。偏又听、玉骢催发。行色匆匆天不管，唤西风吹散千林叶。分手去，寸肠结。

江南景物休重说。君试问、新亭遗址，坏云千叠。况是秦淮寒浪起，画舫笙歌渐歇。怕也似、桑干呜烟。飘荡我如杨柳树，在他乡惯送人离别。檀板竟，浩歌阕。

水龙吟 题俞廙轩方伯卧游图

故乡风景如何，殷勤为问南飞雁。兰亭胜迹，暮春时候，昔游曾遍。卷幔延山，当门恋水，草深花浅。怅匆匆离思，扁舟画里，频指点，归云远。

还忆荷裳裁剪，去家园、绣衣轻换。汾阴月小，湘江风定，

宦程吟卷。贺监湖边，别来无恙，同盟鸥伴。尚莼香未老，休寻旧谱，倚长亭怨。公自题《长亭怨》词。

大江东去

俞廙轩中丞假归山阴，湘人饯于贾太傅祠，咸为诗文赠行，余成是词。

暮春晴色，送楼船东下，湘波清绝。贾傅祠前闻太息，此意苍生能说。小队郊坰，深杯祖帐，去住难为别。旌旗飘处，满城飞絮如雪。

因念鉴曲佳游，画图应补，诗卷还重叠。公有《卧游图》数卷，海内名流题咏殆遍。未必闲身归计稳，沧海横流时节。修禊亭幽，筹边楼远，忧乐关怀切。东山再起，白云遥望天末。

金缕曲　陈小汀以词见赠，作此答之

垂柳西阑畔。见君来、依依万缕，尽低青眼。正是落花时节近，解唱江南肠断。莫惆怅、衡皋春晚。商略琴边新乐府，十三弦数遍参差雁。还遗我，句长短。

天涯我已羁游倦。赌旗亭、晓风残月，浮名轻换。绮梦牢愁都不问，只把玉笙重按。待相访、玲珑池馆。小港弯环晴涨满，唤扁舟摇过枫林岸。鸥鹭约，会须践。

齐天乐　题陈小汀词卷

潇潇听尽兼旬雨，殷勤故人相见。古韵花前，今愁柳际，都入丝阑吟卷。蘋洲未远。谱渔笛横枝，隔江云晚。试采香蘅，碧波能识意深浅。

词场雅音渐歇，似君成独抱，瑶瑟轻按。马足关河，莺声院落，定有双鬟传遍。东风又转。问伤别伤春，赋情何限。自草斜行，小屏山尽展。

念奴娇　题邹闻生淑俪熊绣霖夫人烬余稿

伤春伤别，说裙腰、香草离离青冢。剩得零星遗墨在，字字当时珍重。锦瑟华年，玉台芳影，都被东风送。燕儿凭吊，落花庭院闲拥。

刚道多病多愁，临分凄语，泪似秋潮涌。三尺碎琴沉断谱，明月照人如梦。柳外书来，梅边韵冷，颠倒犹成诵。湘帘踠地，夜寒依旧微动。

齐天乐

题江建霞学使母夫人竹柏图。图为其母夫人兄华岫云所作，竹喻其节，柏喻其寿也。

机声灯影流传后，英英画图重见。黛点文筠，苍颜寿柏，山色如临北苑。挥毫意远。胜江路贻书，大雷秋岸。绛幔新悬，荻灰犹自认深浅。

尊前还道旧事，故乡烽火里，惟剩书卷。彩服春浓，轺车道熟，常是亲缝针线。生绡更展。并桃李潇湘，写来都遍。愿上霞觞，百年斟定满。

惜黄花 舟泊东流，题黄花驿

黄花消息，客程愁觅。□□高秋，只乱山荒驿。宿雁下云阴，渡马骄风色。画一片、荻芦萧瑟。

归来彭泽，尚留遗迹。古之人，古之人、似曾相识。三径问何年，孤戍愁今夕。听怨角、带烟飘出。

西子妆 富庄驿闻琵琶有幸赠

连琐□歌，钩帘换曲，小雀花翘难定。不知何事恁凄清，促春弦、数声愁听。风尘梦醒。依稀语、伊人薄幸。湿衫罗、便空言难诉，香痕都冷。

情谁省？十载关山，旧谱传三影。天涯沦落怅相逢，最无憀、客中光景。飘蓬断梗。只留得、邮亭名姓。渐宵阑，门外飞莺路迥。

金菊对芙蓉

翟家庄旅店见静容女史题壁诗，有“雨后鹭依荷叶静，风前蝉抱柳枝凉”之句，韵语清丽，词以写之。

雨忆荷声，风知柳意，小亭三面阑干。问双枝熟鹭，旧梦应圆。一蝉斜抱低枝语，曳凉声、都是缠绵。凌波袜浅，横窗带结，瘦影婵娟。

为念绣幰珠钿，料香停翠陌，分付吟笺。自花骢去后，断堠生烟。银墙也当纱笼碧，识彩云、何处楼边。衣残缕弱，尘梁燕子，犹话当年。

南浦　荻港晚泊

孤艇载愁来，橹声柔，摇向斜阳低港。犹是乱离声，昏鸦散、残角西风江上。萧萧摵摵，荻花偏带回潮响。此去丁家洲未远，应有白鸥无恙。

谁知小泊苍凉，甚心情、倚棹横波再唱。寒色压孤篷，凄清月、来照旧时崖嶂。云横故国，寄书还托征鸿往。多恐长途飞欲倦，仍在异乡飘荡。

又　陆溪口雨泊，不寐有作

一缆系垂杨，只垂杨，瘦尽不成丝缕。江水正愁人，芳汀外、偏又几声柔橹。年年作客，别离都在销魂处。除却晓风残月地，多半夜分疏雨。

思量旧日天涯，托青笺、尺一双鳞寄与。消息盼东风，相思梦、还绕杜兰香渚。横波竟隔，片云移过巫山路。今夜无聊人易醒，听到四更更鼓。

曲游春

上巳与客滗湖泛舟，春涨初生，远山新沐，两岸杂花生树，此身如在画图中也。

一镜无尘浣，染三篙新涨，轻载兰舸。浅浅眉山，有微云点黛，参差鬟髻。沿岸闲花朵，又几片、飞英时堕、傍野桥、草色如烟，消得白鸥幽卧。

婀娜，杨枝斜弹。似唤客停桡，小莺低坐。罨画湖光，带晴丝空际，有诗寻我。试茗新槐火，数昨日、清明才过。待与倚笛楼西，夕阳又锁。

朝中措　平原

残碑古道夕阳边，怀古一凄然。只有柳丝千缕，春来绣满荒阡。

旧时宾客，风流何在，十里苍烟。寂寞无人相士，驱车直过平原。

四换头

相见还相识，对面疏帘侧。莫道不分明，鹦哥唤小名。

历历春愁重，往事浑如梦。梦也不曾圆，一般都可怜。

哨遍　丁丑出都作

京邑倦游，歧路送行，景色匆匆里。下斜阳，冉冉绿杨枝。傍旗亭玉骢低系。春去矣，长安酒家楼上，暂时留恋诚何计。奈分手东城，残杯冷炙，征尘沾染衣袂。已飘零莺燕误佳期，更紫陌纷纷杏花飞。芳草凄迷，写尽销魂，晚风飘起。

噫，俯仰都非，不堪今昔悲身世。俊侣夸年少，联翩晴陌珠骑。要绛帕笼香，红绡度曲，韦娘画阁无抛弃。怎旧日琵琶，重闻太息，青衫沦落如此。漫自怜词赋客天涯，空怅想双鸾信音稀。问金台、寂寞何地。高歌已是天暮，怀古凄凉意。海山云紫，河梁月落，望望家乡迢递。美人含睇盼南归，愿幽寻、兰蕙香佩。

扫花游　继蜕崖落红词，即用其韵

桃花落了，便失却燕支，浓妆春影。碎香顿冷。算芳颜粉坠，景阳宫井。几点猩痕，那解飘零怨命。减芳镜，总不是嫣然，香袖齐整。

如今休引领。剩一片斜阳，软尘残径。记曾夜永。尚棠阶蜡炬，茜斑低凝。剪叶题诗，不赖东风未醒。惜幽景，晕余霞、奈他俄顷。

桃源忆故人 将游桃源，偕皮海春、叶清泉止周生家

秦时明月来如故，照入溪山深处。人傍白云家住，也种桃花树。

酒边为道青春莫，十日了无风雨。明日试寻渔父，唤个船儿去。

金缕曲 题叶东卿小忽雷拓本，为陶斋尚书作

怀古凄凉意。记当歌、掖庭明月，四条弦子。贺老琵琶场屋后，又见锦城新制。曾掩映、内人眉翠。乐府重翻龙香拨，石榴花甘露人惊起。薵落感，玉尘委。

紫宸别殿繁华地。剩西风、萧萧似诉，当时情事。欲问红颜漂泊恨，难得玉箫重世。更休访、崇仁坊址。拓本留传平安馆，托知音拂拭银光纸。还补注，晚唐史。

以上卷三

垂丝钓

渺鳞断羽，胭脂娇面慵妩。暗想薄情，还似飞絮。心尔许，奈倦扶绣柱。东风暮、尚怀人远路。

路旁芳草，王孙应又重遇。寄书旧侣，仍问曾游处。双眼空啼雨，千万语，究燕翎到否。

感皇恩

谢尽小梅花，东风无语。却记当年旧游处。柳枝飘荡，竟把好春轻付。画阑莺老矣，啼声苦。

近来信息，芳桥归路，休误江城访幽素。紫鸾飞去，怕是青山难度。晚云还隔了，无重数。

解蹀躞　驿柳

画里邮亭春晚，朝暮千丝舞。问谁攀折、年年怨行旅。偏是笛里残歌，送人水渡山程，那辞辛苦。

旧心绪，还问萧娘弓步。文鸯甚时遇？灞桥今日、依然有风雨。只怪飘泊无凭，作成飞絮游踪，路旁来去。

法曲献仙音

栏抹疏红，径□生绿，院落游丝轻度。断曲修琴，丽情携笛，明星待看琼户。奈梦里、巫山路，迷茫渺残雨。

与谁语，怅湘皋、佩香空赠，兰浦远、还被片云断阻。晚景隔天涯，□□□、□□□□。□□□□，问亭花、何似平素。拟心头撇了，再也莫思抛去。

琐窗寒　同壬秋、麐伯、叔鸿、镜初、野秋登法藏寺塔

路转丹梯，尘飞紫陌，绮城门户。层阴到海，暗洒一天零雨。只菩提、翠枝顿空，碎铃似作星星语。认几行醉墨，承平遗事，胜游蕃旅。中多乾嘉时高丽人题名。

天暮，云横处。便风驭如闻，去天尺五。蓬山近远，定有洪崖仙侣。有谁家、歌舞未阑，晚钟唤觉残梦否？问慈恩、胜景何如，愿约开芳俎。

宴清都　忆梅

夜寂无更鼓。花间鹤、万山应自愁度。春寒未晓，芳音又隔，恼人庭户。枝枝故国应开，怅去了、当时凤侣。倚片月、怎奈朦朦，何郎怨极还赋。

如今再倚阑干，横吹脆笛，都剩凄苦。苔痕印屧，林阴衬缟，记曾来去。而今尚忆前梦，换旧影、疏斜甚处。更几番、欲问昭君，胡天惯否？

瑞鹤仙　寻梅

几来山去郭，何处有、玉树幽香漠漠？南溪自开落，恐宵寒难听，谯楼残角。琼枝瘦弱，傍小栏、思访梦约。只凄清翠鸟，参斗渐阑，忍负清酌。

却恨琴徽□断，尽道芳菲，往寻东阁。空垂绣幕，难重问，返魂药。况云函已渺，霜媒空怨，相思今岁较恶。怪黄昏片月，忘了旧时宴乐。

尉迟杯

扬州与曹六皆别，时余将赴秣陵，旅思乡愁，不觉百端交集也。

扁舟路，怅十里，绿断垂杨树。秋潮荡得无情，流入邗沟何处。江郎赋里，如识我、今朝别南浦。想迢遥、故里平安，送君先自归去。

飘飘半郭浮云，随风送、东西几肯停聚。远接秦淮桃根楫，非爱趁、筝歌扇舞。知明夜、芦湾旅泊，问谁听、残更一雁语。待重阳、盼取还乡，寄声花下俦侣。

瑞龙吟

相思路，门外便抵天涯，数枝残树。阴阴城北坊南，暮云暗锁，凄凉怨处。

小延伫，愁问素梅风景，去年庭户。垂帘已觉单寒，帘前旧燕，呢喃甚语？

还报香车初系，鹧鸪声里，无心歌舞。谁省试灯春衣，都判新故。斜阳怅立，空赋萧郎句。何曾见，芊芊茜草，弓弯微步。又道还乡去。翠塘浅水，浮萍坠绪，飘起游丝缕。幽恨渺、霏霏桃花红雨。艳情念着，不堪重絮。

扫花游 朗江留别，为游济生赋

晚江画楫，奈涨泪分飞，酒怀凄楚。绣裳翠缕。问萦尘旧曲，怎停怯舞。乱指巫峰，化了残云断雨。甚难去，便不蹙黛眉，都见愁处。

重会心已许。教细认江南，草迷歧路。对花饯俎。听秋莺替说，要怜樊素。乍述前欢，又说今宵意苦。小延伫，满城鸦、恨催更鼓。

一寸金 合江亭写望

千尺空潭，冷翠斑崖倚南郭。看晚晴石塔，秋阴野树，沙回洲尾，舟偏帆脚。江迥西风作，双流汇、涨痕又落。孤亭畔、岳影沉沉，雁语凄清暮天廓。

试访前朝，苔碑青字，飘飘凤鸾泊。问古欢安在，尘劳何事，停云满目，如寻幽约。苍渚莼丝袅，寒香恋、菜根淡薄。思归去、小拓斜川，自觅闲处乐。

丹凤吟 长沙重修天心阁落成，登览有述

楚水滔滔东去，雁影涵波，烟中飞阁。秋阴如画，都挂翠帘朱幕。军旗荡紫，女墙环翠，树色千重，萧疏云薄。尚想当年旧垒，战马飙驰，城外吹堕残角。

更上一层眺望，暮天更没风雨恶。送酒人来晚，唤黄花休

被，霜气侵铄。小山无数，历历过江墟落。俊侣迢遥成间阻，记生平欢握。也应此际，佳会还念着。

浪淘沙慢 岳阳楼下作

晚风劲，重湖浩渺，浪打荒堞。明日征蓬又发，横枝怨谱听阕。念昔岁清樽留款结，短笺字、蜀锦同折。奈旧雨飘零断蓬梗，茫茫雁书绝。

凄切，乱云暮野寥廓。剩岸草深黄王孙路，老马嘶更咽。怅树外危楼，人事都别。醉欢顿竭，无恙情、惟有娟娟明月。

寒翠君山烟鬟叠，嗟兰芷、佩香渐歇。问秋井、围栏应未缺。暗汀畔、独有闲鸥，带暝色，依然稳卧芦花雪。

看花回 荼蘼

汉宫芳信偏晚，傅粉娟洁。为与素梅韵比，便拟订同心，琼带双结。看花事了，扶困秋千微雨滑。簪翠鬟、频觉春遥，怨东风处黯凄绝。

难忘是、霓裳夜月。正酒熟、坠英时节。林下休飞绣鞚，怕雪满芳枝，密恨堆发。香飘丽国，曾绕阑干三四折。拟重游、路愁远，却忆前番别。

西河 重过润州

征战地，茫茫故处还记。金山坏塔倚秋烟，乱鸦又起。暮天日色隐孤城，长江波浪无际。

断芦岸，空徙倚，客情渺渺难系。雕弓画戟十年前，尚存玉垒。望中北固莽苍苍，中冷依旧泉水。

蜃楼上下互趁市，恃连船、飞渡千里。倦眼独看人世，奈腰间佩剑埋藏龙气，愁绝登临西风里。

兰陵王 渡河宿旅店听雨作

古堤直，垂柳萧萧褪碧。高城暝，遥盼羽书，却是昏鸦弄云色。山川郑宋国。谁识，而今过客。河流外，淡黄斜照，葱雪深波数千尺。

从前旧游迹。记晚吹登台，秋赋移席。风尘重悔孤眠食。嗟曲榭怀燕，乱途愁马，朝辞官渡暮堠驿，恨离思南北。

心恻，事陈积。问乐府词人，余韵都寂。宫荒井冷悲何极。便百战残垒，但闻哀笛。何堪还听，尽夜雨，断又滴。

解连环 落梅

素琴空托。还思量旧日，路遥人邈。诉怨绪、重向花前，道溪畔冷云，较来情薄。渐老丁娘，便慵谱、席歌残索。似姮娥意寂，夜夜夜深，悔恨灵药。

蓝桥绛丹待若。奈黄昏梦恶，惊起寒角。太息佳约成空，已零雨零烟，画槛闲却。总说东风，自坏了、枝头红萼。最难堪、泪痕数点，断肠院落。

三部乐 再咏落梅

摇落谁知，倩玉管细吹，暗香幽绝。故溪重到，吟遍当时寒月。偏是孤鹤愁多，认带霜瘦影，岁晚空发。旧题乐府，辜负斜行红叶。

填词更传本事，正那人睡起，怨怀倾说。凄凉两眉蹙损，何心梳发。雨潇潇、泪痕映睫。知此意、缠绵并切。莫奏夜曲，湘瑟畔、丝恨成结。

六丑 山茶花下作

绽零星数朵，暗触我、幽情难掷。记伊淡妆，轻蝉匀翠翼，屧印行迹。便种相思树，愿留红粉，当眼前南国。匆匆忍见辞兰泽，电渺钿车，云封绮陌，如今顿成怜惜。纵东风不换，都怨睽隔。

疏林闲寂，尚栏干腻碧。暗想罗裙，冷香渐息。看花易老词客，只寻欢梦到，觉来愁极。何心理、晓霜幡帻。从别后、一似浮萍碎点，乱漂江侧。才春涨、却又秋汐。想画楼、更在江流外，何曾去得。

大 酺

帐袜尘飘，鬟云敛，花影重寻□屋。缠绵前日事，剪轻罗闲绣，试刀声触。苑雪新销，帘风晚峭，空指天寒修竹。盈盈红灯畔，细商量玉钿，旧时情熟。问心臆谁知，玳梁春梦，燕双人独。

芳期归去速。便歧路、从此分丹毂。恐再到、曾游庭院，曲槛空凭，总虚悬、画中眉目。纵是无睽隔，弹怨瑟、不成欢曲。怕来日、移香国。风景非故，无奈愁多于菽，泪流最怜绮烛。

过秦楼　寄怀陈嵩佺吴中

柳陌催黄，药栏恁翠，黛色晚峰云断。相思路远，近日吴中，早画放翁团扇。还念贳酒高楼，临别匆匆，卅年催箭。况词人略尽，坊南风景，风城天远。

长爱惜、旧日瑶华，乌丝阑字，尚有露痕香染。苏台倦客，怀古心情，不料海田迁变。迢递关山万重，秋后传书，征鸿还倩。问黄花满鬓，应自新霜暗点。

选冠子　茉莉

蕊撷成珠，萼尖凝玉，乍爇水沉烟断。冰凉嫩指，露浥搔头，浅逗暗香团扇。罗帐细袅微风，低落琼英，促听银箭。梦花田蝶返，南洲仙子，素馨同远。

曾记得、瘦立娉婷，分明蝉鬓，数朵淡妆新染。秋来信息，丝缕难穿，却怕粉痕凄变。今夜芳丛定开，还似荼蘼，钗边娇倩。奈痴魂冉冉，飘散相思碎点。

绕佛阁 题陶菊溪大观亭晚眺图

碎云乍敛，斜照隐落，城外亭馆。丝鬓搔短，倦游望眼凭阑更牵幔。暮阴渐满，帆去路渺，林暗洲远。螺黛描婉。画图似是龙眠旧山岸。

寓目料愁绝，傍晚潮来风搅线。怀古泪流浪浪人掩面。更故岁千营，原作“浪飐春灯”，《词律》误刻“绿飐春灯”。淮上传箭。野鸥曾见。剩废垒萧萧，芦絮飞乱。女墙边、大旗犹展。

还京乐 闻与循南归却寄

旧年信，却道琴装剑匣闲料理。又病莺留住，丽娘阁里，犹嫌词费。念故人心际，原作“无际”，《词律》方词误刻“沉醉”。花阴佩玉愁重委。料赠与，应是数点，绡巾红泪。

听西风底。报扁舟帆影，归来细密，评量乡绪宦味。犹怜凤陌年年，自伤春、路傍桃李。想从今、长送鹤樵山，邀鸥钓水。更撷秋兰药，孤芳还未憔悴。

绮寮怨 闻歌有作

袅袅东风如笑，海棠残梦醒。乍袅出、扇底清歌，春还在、翠幔园亭。依稀吴娘旧曲，垂杨斗、嫩叶眉样青。料换头、数叠缠绵，钗鸾舞、鬓侧香汗盈。

尚记旧游倦程。秦筝再奏，天涯更遇琼琼。淡月秋清，忍分袂、语难听。红牙又闻金缕，恍唤起、旧时情。花围似城。衣裳付想像、愁露零。

丁香结

芳槛围香，浅波催别，门外乱红犹陨。自锦车归迅，望绣陌、草色萋萋烟润。记听双燕语，愁中意、乍说又忍。于今休想，数罢漏点，三更欲尽。

情引，再问景西园，换却东风数阵。几尺垂杨，朦朦素月，照来成晕。栏畔眉样翠叶，暗坏纤痕寸。知青春何意，总任琼娘瘦损。

六幺令　客中重九

暮天残雨，清簟清余燠。秋山待谁登览，翠影新梳沐。羁滞他乡久矣，一一程途熟。红尘轻逐。孤怀独想，辜却尊前数枝菊。

西风吹到鬓侧，物色荣心目。题字拟问刘郎，又觉音如玉。还料家园酒后，月照阑干曲。双钗应卜，归期休误，记起伊人去年嘱。

应天长　寄曾茶村桂林

鸿惊岁转，蟾放夜晴，清辉正想颜色。更写寸笺重叠，殷殷问眠食。湖边路，楼下客。最怅惘、旧游岑寂。论词赋，昔岁声名，本自同籍。

遥讯宦游人，桂树峰颠，佳句定题壁。片片翠榕门屋，何如庾郎宅。蛮烟岭，秋瘴陌。定寄语、近来踪迹。只青眼，酒后高歌，心事谁识。

渡江云 送杨麓樵返长沙

晴云山九面，浅波画楫，去去指长沙。十年知己在，暂醉清尊，且觅泰娘家。芙蓉共折，正满目、鸥国秋华。移翠蓬、夕阳洲尾，仅仅有昏鸦。

还嗟。文章无用，误我年年，总难宣笔下。持赠君、新词重谱，团扇轻纱。明朝便算相思物，况写出、深浅寒葭。须更记、到来春共约看花。

华胥引 归舟入长沙界有作

荒荒残照，帆席初收，万芦乱叶。似雪花飞，游鱼短短江畔接。瞥眼车陌征蓬，任软尘磨轧。秋驿迢遥，倦途回首犹怯。

人盼湘湄，怅高楼、鬓梳眉镊。往时书字，知伊今宵尚阅。待扫松边三径，看漫游词箧。还卷秋帘，故山相对重叠。

塞翁吟 望岳

片席随湘转，云外晓色胧膍。仅两面，俯南东，望拔翠芙蓉。群仙缥缈鸾皇下，香雾暗锁遥空。荡海日，镜波重，散霞绮新红。

忡忡。萍踪误、清游旧约，徒怅想、年年意中。只绝顶、诸峰向背，在何处、禹牒神碑，藓蚀苔封。灵宫未远，莽莽声来，天半松风。

塞垣春

春序将阑，幽轩独坐，颇有老杜“旧雨不来”之感，因倚此调。

翠屋支芳野。缀楚佩、尘衫卸。轩垂弱柳，径暄香草，花影堪画。又隔帘片片云来也。便欲化、梅霖洒。念高山、看流水，玉琴心事亲写。

闲坐只怀人，芳兰讯、还寄骚雅。燕翼已沉沉，但相望朝夜。旧同夸、绮岁词赋，于今叹、别离重林下。日日盼之子，未来杯独把。

侧犯 舟中望山家有赋

数峰黛浅，晚烟略点秋妆靓。帆定。便画楫分枝、荡江镜。双门桂树馆，几曲蓬蒿径。清静。知更隔，红尘去来影。

行舟暂系，月上重轮莹。心暗省，返田园，何候问陶令。自别春莺，草遥花迥。重践密约，早归乡井。

“迥”字韵，《历代诗余》作“迴”，方氏、杨氏、陈氏均和作“迥”。毛刻《片玉词》作“酒炉寂静”，“静”字“重”韵，知毛本误也。《片玉词》末二句云：“烟锁漠漠，藻池苔井。”方氏和云“愁听叶落，辘轳金井”，《词律》注“听字叶”。杨氏和云“窗外月照，一方天井”，陈氏和云“何日西风，碧梧金井”。又，白石与袁氏均不叶，可证方氏“听”字偶合，断非叶韵也。

四(围)[园]竹

青鸾信息，翠洞隐双扉。草迷旧曲，花换故林，斜月侵帏。更漏长，闲倚笛、黄梅影里，满枝酸意谁知。

意何其，箫栏镜槛都非，东风过了芳期。最怨中堂晚闭，飞燕传来，淡薄言词。情似纸，况路隔、于今见面稀。

蕙兰芳引

江上晚峰过雨，苍翠欲活，参差野屋，景色殊佳，眷言之子，倚此寄问。

无数小帆，晚来带、二三飞鹜。渐叶老榆枫，微雨又消暗绿。素波去远，映画里、隔江茅屋。想翠烟曲径，采药还支筇竹。

缀雪寻梅，因风感芰，几换凉燠。问渔隐蘋洲，应谱弁阳旧曲。怀人何处，暮云满目。相见时、同话幽情幽独。

玉烛新 蟋蟀

唐宫寥寂后。问旧景长安，枕函仍就。翠桐院落，声来处、细数三更凉漏。泠泠白露，冷绣袜携灯相候。听絮絮、纤小金笼，依稀伴伊红袖。

王郎渐老清才，问俟到秋时，夜吟成否？故家战斗。浑不管、绣户织机人瘦。闲阶草秀，想步月西堂回首。才听是、哀曲凄清，琴丝并奏。

水龙吟　秋风乍凉，晚步池上，白莲开且残矣

淡妆人立瑶池，素云画出相思地。明珰暗结，危阑闲凭，珠尘远避。□□红鸳，信沉音杳，花房宵闭。怅绡裳暂着，昨宵露点，依稀是，阑干泪。

欲舣歌船叶底，怨双蕖、早催仙吹。临皋佩解，凌波袜浅，秋声渐起。却念张郎，小洲翡翠，别来何意。□若耶月夜，西施嫁了，已天涯比。

烛影摇红

本词原名《忆故人》，因美成有“烛影摇红”之句，南宋以后始易今名。此词《片玉集》不载，见于《历代诗余·乐府雅词》，《雅词》为曾端伯编辑。端伯，宋绍兴时人，必不误也。

愁里相思，浪桃比较情深浅。红桥西畔有高楼，人在花阴转。往返春风已惯，记几番、莺窥燕盼。只今隔断，万水千山，何曾得见。

雪后梅开，送人似听歌声短。当初何苦问青鸾，芳信愁天

远。谁记年时聚散？算垂杨、青青细眼。缕丝飘起，又道归来，依前亭院。

氏州第一 题余梅村柳阴垂钓图

闲立重阴，迎面翠柳，微黄更指莺小。溜石波圆，当门树暗，春色如来缥缈。竿影低悬，更衬到、丝儿残照。已觉飘棉，游鱼乱唼，暗吟春老。

画里高怀尘事少。又垂线、向人萦绕。唤渡疑闻，连山写望，触自家情抱。已辜他、游钓侣，渔汀外、闲云却笑。欲讯樵青，问轻鸥、芳踪可晓。

花犯 春晓写望

指西溪，双峰翠影，□□画中味。乱花红缀。偏燕骋莺骄，都趁春丽。渐看树杪斜阳倚，青天归雁喜。料旅宿、昨宵情思，荒芦空旧被。

王孙信音又归来，香蘅待采寄，休言憔悴。曾驻马，青青路、玉鞭低坠。人何处、眷诗恋酒，应未晓、今番凝望里。正盼久、碧云闲了，相思山共水。

倒犯 送岳乔之陕

正浅醉东风翠栏，乱愁都扫。翛然带缟。清游地、共探幽窈。啼鹃乍唤，分手旗亭林阴悄。太华俯河流，却在斜阳表。

剩离怀，引芳醥。

千水万山，去去行旌，程途何处窎。念我寄信息，盼双翼，红襟小。问甚日、归田好。赠杨枝、青骢催上道。要画出今朝，一帧花前照，见时应较老。

忆旧游 寄葛芰池

记当风款树，过雨偎花，灯火深宵。恨别江郎赋，问青青鬓发，料也飘萧。去时记得□渡，双橹月中摇。笑浪迹如鸿，芳泥爪印，是处难消。

迢迢，万千意，拟共选归期，分付鸣镳。只有闲云好，算飘然还岫，非要人招。再三寄语前约，杨柳赤阑桥。便酒后红牙，商量旧曲邀绛桃。

夜飞鹊 西轩待月

《词律》录美成词，误多一字，此调只一百六字体也。

姮娥渐清瘦，重念伊其。今夕想像清辉，闲停玉雁小亭院，西风还自生衣。依稀二更静，正篘铺纹簟，桂冷香旗。云稀露重，步珊珊、却又来迟。

遥夜问谁孤倚，虚幌定无言，应盼人归。何处楼台先到，花间曲路，还怨凄迷。画阑正拍，看银河、点点星齐。又飞鸿来也、秋情万里，欲问辽西。

拜星月慢 怀人有作

谢屐初归，桓衣仍旧，眼底红稀绿暗。月小风微，忆王孙幽院。送春去，几局、棋枰石径声里，那识王郎柯烂。好话平生，屡欢场相见。

自分襟、便隔当时面。难重聚、卍字阑干畔。旧燕也怅花阴，语寻常人散。更弹丝、弄竹闲池馆。谁能会、丽曲余音叹。拟共商、乐府新词，却停云隔断。

霜叶飞 怀归

梦中芳草。王孙去，羁人犹滞江表。胜游亭馆趁青春，未肯教清悄。更簇簇、花阴渐晓。搴帘曾看疏星小。甚旅食天涯，见数尺、垂杨旧线，却挂残照。

词赋自惜年年，家乡辽远，雁帛时盼书到。未知何处尚俄延，正恼人情抱。几日得征衫卸了，高山流水期同调。弄旧琴、猗兰操，弦里知音，算来还少。

庆春宫 寄杜仲丹武昌

晴陌芳尘，荒台斜照，故欢又语京城。山影西来，邮程南去，玉骢忽带离声。看君消瘦，渐霜点、萧萧鬓星。新来无恙，前度羁愁，依旧心萦。

江边鹭接鸥迎。终岁游踪，筹算还零。斜柳门荒，香莼湖暗，未妨怀古凄清。庾郎词赋，料落笔、于今更成以上缺。

以上卷四《步清真集》

瑶　华

《哀弦词》八章，悼亡室周宜人孟仪而作也。感今思昔，叙事摅情，长歌之哀，过于痛哭。呜呼！

罡风划梦，缺月销痕，挽柔魂不住。空床一步，是咫尺、天上人间歧路。关心甚事，奈惨到、临分无语。看药炉、残雪犹温，已断喘余微缕。

匆匆锦瑟华年，只赢得离愁，丝鬓如许。情天莫问，便此恨、此际此生教与。寒扃近远，想今夜、孤栖何处？倘回头、念我凄凉，粉泪定多于雨。

陌上花

沉沉蕙帐西风，飘下一灯青闪。落叶虚廊，还认屧声重返。夜台可与人间别，料也玉扉双掩。怕云楼、悄忆峭寒香袖，泪痕新黦。

更雏莺乳燕，伶俜尽在，病里愁中心眼。觅到黄昏，无计此情堪遣。翠房已是空如水，荡得离魂将断。又萧萧、冷雨三更更尽，隔帘疑泫。

三姝媚

秋宵人倦后。梦花间重游，画栏疏柳。此去谁边，奈青春成谶，玉音难叩。古佛天西，尚念到、将离时候。只剩灵幡，寒色萧萧，晚风僝僽。

斜倚孤灯如豆。悄自念生平，自怜消瘦。香渺泉宫，想芳容多病，近来安否？影事如尘，只历历、香奁依旧。酹与清樽新绿，愁浓似酒。

玉漏迟

翠鹦残梦醒。晚来归未，懵腾犹问。曲院歌沉，只有废弦难整。渐渐尘昏粉蠹，琴空在、孤鸾愁损。泉路迥，姑恩乐府，数声凄哽。

病中别母情怀，记默默牵衣，乍言还忍。此际魂归，应识小时芳径。为恐坏裙颜色，换多少、莓苔残晕。深夜静，阑干没人同凭。

辘轳金井

小山霜雪，拔金钗、又见岁华将晚。林下风流，总双眉长展。思量恨满。断魂去、嫁衣还掩。黄竹箱残，青蓉带损，剩香零乱。

寒机彩丝缱绻。记偎愁半睡，扶病轻喘。绣帕花枝，有当时针线。星星泪溅。是清夜、玉纤亲捡。未忍重翻，鸳鸯粉本，怕教分散。

法曲献仙音

帘护天寒，镜迎人笑，宛转青春朝暮。怜病心思，慰愁言语，添香自飘柔缕。奈夜半词中誓，茫茫竟如许。

黯无绪，怅从今、玉屏红背。谁劝我、悲秋瘦吟身苦。小阁静愔愔，再休翻、新画眉谱。阁外梅花，约他年、偕隐深处。怎而今独立，但有月儿来去。

宴清都

山北云深浅。移家去、萧条人事愁满。年年累汝，容窥镜瘦，命悬丝短。梧桐渐作秋声，怎禁得、凉钗玉颤。西风里、绣草看花，近来情绪都懒。

朦胧几遍沉吟，倩魂今夜，万一重返。灯边漏尽，帷中响寂，软尘遮断。才思撇下伤心，又不觉、青衫泪染。忍宵寒、翠被慵添，旧香荏苒。

绿　意

霜空寂紧。隔城阴五里，萧瑟寒殡。除却鸦来，惟有蛩吟，飒飒白杨风冷。三更满地伤心月，料悄立、娉婷纤影。听丽谯、残吹声凄，各自一边孤另。

莫道今生已断，再生私语在，缘会重订。后日仙山，倘没分离，便约休来人境。何因暂向情天住，忍付我、绵绵长恨。剩画眉、淡碧筠枝，自写奈何词本。

浪淘沙慢 将之京师，述别遣悲，仿美成体一解

对遗挂，亭亭在眼，意哽词咽。曾记春边话别，楼阴细柳翠折。剩独自而今肠暗结，只江上、短楫催发。奈静悄兰房旧香冷，回头更凄绝。

情切，暮天望里辽阔。怅树外斜阳沉沉下，碎响飘乱叶。嗟岁尽征途，离绪如发。怨歌乍阕，还又怜、千水千山风雪。

迢递黄泉书难达，青衫冷、泪痕数叠。念砧杵、秋心劳熨贴。凤笺字、玉手亲缄，恨变却，长安梦断闺中月。

探春 立春夜作

瑟怨流光，灯煎别恨，不堪人在羁旅。水软皴风，草苏欺雪，为问春来何处。旧梦惺忪转，可曾到、深深黄土。定知片幅青幡，悄立轻魂如缕。

春也一年一度。怎翠阁长空，幺凤辞去。织字回文，合欢新帖，换了者番酸楚。尔我伤心事，约同倩、东皇传语。那更无言，疏篷凄咽寒雨。

凤凰台上忆吹箫　舟中不寐，听雨言怀

雨散篷枯，风寻枕窄，闷怀挑尽兰缸。料黑云流去，愁带波长。续我衣边残泪，还点点、孤柝琅当。荒洲畔，依稀冷语，却是疏杨。

思量，梦中遇也，偏梦也难成，越断人肠。想故园今夜，幽寂回廊。遮莫空山悄听，应念我、飘泊寒江。江声乱，愁中恨中，作尽凄凉。

南　浦

大风泊宝塔洲，独步旷野，望隔江诸山，对此茫茫，百端交集。归舟歌此，殆难为怀矣。

西风紧也，浩空江、呜咽向东流。孤岸萧萧残荻，烟际一停舟。望望故乡何处，奈苍茫、独立日西头。看乱山重叠，乱云重叠，堆尽十分愁。

纵是万重万叠，也山穷、云断有时休。怎似招魂孤客，今昔恨悠悠。毕竟乱愁多少，问苍天、我欲驾青虬。更致声霜雁，替侬能往寄书不？

桂枝香　除夕

流年暗换，只不换客愁，百年仍满。悄忆从前，况是故乡天远。小红楼角梅花瘦，料今宵、别无人管。镜中私语，那番

曾听，玉尘新鞔。

早残雪、孤篷扫遍。甚夜半春寒，双袖犹恋。红烛何心守着，岁华如泫。紫琴旧谱随流水，但尖风角声吹怨。定无来梦，空江拥被，四更初转。

喝火令　辛未正月二日，泊汉上

粉荔难圆恨，香椒已断铭。旧年新岁两凄清。记汝生生死死，三十有三龄。

渺渺无来信，迢迢望去程。小舟低泊汉阳城。夜半江流，夜半短长更。夜半一天风雨，又是雁儿声。

昭君怨

风雪冷侵衣缝，忍说那时闺梦。梦里替侬愁，五更头。

今日寒天古道，不似当初时了。记汝病中情，说征程。

十二时　元夜

怅邮亭，月儿无影，应避羁人凄惋。乍梦到、圆时还散。已过三更三点。泪眼天涯，颦眉地下，总一般肠断。料念我、剑只琴单，旅骑暂停，知在何州何县。

君独居，泉台甚处，定比故山尤远。剔尽鱼灯，疏栊瘦倚，只是无人见。向紫姑问讯，离愁也难消遣。

怎奈何，家乡南去，悄望寄园深巷。黯黯寒檠，匆匆残酒，寂寂双扉掩。但冷风冷雨，青天替传幽怨。

虞美人　柳

晓寒天气长亭路，春在缠绵处。东风莫上柳梢头，依是不禁摇曳不禁愁。

故园梦去潇湘远，寂寞帘仍卷。丝丝搭在小阑干，不管无人重画翠眉弯。

一落索　草

为问王孙归否，一春风雨。逢人处处说天涯，毕竟是、家何处。

绿到湖边南浦，最伤情绪。乱愁寻我恁凄迷，奈没个、山拦住。

长亭怨慢　晓行

又风送、五更寒意。隐隐荒林，乱鸦犹睡。四野霜痕，草根低处，白如水。短车长路，还信马、铃声碎。便惜别人间，也自觉、青衫憔悴。

愁里，况潇湘不见，断了画楼人倚。关河处处，奈羁旅、无心重记。待寄将、一寸愁缄，总难觅、黄泉征骑。只道着凄凉，遑道苍茫身世。

小楼连苑 清明

故园今日清明，棠梨一树春前袅。阴晴难准，寒温谁问，信沉音渺。花落花开，清清冷冷，城阴古道。怕纸钱灰满，东风荡起，重门锁，无人扫。

绿尽湖南芳草，怅迢遥、蓟云遮了。可怜时节，无聊天气，奈何情抱。背燕焚笺，当莺酹酒，魂兮应到。已魂销客里，可曾归去，向君边绕。

三姝媚

愁来无避处。听桃花，中间嫩莺凄语。似水流光，送花朝寒食，几多朝暮。客馆关心，总不断、连番风雨。故国空山，何处云深，定来啼宇。

应念天涯羁旅。倘梦里相寻，未辞行路。日远长安，怕姗姗又怯，玉虚微步。别恨深重，便唤起、江郎难赋。只有垂杨，能写沉沉万缕。

惜余春慢 送春

落絮无魂，飞花若梦，没计遮留春住。天寒眷晓，客饯围香，低唤绪风分付。开到将离一枝，如此天涯，又归何处？恁双双蝴蝶，疑醒疑醉，尚寻芳去。

依更是、婪尾杯前，别来情抱，悄向东皇重诉。年年眼底，事事心头，不料者般凄楚。经过潇湘那边，杨柳高楼，冥蒙烟雨。寄瑶空消息，凭谁回递，误人延伫。

湘春夜月　燕

燕飞来，可怜春梦难寻。不信海上仙山，浑未寄芳音。次第杏花开后，便画成飘泊，陌上轻阴。又一天细雨，香巢寄否，空自伤情。

东风送汝，湘云尽处，妆阁重扃。系缕依然，休去掠、翠帘如水，残玉无声。从前影事，奈语时、都没人听。怕待我，到新凉归后，秋分近也，消瘦红襟。

高阳台　重五

彩笺慵题，征装倦理，缕丝休绾玲珑。续命何曾，可怜人去匆匆。北原蒿艾荒凉影，但高低、禁受东风。最伤心、况是他乡，离恨千重。

明朝又唤青骢去，只衫罗尘土，便抵飘蓬。从此天涯，宝钗没见题封。招魂不为骚词怨，望迢迢、水远山空。怅天边、新月随人，眉样纤弓。

女冠子　亡妻生日

六月十八，望断穗帷天末。奈何天，酹酒愁今日，簪花忆去年。

朝分衣带水，夜渺髻鬟烟。准备寻君梦，向谁边？

紫玉箫　立秋

一望平原，悲哉秋也，算来多少魂销。西风乍转，便高低芦叶，暝色斜飘。渐纹波起，无奈是、绿意全消。今宵泊，夕阳渡头，甚处红桥。

妆楼远在天末，谁暗盼归帆，一水迢迢。孤砧断响，怅衣边、凉信送到无聊。诉衷情近，和别怨、倚彻琼箫。还催起，三两四声，雁度云遥。

迷神引　雨泊书怀

荻外风声吹不断，已是雨声零乱。沉沉暮色，低泊垂杨岸。短篷凉，沧波迥，浅汀暗。小小渔连舍，星火飐。隐隐雁移家，夜潮满。

绣阁金钱，屡问征人遍。奈到于今，云空掩。冷眠醒否？翠缸悄、应相念。念我飘零，天萧瑟，皖江畔。经过一程程，千里远。听到一声声，二更转。

台城路　七夕

无情偏怨填桥鹊，迢迢未通泉路。碧汉波浑，青舲恨满，荻岸萧萧如许。家山间阻。怪今昔悲欢，并来孤旅。夜半无人，此时情抱那时语。

今宵知在甚处。料穿针擘钿，都没心绪。槛曲扶痴，楼虚乞巧，曾染衣边凉露。思量最苦。已银海秋星，一痕沉去。洒泪无多，酿成江上雨。

高阳台 江行

浅草沿山，闲花过浦，他乡春色分明。曾几何时，长天又是秋阴。离愁不断如江水，奈离愁、如水还深。一程程、残月荒洲，残照荒城。

年年已是浮萍惯，甚西风吹鬓，渐自星星。去燕相逢，等闲也诉飘零。客中休说家乡事，定红楼、帘影沉沉。小阑横、便见归帆，没个人凭。

凄凉犯 岳州中元，病中述感

早秋半月。凄凉甚、商飙阵阵飘出。驿亭草暗，湖楼叶下，暮天星碧。轻云比翼，锻毛羽离鸾一只。怅金妃、珊珊月下，仿佛见颜色。

酸角城阴动，病魄才禁，夜凉遥忆。玉卮泪满，奈难寻、彩衣刀尺。翠袖单寒，定低拜珠幢绣佛。问仙心、怎忍别后，没信息。

霓裳中序第一 中秋

琼楼十二叠，叠叠金波愁思接。仍是当初素月，记照我凭

肩，团圆时节。如今恨别，料广寒风景清绝。阑干泪，桂华香蘸，露冷那堪折。

幽咽，怨歌初阕，再休道霓裳一霎。云鬟香雾又歇，况镜曲蛾眉，庭心鸳屧。可还支瘦骨，定此际西风正怯。今宵是、姮娥无恨，忍把旧情说。

六州歌头　归悼

征衫卸了，空自慰飘零。长簟冷，余缣黯，下帘旌，寂无声。画里红颜在，春边影，秋边语，多少事，环朝暮，忆生平。琐阁依然一树，垂丝柳，一行花阴。奈笼鹦偷学，前度话零星。不管人听，泪盈盈。

正新霜节，酸风夜，天瑟瑟，漏沉沉。容渺渺，魂悄悄，唤难膺，恁凄清。去岁巴陵信，妆台畔，尚分明。君不见，人消瘦，倚孤琴。应念文园病久，当时曲谁解伤心。算除非青镜，知我此番情，偏又尘深。

摸鱼儿　寄园

问孤枫、几多商意，摇成凄籁如许。深深绿到蘅芜径，是我送伊来处。才小伫，奈短几莓苔，忍把炉香炷。浮尘漫拊。想昨日天寒，怎禁摇曳，只影坐风雨。

朱轩曲，剪纸含愁欲诉，秋声还共传语。犀钉纵是无情物，痴梦未应关住。君记否？莫静夜归来，忘却幽兰路。荒荒院宇。趁一阵昏鸦，晚烟残照，独自下阶去。

菩萨蛮 菊

去年花与人同瘦，今年人去花如旧。小立数金钿，枝枝秋可怜。

昨宵霜有信，冷入丝丝鬓。天莫又黄昏，黄昏须断魂。

雨淋铃 湘雨楼坐雨

帘波重叠，听萧萧响，几树红叶。千声万点凉雨，别无人处，黄昏时节。又是西风乱起，便云影横接。只两树、深浅芙蓉，蘸遍啼痕那堪折。

浪浪尽替愁人说，密还疏、玉井无休歇。心心眼眼闲事，分付与、瘦萤凄蝶。望断荒山，何似、残秋旧日轻别。怕万一、今夜魂归，更怨寒流阔。

过秦楼 送寒衣

断杵沉江，回流绕郭，早又草痕凄变。飞鸿字字，写不成书，叫破北原天晚。应是西风暗吹，红袖难禁，望凝双眼。便巾箱整理，飘飘云想，彩灰千片。

还记得、荩篋重搜，绡裙凄黯，也伴玉簪同典。音书寄远，秋后春前，贴意代商寒暖。罗带如今顿宽，才得新霜，轻棉偷换。奈香痕减尽，只有星星泪满。

浣沙溪 （十二首）

十一月十一日，除妇服作，旧欢不再，小令重歌，所谓言之不足，又长言之也。

离恨相望咫尺天，数完一十二仙蟾，伤心时候不曾圆。
往事思量如昨日，流光容易又今年，网尘愁蠹玉琴弦。

憔悴潘郎鬓欲斑，看花不似旧容颜，黄泉莫上望夫山。
去日伤情无一语，别来闲事有千般，镜波帘影尚依然。

小病曾经避晓寒，兰言又到夜阑干，芳容愁喜几多般。
问字倩依拈玉管，梳香替汝系金镮，月儿如画小眉弯。

月悴云憔十四年，亭亭弱骨瘦堪怜，语君珍重已恹恹。
病到十分还慰我，心枯一寸不成禅，丝丝残喘尚缠绵。

儿女灯前问阿娘，伶俜小阁觅余芳，君从何处念凄凉。
曾记情闲安笔砚，刚逢岁晚捡衣裳，宵深依约剪冬缸。

烛泪如铅冷画帷，背人痴绝唤魂归，姗姗来也是耶非。
含去尚怜余碎玉，袭时空自想灵衣，一时无语便歔欷。

别恨年年付怨歌，小楼凭遍损双蛾，青春才悔等闲过。
抵死不曾言命薄，平生为底苦情多，人间今日奈愁何。

记得移家傍水亭，吟笺绣剪一般清，岁寒风雪爱疏林。
偕隐难忘梅下约，闲游曾误竹边阴，昔年池馆怕重行。

一阵风横折海棠，惜花愁损黛眉双，可怜春尽谶徐妆。
草苑已经迷浅殡，药炉依旧冷空房，去年今日最凄凉。

历历帏屏迹尚留，笛声横过旧妆楼，夕阳如水隔花流。
曾见镜边描绣蝶，还从帘底拜牵牛，晚风吹变一天愁。

环佩翛然和绮琴，春花秋月也关心，当时不料有如今。
香海此情销旖旎，命宫何事忌聪明，替伊礼佛问前生。

银箭沉沉入夜分，生平灯火共无人，小炉香篆忍重熏。
魂梦不来知更远，容颜生恐记难真，自怜无计只怜君。

愁春未醒 二月二十八日，葬亡妻于文冲，感赋

魂楼郁起，无计得平离恨，定愁到裙腰香草，隔岁还生。绣蝶仍飞，钿车原上记曾经。疏林萧瑟，春烟黯淡，残照销凝。

流水小山，者番先订，同穴幽盟。忍堪问、人间何世，便有而今。几树棠梨，未逢寒食也凄清。黄泉波起，青鸾不渡，寂寂芳音。

忆秦娥　落花

花空折，愁人暗过愁时节。愁时节，今年又是，暮春三月。

零红碎碧埋香骨，分明写照销魂别。销魂别，东风断送，数声啼鴂。

氐州第一　晓

斜月微阴，零露向晓，空阶一碧如水。卍字阑干，横枝亚处，蝴蝶朦胧未起。莲漏声稀，但静觉、衣边香腻。昨夜无聊，今朝不是，惜花情意。

镜里春烟生旖旎，忍堪忆、淡妆丰致。倚袖防寒，扶钗想梦，隐一痕眉翠。海棠丝、凋尽后，飘零到、风前缟袂。此际争知，数残星、疏疏第几。

八声甘州　夜

见春星数点在垂杨，渐渐入花阴。奈玉扃深掩，看人消瘦，只有青灯。斜月一眉如画，浅浅昔年曾。不向空山去，来照凄清。

阵阵寒生翠帐，料鸳鸯瓦上，露重霜零。恁夜愁难度，孤柝尚三更。听几声、梅边吹角，听几声、归雁下芳汀。休言梦、蘅芜香渺，梦已无凭。

买陂塘　梅花下作

玉梅花、数枝开了，东风遑问无恙。霜前懒更吹横笛，听彻丽谯凄响。重伫望，算只有、四更寒月迟迟上。莓苔渐长。剩绿绮琴荒，伊人去后，半壁坏尘网。

青春艳，香海盈盈又涨，年华还度三两。如今没个看花兴，空见翠禽来往。依暗想，便隔断、罗浮梦也应来访。孤怀怅惘。尚记得当年，商量小隐，不是此情况。

疏影　梦

魂归历历，被角声唤起，幽梦空觅。不算相逢，千遍沉吟，尽是生前踪迹。明知别后人天渺，总暗盼、一番消息。只此情、略慰思量，无奈此情难得。

还忆千端坠绪，化成衣上泪，千点堆积。燕睡尘梁，蟾挂湘帘，可把离愁怜惜。青春莫问而今意，已事事、都非畴昔。怕数年、花落花开，也换翠鬟颜色。

如此江山　庚辰清明

弯环认得孤村路，闲闲暮天斜照。野烧苏春，残花吊古，题字一行碑小。东风暗恼。便淡冶青山，不逢人笑。到此依依，别来刚是十年了。

长眠可曾梦觉？叹清明几度，离思难扫。拥絮伤缘，偎梅当隐，都是思君情抱。荀郎渐老。只此恨绵绵，恁无分晓。替我言愁，树枝双翠鸟。

醉翁操　自题忆琴图

琴眠，哀弦，凄然。恨绵绵，前缘，遗徽寂兮愁无端。画中惆怅红衮，何处仙。此曲断人间，水流山高天外天。

旧时朱柱，如梦如烟。一从凤去，桐树心空可怜。君倘来兮翩翩，我所思兮娟娟。月儿圆未圆，知音人谁边？密密证依言，日长相忆千万年。

以上卷五《湘弦离恨谱》

以上《湘雨楼词》，1921 年刻本。